存在の政治

——マルティン・ハイデガーの政治思想

THE POLITICS OF BEING
The Political Thought of Martin Heidegger

by Richard Wolin

First Publishd 1990
by Columbia University Press, New York.

This Japanese edition published 1999
by Iwanami Shoten, publishers, Tokyo
by arrangement with
Columbia University Press, New York
through Japan UNI Agency, Inc., Tokyo.

存在の政治

マルティン・ハイデガーの政治思想

THE POLITICS OF BEING
The Political Thought of Martin Heidegger
by Richard Wolin

リチャード・ウォーリン 著

小野紀明・堀田新五郎・小田川大典 訳

岩波書店

メリッサへ

わが女《ひと》はもつ　薪の炎の髪
灼けつく稲妻の思考
わが女はもつ　シャンペンの肩
わが女はもつ　サヴァンナの瞳
アンドレ・ブルトン「自由な結び合い」（守中高明訳）

日本語版への序

一

書物を著した者が得ることのできる最大の満足の一つは、自分の作品が別の言語に翻訳されたのを知ることである。このたび岩波書店から『存在の政治』の日本語版が出ることによって、この作品は四度目の名誉を授かることになった。[1] このことは、私にとって喜びであると同時に不安でもある。というのは、ある作品が受容されるということは、それが自分の母国語圏である場合ですら、著者の意図とは異なる結果を伴う可能性を常に孕んでいるからだ。スポーツの世界にたとえるならば――ここでは日米共通の娯楽である野球の例を挙げることにする――ひとたびボールを投げたなら、それがどのように返ってくるかを正確に予想することは到底不可能である。実際のところ、著者は、自分の作品が受容され翻訳される過程を経なければ、自分が書いた作品の本質を理解することができない。およそ書くことは常に意志疎通の努力であり、従って、その作品が成功したかどうかは、専らそれが解釈者である読み手の側に――善かれ悪しかれ――どう受け止められるかによってのみ、判断されるべきものである。このことは、あらゆる翻訳は解釈であるとする近代の翻訳理論において、全くの常識に属する。

このような不安は、まさに本書の場合がそうなのだが、翻訳される言語が著者自身にとって話すことのできない言語である場合、さらに大きなもの——倍増するとさえ言えるかもしれない——となる。日本文化には私の長年愛してやまない多くのもの——俳句の簡素な美しさ、神道という自然宗教、それに戦後映画の深い情緒(特に黒沢の叙事的な作品)——があるが、それに比べると日本の哲学は、翻訳が極めて少ないことが大きく災いして、欧米ではほとんど知られていない。(2) もし仮に一握りの開拓者的な日本の思想家たち——田辺元・三木清・九鬼周造の三人とも、あの西田幾太郎を祖とする京都学派に属していたが、これは決して偶然ではなかろう——が西洋哲学に強い関心を持つことがなかったならば、こうした東洋と西洋との重要な哲学的対話が始まることはありえなかったかもしれない。

二

よく知られているように、前述の西田の三人の門下生は皆、一九二〇年代に有名な〝フライブルク詣で〟を行っている。当時〝メスキルヒの魔術師〟として有名だったハイデガーと彼らとの交友関係についての興味深い物語は、日本でこそ昔からよく知られていたものの、欧米の読者層にも知られるようになったのは最近になってからのことである。京都学派にハイデガーが深い影響を与えたことは有名であるが、彼と対話を行った日本の思想家たちが、ハイデガー自身の初期の〝現存在分析〟の発展に同じぐらい大きなインパクトを与えたという可能性に対して、人々が目を向け始めたのは、近年になってからのことにすぎない。そして、日本の思想家がハイデガーに、正確なところ、どの程度影響を与えたのかという問題が入念に検討されているが、ハイデガーが一九二三年に〝無〟という東洋的な概念、すなわち後に『存在と時間』の実存論的存在論において中心的な位置を占めることになる観念について、田辺と長時間にわたる議論を交わしたこと、このことは明らかである。

　周知のように、田辺は、一九二三年のハイデガーの講義「事実性の存在論」、つまり、このフライブルクの賢人が、一九二七年の偉大な作品『存在と時間』の主要概念となるものの多く――〝ダス・マン〟〝不安《アングスト》〟〝本来性《アイゲントリッヒカイト》〟等々――を最初に素描した講義に出席していた。この一九二三年の講義録は、最近になって『全集』の一部として刊行され、利用できるようになったが、途中で唐突に途切れており、どうも最後の数頁が取り返しがつかないまでに失われてしまった様子である。従って、このハイデガーの講義の最後で何が論じられていたのかを知る唯一の信頼しうる手がかりが、一九二四年に日本で発表された田辺の示唆に富んだ論文「現象学に於ける新しき転向――ハイデガーの生の現象学」だという可能性もある。[3] このように田辺の証言は、一九二三年段階でのハイデガーの原《プロト》『存在と時間』(講義「事実性の存在論」)と一九二七年におけるその結実とを結びつけるための不可欠の資料を提供しているのである。

　しばしば指摘されてきたことだが、東洋思想においては〝死〟の観念が中心的であるのに対し、西洋哲学は〝生〟の哲学である傾向が強い。この指摘は、特に〝生の哲学《レーベンスフィロゾフィー》〟が時代を席巻していた二〇世紀初頭において極めて大きな意味を持つ。マイスター・エックハルトとルター主義の影響の下、ハイデガーは一九二〇年代に、〝死へ向かう存在〟という観念を実存《エクシステンツ》としての人間に対する自分の理解の焦点に据えることで、この生の哲学という学派に全く新しい方向性を与えた。さらに言えば、まさにこの概念的な変化が契機となって、一九二〇年代におけるハイデガー的な実存哲学《エクシステンツフィロゾフィー》と京都学派との極めて実りの多い対話に始まり――ハイデガー的な表現を用いるならば〝開け透き《リヒトゥング》〟――がもたらされることになるのである。

ハイデガーにとって、本来性を担保するのは、自己の有限性という冷厳な事実――すなわち己の〝無〟ないしは死――を直視し、これを受け入れる個人の能力である。この点との関連において、ハイデガーの実存論的な関心と伝統的な日本文化の習俗とのあいだには深い共通点がある。たとえば〝武士道〟のエートスは決定的に重要である。というのは、しばしば言われてきたように「武士道とは死ぬこと」だからである。こうした見地から、ハイデガーの〝事実性の存在論〟のどういう側面が田辺に――そして言うまでもなく京都学派全体に――かくも強烈なインパクトを与えたのかをさらに詳しく検討するならば、それがまさに〝善き生〟あるいは本来的に生きられた生という言葉の定義における人間の死に対する態度の重要性であったということ、このことを我々は理解することができるのである。実際、田辺の一九二四年の論文「ハイデガーの生の現象学」では次のような解釈的註解が述べられている。『存在と時間』発表の三年前の論文であるが、そこでは死へ向かう存在の中心性が明確に論じられている。田辺によれば、死は勿論生が単なる過程ではないと同様に、斯かる過程の単なる終息乃至断滅ではない。然らずしてそれは避くべからざるものとして現実存在に対立するものである。生は死を如何に観るか、その関心に於て如何に死と交渉するかに於て、正に自己の存在性を示すというべきである。而して此避くべからざるものとして対立する死を逃避して、世間的の関心に之を紛らし忘れようとするのは生そのものの逃避……に外ならない。……逃れんとして逃るることのできぬものとして、之に対し配慮する仕方が現実存在の存在性を形造るのであるから、寧ろ確実なる死を、進んで覚悟する所にこそ生が自覚的に顕現するというべきである。[4]

〝絶対的な無〟や〝死〟の思想に関する同様の主題的類似関係は、ハイデガーの思想と九鬼周造の思想のあいだにも間違いなく存在している。九鬼は、フライブルクの哲学者ハイデガーが特別の敬意を払った人物であり、[5]彼の一九三三年の研究『ハイデガーの哲学』は、全言語圏の中で最初のハイデガー研究書となった。

三

ヴァルター・ベンヤミンやフランクフルト学派に関する私の過去の作品をよく知る読者であれば、本書『存在の政治』における私のハイデガー批判が、批判理論のパースペクティヴの強い影響下にあることに気がつくであろう(6)。そんな私にとって、一九二〇年代、三〇年代の日本におけるハイデガー受容について調べていた際に、三木清への言及を目にしたのは、極めて興味深いことであった。不幸にも、三木の作品は未だに英語には訳されていない。そのため私は専ら要約に頼らざるをえなかった(7)。また、三木の全集が本書の日本語版と同じく岩波書店から刊行されているという事実は、私にとって全く予想もしないことであった。

三木のハイデガー解釈で私が特に印象深く感じた点は、実存主義をマルクス主義と和解させようとする彼の、一九二〇年代における努力と関わっている。周知のように、二〇世紀の代表的なヨーロッパの社会哲学者のうちの二人——ヘルベルト・マルクーゼとジャン＝ポール・サルトル——が、これと全く同種の試みを行っていた。マルクーゼは一九二八—三二年にハイデガーと研究生活をともにしていた。ハイデガーの指導下で彼が取り組んでいたヘーゲルの歴史性の概念に関する大学教授資格取得論文は、一九三三年の政治状況の犠牲となってしまった。その後、まもなく、マルクーゼは米国に亡命し、そこで同じく亡命中であったフランクフルト学派の同僚——ホルクハイマー、アドルノ、それにレーヴェンタール——と合流する。

マルクーゼは常々次のように考えていた。すなわち、ハイデガーの基礎的存在論の骨と皮だけの、つまりは歴史性を欠いた性質は、明らかな欠陥である、と。そこで、一九二〇年代末から三〇年代の初めの幾つかの開拓的な論文において、マルクーゼは、ほぼ同時期の三木と同じく、〃ハイデガー的マルクス主義〃の素描を試みることになる。世界を動かしている強力な社会と経済の動向に対する考察を踏まえてこそ、実存哲学はその可能性を発揮することができる――三木同様、マルクーゼもまた、このような確信を抱いていたのである。逆に、確かにマルクス主義は巨視的なレベルでの社会的‐歴史的分析において秀でていたが、その解釈能力の射程からは、近代における個人の運命に関わる問題が抜け落ちているように思われた。従って、三木の見解と同じく、マルクーゼの見解においても、マルクス主義と実存主義は、相互に排除し合うものではなく、むしろ互いに相手を補完物として必要としていたのである。(8)

サルトルもまた、一九四〇年代後半に、実存主義における過度の個人重視が歴史の様々な力と相反するものとして機能していることに気づいていた。彼の一九六〇年の大作『弁証法的理性批判』は、実存主義とマルクス主義を融合するという彼の決然たる格闘の結実である。サルトルもまた、マルクーゼや三木と同じく、人間が社会的活動すなわち〝実践《プラクシス》〟を通じて有意味な社会的世界を創出するというパースペクティヴに立つことによって、ハイデガーのモナド的な、つまり現存在志向的な実存論的存在論の限界を乗り越えることを試みたのである。

一九三三年、ハイデガーはフライブルク大学の総長に就任し、新体制を声高に擁護し始めた。その翌年の論文「全体主義的国家概念における自由主義に対する闘争」において、マルクーゼは自分のかつての師の立場を次のような厳しい口調で糾弾している。

実存主義は、その政治理論が実現されると同時に挫折した。それが切望した全体主義的‐権威主義的国家は、実存主義の全ての真理を裏切った。実存主義はその挫折に伴って、思想史上において特異な汚点を残すことになった。すなわち、それは自己の歴史をサテュロス劇として最後の最後まで完遂したのである。実存主義の哲学的な始まりは、西洋的な合理主義や理想主義との壮大な論争であり、その目的は、こうした思想的伝統にとっての個的実存の歴史的具体性の価値を回復することであった。そしてその哲学的な終わりは、自らの起源の根本的な否定であった。すなわち理性との闘争に追いつめられた実存主義は、君臨する体制に盲従する権力の手先となってしまった。体制側の権力に奉仕し、保護されることで、実存主義は、自らがかつて西洋的思考の最高峰として賛美した、かの哲学という偉大な営みそのものを裏切ってしまったのである(9)。

三木は一九三三年の論文「ハイデガーと哲学の運命」において、このフライブルクの賢者を、これと非常によく似た言葉で批判している。「ハイデガーはドイツの国民主義的統一の原理を、血と大地と運命とに、凡てパトス的なものに求めるようである。客観的原理は何も示されていない(10)」。マルクーゼはアメリカに亡命することで、第二次世界大戦の猛威から逃れることができた。彼はOSS(戦略事務局)の中欧部局のために働き、積極的に戦争に関わっていった。他方、三木は、よく知られているように、マルクーゼほどの幸運には恵まれなかった。彼は大戦末期に警察に逮捕され、一九四五年九月、東京の獄中で死んだ。

四

ヴィクトル・ファリアスが『ハイデガーとナチズム』を発表したのは、今から一〇年前のことであった。比較的閉鎖的だったハイデガー研究の世界が元に戻ることは、それ以来、一度もなかった。言うまでもないことだが、本質的な問題は、ハイデガーが〝ナチの哲学〟を信奉していた以上、もはや彼の作品は読むに値しない(ファリアスはしばしばそういう結論に至っているのだが[11])、ということではない。むしろ、今こそ、ハイデガーの思想を読む際には、純粋に内在的な、すなわち過度にテキスト主義的で、非歴史的なアプローチを用心深く回避しなければならないのである。実際、問題は、単にハイデガーという実在する個人がドイツの〝ナチ革命〟に、激しくではあったが、比較的短期間のめりこんだ結果、その経歴に汚点を残したという伝記的事実に求められるべきではない。その程度の事実ならば、これまで誰も知らなかったわけではない。そうではなく、いわゆる〝ハイデガー論争〟を通じて我々がはっきりと意識するにいたったのは、彼の思想において〝哲学〟と〝世界像〟が、ほとんど切り離すことができないぐらい、相互に密接なつながりを持っていたという、その結びつきの強さであった。ハイデガー自身、自分の哲学に存在的《オンティック》で歴史的な内容が染み込んでいるという事実を、あるいはそれが、全ての思想がそうあらざるをえないのと同じく、ある〝決定的な存在的立場〟を前提としているという事実を、決して隠そうとはしなかった。というのも、この世界において哲学がとりうる様態は、それ以外にないからである。

偶然にも、ハイデガーの存在的《オンティック》-存在論的《オントロジカル》な立場を明確に形づくったのは戦間期の危機の時代であった。それは〝ヨーロッパのニヒリズム〟に関するニーチェの予言者的な診断が激烈なかたちで実現したかのごとき時代、すなわち、ある意味でニーチェ的な〝あらゆる価値の転倒〟を引き起こす暴動、混乱、困惑の時代であった。三木は熟知していたことだが、この時期のハイデガーにとってとりわけ重要な思想家は、ヨーロッパの哲学的伝統の中心的な思想家というよりはむしろ、文化的危機を診断する偉大な文学者たち、すなわちキルケゴール、ドストエフスキー、リルケ、そして言うまでもなくニーチェであった。ハイデガーは、新たな哲学の学派を創設することにそれほど関心を抱いてはいなかった。というのは、彼は当時の主要な哲学――新カント主義、新トマス主義、論理実証主義――に対してはほとんど軽蔑以外の何ものをも示してはいなかったからである。しかし、この時代は、ヨーロッパの没落という思想がドイツの文化批判《クルトゥーアクリティーク》の代表的な作品――オズワルト・シュペングラーの『西洋の没落』、エルンスト・ユンガーの『労働者』、ルードヴィッヒ・クラーゲスの『魂の敵対者としての知性』、そしてカール・シュミットの『現代議会主義の精神史的地位』――において劇的に表現された時代でもあった。実際、ハイデガーはユンガーに関する演習を行い、シュペングラーやクラーゲスの思想について講義で論じ、シュミットとは書簡を交わしていた。従って、ハイデガーの思想のイデオロギー的含意は、ドイツの保守革命派――この言葉は撞着語法だが――の知識人との密接な関係において位置づける必要がある。ハイデガーは、彼らと世代をともにしていた。そして、その高度に様式化された、ある意味で独自の文体において、ハイデガーは、彼らの作品において展開されていたトータルな近代批判を血肉化していたのである。

他の、いわゆる保守革命派の思想家と同じく、ハイデガーもまた、筋金入りのナチでは決してなかった。国家社会主義の生物学的な人種主義を受け入れることは、彼にはどうしてもできなかったのである。しかしながら、それは政治的な理由からではなく、あくまでも哲学的理由によるものであった。彼の目に、ナチの世界像の疑似科学的な基盤は、当時主流であった経験主義に対する過度の依存としか映らなかった。このように、国家社会主義は、人間の本質を単なる人間学的‐系統発生学的な言葉で捉えていた。すなわち、その理解によれば、人間は存在の神秘に挑むために己を投企するものではなかったのである。だが、私がハイデガーの政治哲学を〝存在の政治《ザインスポリティーク》〟と呼んだのは、まさにこうした特質においてなのである。

しかしながら、このような但し書きをつけたところで、ハイデガーを悪名高いハーケンクロイツの呪縛から解放することにはあまり役に立たないであろう。彼は全くナチではなかったかもしれない(実際、彼の基礎的存在論と国家社会主義の蜜月は短命に終わるよう運命づけられていた)。だが彼は、一般に〝普通のファシスト〟と呼ばれているようなものではあったのである。彼自身が繰り返し明言しているように、彼はナチズムに、自由主義の政治的混乱や、共産主義の脅威や、〝頽廃〟からの、もっと一般的には、沈滞し、魂を欠いたブルジョア文明《ツイヴィリザツィオーン》の商業的甘言からの解放を期待していたのである。ファシズムは、最初はイタリアで、次いでドイツにおいて、まさに西洋自由主義の無力さに取って代わるものとして、自らの政治的・文化的な卓越性を主張した。ファシズムは、その卓越性によって、共同体の徳、人種、指導力、英雄主義、そして男らしさを取り戻すであろう。確かに〝徳〟は、商人と株式仲買人を社会的役割のモデルとするブルジョア社会においては、それが発揮される余地などほとんどないといってよい。

ナチズムと決別する以前と以後の両方の時期において、こうしたイデオロギー的な傾向がハイデガー哲学の骨の髄にまで染み込んだ、その浸透の度合いを理解しない限り、我々は、ハイデガーと基礎的存在論一般の主張の両方について、誤解を回避することができないであろう。

リチャード・ウォーリン

フランクフルト・アム・マイン
一九九七年七月

哲学者が、一見したところ首尾一貫性を欠いた仕方で、政治的な権威に屈服するということがある。哲学者自身もそれは自覚している。だが、こうした権威に対する表面的な屈服を根拠づけているのが……彼の理論そのものの最も根深い欠陥であるかもしれないということ、このことに彼は気づかない。従って、哲学者が［権威に対して］〝同調〟するようなことが万が一あるならば、将来、彼の弟子は、自分の師が外在的にしか意識しなかったことを、内在的かつ本質的な仕方で説明しなければならなくなるだろう。

カール・マルクス『ヘーゲル法哲学批判序説』

序　文

同僚の英文学者の話によれば、彼がシェイクスピアにおける比喩の用法についての研究書を今度出す予定だと聞いた彼の母親は、間髪を入れずに言ったという――「何だかどこかで見たようなシェイクスピアの研究書が、また一冊必要になったというわけね」。正直に白状すると、ハイデガーの政治思想についての研究書である本書を執筆しながら、私自身もまた彼女と同じ言葉を――必要な変更を加えてであるが――何度も何度も心の中で反芻したものである。

無論、同僚のシェイクスピア研究は既存の類書とは〝違う《ディファレント》〟独自のものになるであろうし、たぶん私のハイデガー研究もそうなっているはずである。だが、そのような〝違い《ディファレンス》〟は（どちらの場合にも言えることだが）本当に重大な意味を持つ《メイク・ア・ディファレンス》のだろうか。

さしあたってまず、この研究がどのようにして開始されたのかということ（ドイツ人なら、研究の発生史《エントシュテーウングスゲシヒテ》と言うだろう）を示すことが適切であり、肝心であろう。私がハイデガー研究に着手したのは、一九八六－八七年度のパリでの休暇中に一人のフランス人の同僚と偶然出会ったこと――皮肉にもこの出会いは〝被投性〟や〝実存論的偶然性〟といったハイデガー特有の概念の確証になりかねないのだが――がきっかけであった。というのは、私がこの偶然の出会いを通じて、ハイデガーの国家社会主義への傾倒という問題を再度取りあげた一九八六年八月のドイツの『シュピーゲル』誌の記事のことを知ったからである。

私の第一印象は、著しい懐疑であった。同様の非難――その大半は根拠のないものであった――が、過去において何度も繰り返し提起されてきたのではなかったか。多くの人と同じく、私もハイデガーと彼の門弟たちが常々口にしてきた次のような弁明に、多かれ少なかれ納得していたのである。すなわち、ハイデガーの国家社会主義への〝傾倒〟は一時的な気の迷いにすぎず、彼がナチス政権下でフライブルク大学の総長に就任したのは、単に同僚たちの度重なる要請に非常に不本意ながら従ってのことであって、しかも彼が大学の総長に就任した際の真意は、政治化や外部からの侵入に対して大学を守ることにあり、従って、こうした努力が一度失敗に終わると、彼は強い抵抗の意を示して総長を辞任したのだ、と。結局のところ、ハイデガーのナチズムという問題を持ち出そうとする過去の試み――それは明らかに「思考とは無関係」の憶測を基にして哲学をこきおろそうという見え透いた努力であった――は全て、「連中は哲学を攻撃できないから、哲学者を攻撃するのだ！」というこの論争に関するハイデガー特有の言い回しによって、完膚無きまでに論駁されたのではなかったか。

『シュピーゲル』誌で引用されていた証拠は、主にフライブルクの歴史学者フーゴ・オットがドイツのほとんど無名の雑誌に発表した一連の挑発的な資料研究からのものであり、ヴィクトル・ファリアスも(告発調の強い)『ハイデガーとナチズム』を、主にこれらの資料に依拠して執筆している。しかしながら『シュピーゲル』誌の記事は、ハイデガーの一九三〇年代初頭における政治的態度に関する近年発見された証拠が、これまでに発見されたものとは本質において異なるものであるということ、そして彼の国家社会主義への関与がもはや〝一時的な〟あるいは〝不誠実な〟それとして無視できるようなものではないということを明らかにしていた。いや、それどころか、さらに不吉で永続的な選択的親和性が働いていることを、認めざるをえなくなったのである。そしてまさにこのとき、私はかつてフランクフルト学派の文芸社会学者レオ・レーヴェンタールと交わした会話を思い出した。彼はこう述べたのである——(当時のハイデガー哲学をよく知っていた他の人々と同じく)批判理論家たちにとって、一九三〇年代初頭におけるハイデガーの国家社会主義への転向は、ほとんど驚くに値しなかった、と。しかし、これが正しいとするならば、一体、この哲学者が褐色のナチの制服にそのような親しみを抱きえた背景には——あるいはそのような親しみを否定できなかった背景には——彼の哲学そのもののどういった側面が関わっていたのだろうか。そして、まさにこの、哲学と実生活とのあいだの複雑で捉えがたい内的関係についての疑問こそが、私のハイデガー研究の主題上の出発点を決定するに至ったのである。

ハイデガー哲学の様々な段階と側面に関しては、文字通り何千という研究がすでになされている。容易に想像がつく通り、これらの研究の中には学問的に極めて完成度の高い労作も多く、ハイデガー研究にこれから着手しようという新参者を少しばかりひるませるには十分なほどである。

だが少し詳しく検討してみると、二、三の例外はあるものの、ハイデガーに関する二次文献の圧倒的大多数は全くの〝評釈〟的なもので、師匠の開陳した叡知は弟子が伝え、解釈し、広めていかなければならないといった趣のものばかりである。無論、確かにハイデガーのような過度に難解な思想家に関しては、そのような概念的再構成や一般的な解説の作業は不可欠であろう。しかしながら、外部にいる第三者にとって、(1)ハイデガー的言説の〝自己言及性〟に、および(2)ハイデガー的企てそれ自体の知的な基盤が十分に議論されないまま不問に付されているように思われる点に、やはり驚きを禁じえない。別の知的伝統の中で教育を受けた者の目には、あたかも何か結界のようなものが設けられ、内部にいる者は皆、破門を恐れてそこから外へは出ようとしない、というふうにさえ見えることがある。もちろん、ハイデガー的言説と非ハイデガー的言説のあいだにある概念的な共約不可能性は、決して〝外在的〟な問題ではなく、問題の哲学的考察の本質に関わっている。すなわちハイデガーは、その全作品を通じて、哲学的真理の伝統的な定義を、それも、とりわけ哲学の使命は専ら〝対応〟〝判断〟〝命題における合致〟を強調することによって適切に理解されるという考えを、内側から解体しようと努めた。彼の考えでは、むしろ我々が〝真理〟を習慣的に、先入観でもって〝命題の真理〟と同一視してきた結果、哲学的問いのもっと根本的あるいは〝本源的な〟基底《ズプストラートゥム》が隠されたままになっている。ハイデガーが〝存在の問い〟と呼んだものに関わっているのはまさにこの〝基底〟であり、すなわちそれは、かようなものとして〝存在すること〟ないし〝実存すること〟に驚《タウマゼイン》くことができるという純粋無垢なギリシア人の能力、存在が歴史的に冒瀆されたり、哲学的な範疇や体系や学問上の区分などといったものによってばらばらにされたりする以前の感受性にほかならない。この洞察をもとにハイデガーが彼の約五〇年にわたる紆余曲折に満ちた哲学的省察を通じておこなった独自の思索に関しては、たとえどれほど異議を唱える人であろうとも、哲学的な問い一般に対する感受性をよほど欠いた人でもないかぎり、ハイデガーが始めた哲学的質疑の企てそのものの持つ独自性、厳しさ、深さに感銘を受けないでいるのは困難であろう。

また同時に、先に述べたハイデガー的言説と伝統的な哲学の言説のあいだにある〝概念上の共約不可能性〟は、結果的に〝歩み寄りの不可能性〟の原因となっているところの絶対的な不浸透性の現われと考えれば、おそらくは極めて容易に解釈できるであろう。また、事実、ハイデガー自身が伝統的哲学の欠陥を確信するあまり、哲学研究の用語や用語法を再生する作業を全く放棄してしまったのだが、にもかかわらず両者のあいだには一見そう思われるよりも多くの共通点が見出されるように思われるし、このことは実際、特に一九二〇年代や一九三〇年代からの彼の講義を検討すれば、十分に確かめることができる。これらの講義においてハイデガーは、あくまでも〝伝統〟の詳細な読解と批判的検討を行った上で、その後に自分の見解を呈示しているのである。

このように、肝心なのは、その洞察に見られる数々の強烈な独創性にもかかわらず、ハイデガーの哲学的な偉大さの基底に、西洋の哲学的伝統の〝超克《ユーバーヴィンドゥング》〟と一般に考えられているようなものが認められるという点である。そして、まさにこの点において、〝論理的共約不可能性〟という問題は氷解し始める。というのは、我々の見るところでは、ハイデガーが生涯にわたって行ったこの哲学的遺産との対話という観点から眺めることによってこそ、ハイデガー自身の理論的企図を最もよく理解し、かつ評価することが可能になるからである。こうして、この〝伝統との対話〟を詳しく検討することによって、ハイデガーの作品の内在的な分析と批判を基礎づける一揃いの内的基準が実は彼の哲学自体によって提示されているということが明らかになる。そしてそのことによって、まさに哲学的伝統のある種の側面から彼を根本的に離反させている彼の哲学の次元、さらには彼の弟子たちが批判から隔離してきた次元、こうした次元においてこそ、ハイデガーの哲学的企図の最大の急所が真に露呈されるということが証明されるだろう。

　蓋し、以下の研究が既存のハイデガー注釈書の多くと異なる最も重要な点の一つは、ハイデガー自身が認めている彼の恐るべき壮大なカテゴリーの建造物の中の一見自明なことがらの多くを、私がそこで徹底的に問い直そうとしている点であろう。すなわちそれは、ハイデガー自身が彼以外の非常に多くの重要な西洋の思想家たちと厳密な対話をおこなったのと同じやり方で、ハイデガーの哲学を批判的に〝考え抜く〟作業にほかならない。また、私は、自分の探求の焦点をハイデガーの〝政治思想〟というライトモチーフに限定しようと試みたが、それは彼の哲学的な企ての中でこれまで多かれ少なかれ無視されてきたこの側面に光を当てることで、実は彼の哲学全体の諸々の緊張と矛盾についてのある種特権的な洞察を得ることが可能になると考えてのことなのである。

　〝ハイデガーと実践哲学〟という主題についての一九七九年の鮮やかな回顧論文において、哲学者のハンス・エーベリングは、〝自由〟や〝死〟といった初期ハイデガー哲学の中心的なカテゴリーが〝形而上学への絶望〟の結果として〝独我論的に歪曲〟されているかぎり、将来的にそのような主題は〝シュヴァルツヴァルトの鳩時計〟のようなものとして、つまり、多くの人が好んで使うが、厳密さを重んじる人はほとんど信頼しないであろうポンコツ哲学から取り出された装飾品として、扱われることになるだろうと述べている。〝ポンコツ哲学〟が問題のハイデガー的カテゴリーの適切な落ち着き先かどうかについて、私はエーベリングほどの確信を持ってはいないが、同じ回顧論文で述べられている別の点に関しては全く同感であった。すなわち、彼が述べるように、今是非とも緊急に必要なのは、「ピエール・ブルデューの社会学的研究『マルティン・ハイデガーの哲学的存在論』の哲学版」にほかならない。

実際、もし私が書こうと試みた本を一語か二語で要約せよと言われたら、私は「ブルデューの本を哲学的に補完するもの」と答えるであろう。というのは、ハイデガーの〝政治的存在論〟に関するブルデューの研究は、ハイデガー哲学の〝習慣《ハビトウス》〟の根底にある精神史的な基盤を説得的に詳述してはいるが、それと関連するこの哲学者のかくのごとき政治思想に関する内在的な哲学的分析が彼の説明には欠けているのである。そして、この内在的な哲学的次元を論じそこねているがゆえに、ブルデューの研究においてハイデガーの思想は、同時期のドイツの多くの〝保守革命派〟――たとえばエルンスト・ユンガー、カール・シュミット、メーラー・ファン・デン・ブルック、オズワルト・シュペングラーなど――の思想とほとんど区別がつかない、という事態になってしまっている。つまり他の点では申し分ないブルデューの研究に欠けているのは、〝哲学的詳述〟の契機であるが、ハイデガーの経験的なレベルでの政治的な態度や確信の〝可能性の条件〟ないし〝超越論的根拠〟を非常に多くの点で規定しているのは、まさにこの契機にほかならないのである。

私の当初の計画では、本書は二〇世紀の倫理・政治思想の一様相としての〝決断主義〟の研究になるはずであった。ところが、ひとたびハイデガーの章を書き始めると、まもなく私は、そこで論じられるべき諸々の主題には一冊の本を書くのに十分な複雑さと興味深さがあることに気がついた。ただし、私が辿り着いた結論は、決して一般的な賛同をもって迎えられたわけではなかった。たとえば、ある大きな国立の基金組織への助成の申請は次のような説明の下に退けられた。すなわち「我々は申請者の学問的業績は高く評価するし、その論題の重要性も認める。だが、ウォーリン博士は単に「ハイデガーの」理論を理解し、それを歴史的文脈の中に位置づけるだけにとどまらず、それを裁こうと躍起になっている。彼は一人の思想家であり社会理論家である*」と。

ただ、およそ研究に対する経済的な援助という点では、私はおそらくほとんどの人よりも幸運に恵まれた方であろう。この点で私は、ライス大学人文学部学部長アレン・マツソーの御厚意と、また、大学の一九八六―八七年度の一学期間ほど公務から離れることを認めてくれたアンドリュー・W・メロン基金に対して感謝したい。また、私を一年間特別研究員として迎えてくれた西ドイツのボンのアレクサンダー・フォン・フンボルト基金にも感謝したい。私はその一年のあいだに、本書『存在の政治』の執筆と推敲の作業の大半を完了することができた。

ユルゲン・ハーバーマスには格別お世話になった。彼は私がアレクサンダー・フォン・フンボルト特別研究員としてフランクフルト・アム・マインのゲーテ大学哲学科にいるあいだ、親切にもてなしてくれた。哲学者であり知識人であるハーバーマス教授の偉大さについては、私もフランクフルトに到着した時点ですでによく知っていたが、同地を去る頃には彼の人間としての偉大さをも心に強く感じていた。

執筆の様々な過程で本書の草稿に入念に目を通し、コメントを下さったカールステン・ハリーズ教授、アグネス・ヘラー教授、マーティン・ジェイ教授、オットー・ペゲラー教授、それにピーター・スタインバーガー教授にも心からの感謝を示したい。こうした先生方に入念に読んでいただいたおかげで、読者に与える当惑をかなり――完全にではないにせよ――減らすことができたのではないかと思う。またコロンビアで私の担当編集者であったルイーズ・ウォーラーにも感謝しなければならない。彼女は私の草稿に関することがら全般を効率よくプロらしい手際で処理してくれた。また、フランスにおけるハイデガー論争の最前線の情報を入手する際に貴重な手助けをしてくれたユリシーズ・サンタマリアにもお礼を申し上げたい。

第一章と第二章は「マルティン・ハイデガーと国家社会主義との関係に関する最近の研究」および「『存在と時間』の政治哲学」という題で『レ・タン・モデルヌ』誌の一九八七年一〇月号と一九八九年一月号に仏訳して掲載されたものをもとにしている。『レ・タン・モデルヌ』誌のクロード・ランズマン編集長は、先日のパリ訪問の際に私を非常に手厚くもてなしてくれたし、私の論文の転載を認めてくれた。感謝したい。

この本は私の妻であるメリッサ・コックスに捧げられている。しばしば、あの悪名高いハイデガー的〝深‐淵《アプ‐グルント》〟を前に私が朦朧としているときに、一瞥を投げかけたり、微笑んだり、ときにはため息(そう、それがため息であることは非常に多かったように私は思う)をつくことで確実に、私に人生で本当に大切なことについて思い起こさせてくれたのは、ほかならぬ彼女であった。

＊　こうした言葉を読むと私は即座にミシェル・フーコーの『知の考古学』の「序論」の末尾における次のような請願を想起してしまう。「私が何者であるかなどと問わないで下さい。同一の状態にとどまれなどと言わないで下さい。我々の身分証明書の管理など、官僚と警察に任せておけばいいのです。少なくとも、ものを書くときには、彼らの道徳など、我々には要らないのです」(中村雄二郎訳、河出書房新社、一九八一年)。

目次

第一章　ハイデガーと政治

ハイデガーが――単なる偶然でなく――国家社会主義と親密な関係を結び、しかもその関係を本当に断ち切ることがなかった原因は、彼の思想そのものの一つの決定的な方向性にあったのではなかろうか。

ペゲラー『ハイデガーの根本問題』「第二版へのあとがき」

ここ数年のあいだに行われてきた、ドイツの哲学者マルティン・ハイデガーと国家社会主義の関係をめぐる一連の激しい議論において、極めて重大な事実が数多く明るみに出されてきた。だが、にもかかわらず、「是か非か」をめぐる党派的な告発が声高に繰り返される中で、この論争において最も肝心な理論的諸問題の大半が等閑に付されてきたことは、残念なことである。

たとえば、ハイデガーの国家社会主義支持は、彼の『存在と時間』や他の作品において詳細に展開された「実存の哲学」と本質的な関係にあったのか。仮にそうだったとしたら、この関係はどういうものであったのか。国家社会主義への関与という自らの失態について、ハイデガー自身が歴史的‐哲学的な総括をする――そういうことが仮に可能であるとして――と仮定するならば、それはどのような総括であるのか。そして、さらに重要なことだが、彼自身が一九三六年以降の自らの哲学的な企ての根本的な前提を再考する際に、こうした総括は一体どのような意味を持つのだろうか。

「ハイデガーが――単なる偶然でなく――国家社会主義と親密な関係を結んだ原因は、彼の思想そのものの一つの決定的な方向性にあった」。このオットー・ペゲラーの見解に従うならば、ハイデガーの哲学と彼の政治への関与とのあいだには密接な関係があったのではないかという我々の最初の問いに対する答えは、「然り」ということになるだろう。しかし結論において、ペゲラーはさらに決定的な、ある意味では驚くべき見解を述べている。すなわち、ハイデガーは、こうした国家社会主義との「親密な関係」を本当に断ち切ることは決してなかった。言い換えるならば三〇年代初めのハイデガーのナチズム体験は、ある決定的な点において――ペゲラーはそれがどういう点であるかをこの文脈では明示してくれていないが――彼の思想に決定的な影響を及ぼし続けたのである。そしてペゲラーの見解を傍証するかのように、事実、ハイデガーは後の作品において、かつて自分が国家社会主義に関与したことを明確に否定するのを、断固として拒んでいる[1]。

しかしながら、新たに発掘された〝低俗な〟伝記的資料に依拠して、ハイデガー論争に費やされた崇高な〝哲学的賭け金〟を金をドブに捨てるようなものであるとみなすのは公平ではないだろう。この点において、近年のヴィクトル・ファリアスとフーゴ・オットの作品は、哲学的な主張を欠いているにもかかわらず、そして欠いているがゆえにこそ、極めて大きな役割を果たした。まさに彼らの粘り強い実証的な資料研究の結果として、ハイデガー哲学全体が遺したものの再検討という大がかりな作業が開始されたのである[2]。彼らの発見が公表されたことで生じた最も重大な変化は、数十年のあいだ熱心なハイデガー信徒によって(師自身の隠蔽工作に従って)軽視されるか、あるいは単純に否認されてきたハイデガーの政治への関与についての数多くの事実が、反駁不可能なまでに実証されたことである。要するに、ファリアス、オット両氏によって膨大な証拠が一気にまとめられたことによって、はじめてハイデガーのナチズム関与の全貌が公的な記録に基づいて検討されるようになったのである[3]。

実際、今となっては周知のことだが、その証拠たるや、極めて衝撃的なものであった。たとえば近代ドイツの大学機構の強制的同質化《グライヒシャルトゥング》(反体制勢力の排除を意味するナチの用語)――それは起源をヴィルヘルム・フォン・フンボルトやドイツ観念論者たちの哲学にまで遡りうるという由緒あるものだが――に関していうならば、ハイデガーは、フライブルク大学の総長としての権力の行使にあたって、ほとんど「王自身よりも王に忠実(plus royaliste que le roi)」――この場合の「王」とはもちろんヒットラーその人である――であったことが判明している。また、一九三三年五月二〇日にハイデガーがヒットラーに個人的に送った電報には次のようにある。「すでに計画されているドイツ大学連合の理事会ですが、この大学連合の運営における強制的同質化という特別に必要な課題が完了するまで、その開催を延期して下さるよう切にお願いいたします[4]」。また同年の八月には、ハイデガーは指導者原理《フューラープリンツィップ》の要請に従った州の大学基本法の改正に直接的に関わっている。その改正とは、従来大学の評議会によって選出されていた総長を、将来的には文相によって直接任命される指導者《フューラー》に変更し、長年続いたフライブルク大学の自治を崩壊へと追い込むものであり、さらには各学部の学部長の呼称も同様に各担当部署の指導者《フューラー》とし、この新しい〝指導者的総長《レクター・フューラー》〟による任命を受ける、というものであった。

またハイデガーは、新体制側の方針を代弁する精力的なアジテーターとしての才覚も発揮していた。ハイデルベルクでのある演説で彼は、今の世代の大学教授たちは適任ではなく、従って、一〇年後には彼らを追い出し、新しい世代、すなわち〝国民的覚醒〟の要請と試練に応えうる世代に入れ換える必要がある、と宣言した。この演説が行われた際、聴衆の中には哲学者のカール・ヤスパースがいたが、彼とハイデガーとの一四年来の親交を決定的に断ち切ったのは、この類の急進的な右翼の態度であった(5)。ハイデガーは別の演説において、大学は「再び民族共同体の中に統合され、国家と一体化する」べきであるとも述べている(6)。また、一九三三年一一月初めには、ドイツの国際連盟脱退直後の(事後的な《エクス・ポスト・ファクト》)国民投票で、ヒットラーの側に立って、三度、熱狂的な公開演説を行っている。こうした演説における彼のイデオロギー的な狂信は、聴衆にとってほとんど疑念を差しはさむ余地のないものであった。その演説の一つは次のように始まっている。「国家社会主義の革命は、今や、我らがドイツの現存在の全体的変革をもたらそうとしている(7)」。国民投票における〝然り〟の決議は、ハイデガーにとって〝本来性〟への〝決断〟の合図にほかならなかったのである。

ハイデガーがその〝指導者的総長〟としての影響力を行使しつつ行った政治的〝告発〟によって不幸な事態に追い込まれた例については、ファリアスやオットによって正確な報告がなされている(8)。また、ハイデガー自身、次のような自分の確信を隠すことは決してなかった。すなわち、新しい帝国の目的を遂行するに際しては、〃政治的な〃判断規準が人事案件に関する決定において極めて重要である、と。ある機会に彼は述べている。「今後の人事採用において最も重要な問題は、候補者の学問的ならびに人格的な適性を前提とした上で、そのうちの誰が国家社会主義の教育目的の実現に最大の貢献をするか、ということである[9]」。さらにハイデガーは一九三三年一二月、各学部長に回覧した覚え書きにおいて、ナチ政権下での自分の〃教育哲学〃について、平然かつ率直に次のように説明している。「この職務を引き受けた日以来、[私の総長としての]明確な方針と本来的な目的(徐々にしか実現できないにせよ)は、国家社会主義的国家の力と要請とに基づいた学問的教育の、根本的な変容でした。……個々人一人ひとりはそれ自体では無に等しい。我々の民族国家こそが全てなのであります[10]」(強調、ウォーリン)。

加えて、ハイデガーの反ユダヤ主義という厄介な問題――それは過去において単なるこの哲学者の個人的な好き嫌いの問題として片づけられてきた――が、近年、再浮上してきた(なお、この主題は、これ以外の点では徹底的なオットの研究には驚くべきほど欠落している)。この種の非難が最初になされたのは一九五〇年に出されたトニ・カッシーラーの自伝『我が生涯――エルンスト・カッシーラーとともに』で、彼女はそこにおいてすでに一九二九年にはハイデガーの「反ユダヤ主義的な性向」について耳にしていたと述べている[11]。加えて、総長時代にハイデガーが、かつての恩師であるエトムント・フッサールの大学図書館の利用を、彼がユダヤ人であるという理由で禁止したという噂が長らく伝えられてきた。ただし、この噂に関して、ハイデガーは一九六六年の『シュピーゲル』誌のインタヴューで〝中傷〟であるとして否認している。[12] ハイデガー擁護派は、一九三三年まで、この哲学者に多くのユダヤ人の弟子――その中にはハンナ・アーレント、ハンス・ヨーナス、カール・レーヴィット、そしてヘルベルト・マルクーゼが含まれる――がいたことを指摘する。また、前述の『シュピーゲル』誌インタヴューにおいてハイデガーは、自分がヒットラー政権初期においてユダヤ人教授陣の戦いを援助したことを強調している。

しかし、近年、この問題に関しても、この哲学者の懸命の自己弁護を覆す重大な証拠が示されている。一九三三年七月に古典文献学者エードゥアルト・フレンケルと化学者ゲオルク・フォン・ヘヴェシイ(一九四五年のノーベル賞受賞者)という解雇処分の対象になっていた二人をかばってハイデガーが行った嘆願が、実際は極めて御都合主義的な根拠によるものであったことを、我々は今や知るに至っている。つまり、彼の関心は、専ら二人の国際的に高名な学者を単に人種上の理由で簡単に解雇してしまうことがドイツの外交政策に及ぼすであろう悪影響にあったのである。加えて、一九三三年七月一二日の書簡で、ハイデガーは、文部省にユダヤ人を公職から追放するという国家社会主義の方針――それは〝浄化《ゾイベルング》〟措置として知られていた――に全面的に協力すると確約している。[13]

これまで、ハイデガー擁護派はハイデガーの反ユダヤ主義に関するトニ・カッシーラーの証言を不確かな憶測の域をほとんど出ないものとして斥けてきたが、近年、彼女の主張を裏づける重大な証拠が、一九二九年にハイデガーが書いた弟子のエードゥアルト・バウムガルテンの推薦状という形で浮上してきた。その中でハイデガーは、バウムガルテンを売り込もうと、次のようなことを述べている。「今、何よりも肝心なのは、我々が一つの選択を迫られていることに一刻も早く気づくことです。すなわち、我がドイツ国民の精神生活に、本当の土壌に根ざした《ボーデンシュテンディゲ》人材と教育者を与えるか、それともそれを……ますます進行しつつあるユダヤ化《フェアユードゥング》に完全に委ねてしまうかということです」(14)。トニ・カッシーラーの証言やバウムガルテンに関する書簡を読み合わせてみると、一九二〇年代後半におけるハイデガーの政治的態度に、はっきりとした伝統的な文化的偏見がどの程度影を落としていたかを推察することができる。そして、積み重ねられつつある傍証に照らし合わせると、一九三三年のハイデガーのナチズムへの帰依が、ある種の必然性を帯びてくるように思われるのである。

皮肉なことに、はっきりと記録に残っているハイデガーの反ユダヤ主義的行動の別の事例も、バウムガルテンに関係している。ただし今度は、バウムガルテンがハイデガーの感情的偏見の受益者ではなく、犠牲者になっている。一九三三年一二月、両者が思想的に決裂した後、ハイデガーはゲッティンゲン大学の国家社会主義者大学教授連盟の理事長あてに次のような一通の親書を出して、同大学でのバウムガルテンの採用を潰そうとしたのである。ハイデガーによれば、バウムガルテンはハイデルベルクの「自由主義的‐民主主義的な」環境の出身で、アメリカ滞在中に過度に「アメリカかぶれ」になっており、しかも「ユダヤ人の[エードゥアルト・]フレンケル」とつきあっている。だからバウムガルテンを不採用にするべきだ、というのである(15)。

さらに近年になって明らかにされたことだが、一九三三年五月に総長に就任するやいなや、ハイデガーは、自分の担当している全ての博士課程のユダヤ人学生との会見を急にやめてしまっている。たとえばハイデガーのかつての教え子である哲学者のマックス・ミュラーによれば、「総長になったと同時に、ハイデガーは彼の下ですでに学位論文に着手していたユダヤ人学生の学位取得を、一人として認めなくなった」[16]。また、一九三〇年代初頭のハイデガーの教え子の一人であったレオポルディーネ・ヴァイツマンの証言によれば、ハイデガーは非常に高い評価を得た博士候補生の希望を次のような言葉で踏みにじったのである。「ミンツさん、お分かりですね。あなたはユダヤ人です。だから私はあなたを博士号にふさわしい研究者として推薦できません」[17]。

ハイデガーの反ユダヤ的な行動の事例については十分な記録が残ってはいるが[18]、だからといってそこから、彼の哲学のみならず、その〝世界像〟に関して、その核心が〝人種主義的思考〟であったなどと結論づけるのは軽率であろう。それよりはむしろ、ある論者が述べているようにハイデガーの反ユダヤ主義が「ありふれた文化的性質のものであった」可能性の方が高いのである[19]。しかしながら、だからといって、一九世紀後半以来ドイツ社会に芽生えてきていた人種主義的 - 生物学的な反ユダヤ主義、すなわち国家社会主義の人種理論の前兆として猖獗を極めた反ユダヤ主義という伝染病の歴史的必要条件の中に、伝統的ないわゆる〝文化的反ユダヤ主義〟が含まれていなかったとするのは誤解を招きかねない[20]。ハイデガーの政治的成熟を理解する上で、このような目に余るほどの反ユダヤ的感情の吐露から推察できるのは、実は彼の知的な世界像が、ドイツの教養市民的知識階層や地方の庶民が共通に抱いていた熱狂的で、潜在的にはファシズム的な性格を孕んでいた″近代批判″――すなわち″西洋的な″価値や啓蒙主義や″コスモポリタニズム″などに対する批判――から、想像を遥かに越えるほど強い規定を受けていたということである。[21] さらにそこからは、我々の当座の研究観点から見て極めて重要な問題が生じてくる。すなわち、純粋なハイデガーの哲学的見解というようなものが仮にあったとして、それに対して、この反近代主義的な世界像が、どの程度、悪影響を及ぼしたのか、という問題である(この問題に関しては次章で少しばかり検討する予定である)。

一九四五年、フライブルク大学の非ナチ化委員会によって、ハイデガーの総長としての行動とその根底にあった動機の両方についての、説得力のある最終報告が出された。彼に対する極めて厳しい告発は、次のように述べている。

> 哲学者マルティン・ハイデガーは、一九三三年の激変以前には、全く非政治的な、精神的世界の中で生きていた。しかしながら、当時の青年運動やエルンスト・ユンガーのようなドイツの若者の文学的な代弁者たちとは(彼の息子たちをも通じて)親しく交際していた。こうした代弁者たちは、ブルジョア的資本主義の時代が終焉し、新しいドイツ社会主義が到来することを告げていた。ハイデガーは国家社会主義革命に、民族的《フェルキッシュ》な基礎に立ったドイツ的生の精神的な革新を期待すると同時に、多くのドイツの知識人たちと同様、そこに社会的対立の宥和や、

共産主義の脅威に対する西洋文化の防衛を期待していた。ハイデガーは国家社会主義政党が政権を掌握する以前の議会の政治的な様子については何ら明確なイメージを持っていなかったが、[ハイデガー]自身の念頭に浮かんでいた精神上の転換をもたらすことこそがヒットラーの歴史的使命であると信じていた。……

[総長就任演説において]〟勤労奉仕〟と〟防衛奉仕〟が、〟学問奉仕〟とならんで、同等に正当であると述べた事実によって、彼は、自分の演説が政治的な目的に利用されるきっかけを与えてしまった。彼の念頭にあったのは、ドイツの大学制度の精神的な深化と再建であった。……だが党は、ハイデガーのような一流の知識人が党に参加し、党の勝利を公的な演説の中で祝福した、という赤裸々な事実を、極めて歓迎すべき宣伝手段として利用した。大学の若者たちのうちに確固たる支持をとりつけようと懸命になり、ついにはいわゆる〟反動的〟な教授に反抗するように学生を扇動したこと、こうしたことを通じてハイデガーは、自ら党の宣伝を容易にしたのである。彼が望んでいたのは、こうすることによって、自分自身の改革プランを推進することであり、さらには彼自身の路線を維持し、可能ならば党の内的発展に有益なやり方で影響を及ぼすことができるような地位を党内で獲得することであった。だが、当然のごとく、こうした希望的観測は極めて早いうちに失望に変わった。学生たちは無礼で横柄になり、また大多数の教授は、しばしば不器用で彼らから見ると不遜とさえ感じられる彼の通達に深く憤り、即座に反対の立場へと駆り立てられた。そして党も、彼の大学政策上の目標と党の目標との内

的な対立を次第に明確に認識するにつれて、彼とは距離を置くようになったのである。彼が新しい指導者原理に即した大学基本法の再編や、ヒットラー主義の外面的な形式（たとえば、いわゆる〝ドイツ的挨拶〟［〝ハイル・ヒットラー！〟］）を大学生活に導入することに熱心に協力し、反ナチ感情を持つ人物を排除ないしは告発し、さらには新聞紙上でのアピールを通じてナチの選挙宣伝に直接加担したという事実、こうした事実ですら、この相互離反の進行をいささかも変えはしなかった。……だが、後に生じたこうした離反にもかかわらず、運命の年である一九三三年に、ハイデガーが彼の極めて輝かしい学問的名声と彼独自の言説様式を国家社会主義革命のために意識的に用いたこと、また、そのことによってドイツ知識階層に対するこの革命の正統化に本質的な加担をしてしまったこと、こうしたことには何ら疑いの余地はありえないのである。(22)

長期間にわたる事情聴取の後に大学評議会の下した評決は厳しいものであった。神経衰弱に陥って手続きのあいだに入院を余儀なくされていたハイデガーは、大学教授資格認可《ヴェーニア・レゲンディ》（大学レベルでの教育を行う権利）を奪われただけでなく、彼が依然として大学の様々な活動に参加することを可能にしていた名誉教授資格をも剝奪されてしまった。要するに彼は、大学での生活を即座に禁止されたのである。ただし、この判決は、ドイツの政治情勢が安定化した一九五一年には撤回されるのではあるが。

このようにハイデガーの〝場合〟に関する重大な事実関係が次々に明らかになるにつれて、今度は彼の哲学作品《ウーヴル》の統合性についての新たな問題が浮かび上がってきた。そしてまさにこの脈絡においてペゲラーは次のように述べている。すなわち、ハイデガーの政治的関与の知的な基盤は、彼の哲学的見解の前提を徹底的に検討することによってはじめて理解可能になる、と。ならば、仮にハイデガーの政治的関与の動機が実際に哲学的な基盤を持っていたとして、この事実は彼の哲学上の業績をどの程度疑わしいものにするのだろうか。確かに、このような問題提起の試みは、頑固なハイデガー擁護派にはあまり好意的に受け入れられてはこなかった。彼らの反応は、悪い知らせを伝えてくる者――つまりはファリアスその人である――に対する過剰な非難から、哲学はどんな最善の条件下においても実際の行動に影響を及ぼすような役割を果たしえないという極めて否定的な見解まで、様々であった(23)。あるいは、以前にハイデガーのナチズムという問題が浮上してきたときのように、ハイデガーという生身の人間――それは誤りを犯すこともある有限な存在である――と彼の哲学作品それ自体――それは〝真理〟の作品であり、従って、かようなものとしては〝永遠〟である――とを断固として区別するということも、否認のためによく用いられた戦略の一つであった(24)。だが、ハイデガーの過去についての新たな伝記的研究の成果――それはハイデガーの国家社会主義的な感情が、決してこの哲学者の生涯における単なる一挿話などではなく、少なくとも一九四〇年代半ばまでは彼の思考に影響を及ぼし続けていたことを立証してしまった(25)――を考慮するならば、ハイデガーのナチ体験が彼の哲学的企図全体と〝本質的な〟関係にあったという結論を回避するのはますます困難になってくるのである。[26]

さらに、ニコラス・テルトゥーリアンとユルゲン・ハーバーマスがともに明らかに示しているように、一九三三年の総長就任演説以降、ハイデガーの哲学そのものが根本的な変容を被っている。すなわち、それは初期の〃第一哲学〃であることをやめ、真の〃世界観《ヴェルトアンシャウウング》〃となった。これ以後、ハイデガーの教説の一般的な意味での純粋性ないし〃哲学的自律性〃を弁護することはますます困難になってくる。それどころか彼の教説は、以下で彼の哲学それ自体の内的な論理と切り離せないことが判明するであろうイデオロギー的で歴史的‐哲学的な考察と、渾然かつ一体となってくるのである。[27] このことについては、この時期にハイデガーが行った一連の講義(たとえば『形而上学入門』[一九三五年]や『ヘルダーリンの賛歌「ゲルマーニエン」と「ライン」』[一九三四―三五年])を見さえすれば十分な確証を得ることができるだろう。ヴィンフリート・フランツェンが述べているように、このイデオロギー的な再結晶化の過程における決定的な一歩は、おそらく、一九二九年の講義『形而上学の根本諸概念』においてハイデガーが行った保守革命派の思想家たち――たとえばオズワルト・シュペングラー、ルードヴィッヒ・クラーゲス、そして最も重要な人物であるエルンスト・ユンガー――の世代との激しい論争であった。[28]

さしあたってここでの検討に際しては、基礎的存在論と政治への関与との枢軸関係が極めて重要である。フランツェンが述べたように、「このような[ハイデガーの]行動が国家社会主義への本当の関与を表わしていることが判明するにつれて、ますます緊急の問題となってくるのは、こうした関与の根っこがハイデガー哲学の中に見出しうるのかどうか、ということだ」[29]。こうしたハイデガーの生の二つの側面——哲学と政治——は、導管のように相互に通じていると言えよう。しかしながら、彼の生の作品の一方の面がもう一方の面へと変わるとき、そこには何か痕跡のようなものが必ず残されている。各々の面をそれぞれの固有の観点から正しく評価することも可能ではあろうが、その二つの面を相互に通じ合っている哲学的な生の諸次元として捉えるのも有益であろう。このように、どの側面も他方との関連抜きには十分に理解することができない。哲学上の教説は、究極的にはその政治的な〃帰結〃に対する責任を負うような一つの概念的な基本原理として理解されなければならない。そして、確かに、ある教説を、専らそれが同時に〃異質な〃領域——この場合は実生活という領域——に及ぼした〃帰結〃という観点だけから評価するのは正しいことではないが、教説それ自体を、その帰結とは全く無縁の観念的な真空に存在するものとして理解することは不可能である。こうして、それが生の実践の領域に及ぼす影響は、後のハイデガーの哲学者としての自己理解に重大な影響を与えずにはおかなかった。結果的には、いわゆる〃外在的要因〃や〃帰結〃に訴えることがその哲学の核心に致命的な打撃を与えたとは確かに言い難いが、それを完全に考慮の対象から外すということも正当化し難くなったのである。

哲学と実生活の関係は決して直接的なものではないが、間違いなく強く結びついている。ハイデガーの場合、この結びつきの核心を与えているのは、彼の〃政治哲学〃、あるいはもっと適切にいえば——というのは、後に明らかになるようにハイデガーは決して政治哲学それ自体を編み出したわけではないからである——ハイデガーが世界の政治状況に対する自らの理解の哲学的な基礎に置こうとした〝政治思想〟である。

哲学と政治的な行動に必然的なつながりがあるということは、文化史の記録上、決して自明の真理ではない。両者の因果関係に対する明白な反証事実としてよく言及されるのは、論理学者ゴットロープ・フレーゲの場合で、彼は単に偶然的に、猛烈な反ユダヤ主義者でもあったにすぎない。確かに、我々が教わってきたところによれば、フレーゲの反ユダヤ主義は、彼の論理学上の理論の信用をいささかも損なうものではない。また逆に、彼の理論に反ユダヤ主義の種子が含まれていると主張することも全く不可能である。実際のところ、我々が、フレーゲの偏向した感情のことを知っているがゆえに、歴史的に存在する個人としてのフレーゲを軽視してしまうのは無理もないことであろう。しかし、間違いなく彼の場合は、哲学と実生活とが相互に安全な距離を置いて離れて併存していた。

では、ハイデガーの場合は何故事情が異なってくるのだろうか。理由は彼の哲学そのものの性質にある。ハイデガー哲学の本質的な構成要素の一つは、存在と時間が相互に必然的な関係にある、つまり存在それ自体が不可譲の時間的次元を含んでいるという主張である。この主張が〝実存の哲学〟になっているのは何故かといえば、人間として存在することのドラマ——現存在の〝事実的な〟現前——は歴史において発生するだけでなく、それ自体が歴史的であるからだ。〝歴史性〟とは、ハイデガーが世界内存在である人間の内在的な歴史的性格を説明するために編み出した用語である。しかし、もし本当にこの通りであるとするならば、〝実存の哲学〟を語ることは無意味になってしまう。〝実存の哲学〟にとっては、哲学と実生活の関係などどうでもいいことであり、あるいはこの両者は相互に無限に隔たっている――フレーゲに関してそうであったように――とも言いうるからである。さらに、このような結論は、〝理論的〟理性と〝実践的〟理性という伝統的な哲学的分業の超克を理論上の目的として構想するハイデガー哲学の場合には、特に適切であるように思われる。実際、絶えずハイデガーが我々に述べているところによれば、世界の慎重な扱いにおいて現存在はすでに哲学的であるし、〝思考〟そのものはすでに実践的である。認識論や美学や論理学の場合、哲学が実生活に及ぼす帰結はおそらく極めて重大であろう[30]。しかし、通常、それらの相互関係の具体的な特徴は極めて間接的なものである。逆に、実存哲学《エクシステンツフィロゾフィー》がやろうと試みている理論と実践との伝統的な分断の超克は、この二つの領域のさらに親密かつ強固な関係を示唆している。

　哲学と政治生活との関係に関するハイデガー自身のメタ理論的な観察は多岐にわたっている。だが、にもかかわらず、その観察は厳密さを欠いたものでは断じてなかったし、〝非哲学的な〟ものでなかったことは言うまでもない。たとえば『存在と時間』に一つの独立した政治理論が含まれていたと言うことはほとんど不可能である。しかしながら、間違いなくそこには、政治的実存の組織化にとって重大な含蓄を示唆する実践的生の哲学が――すなわち、いわば政治的行為についての未完で暗示的な哲学が――極めて豊穣に含まれている。他方、この一九二七年の一見非政治的な論文に、一九三〇年代半ばのハイデガーの政治への関与を遡及的に読み込もうと試みるのは誤読の極みとなるだろう。とりわけ、この数年のあいだにハイデガー自身の哲学的な自己理解が一連の重大な変容を被っていた以上、このことは肝に銘じておかなければならない。また一方、管見の限りでの資料によれば、ハイデガー自身は一九三〇年代半ばにおける自分の政治的な取り組みが自分の哲学と一致していると考えていた。すなわち、『存在と時間』とそれに続く作品において入念に仕上げられた彼の基礎的存在論の理論そのものが、彼の政治への関与を正当化する哲学的な要求ないし根拠の出所であるということを、彼自身が強く確信していたのである。この主張についての標準的典拠はハイデガーの一九三三年の総長就任演説『ドイツ大学の自己主張』である。その中でハイデガーは、哲学は国家的革命に何を期待しうるかということ、そして逆に国家的革命は哲学に何を期待しうるかということを、息を飲むような明快さで述べた。同じような脈絡において彼は、一九三六年のカール・レーヴィットとの会話の中で「ハイデガーの国家社会主義への加担はその哲学の本質のうちに含まれている」ということを認めている[31]。

　こうして、確かに『存在と時間』に含まれている〝実践的生の理論〟を一九三三年頃におけるハイデガーの実生活の具体的な歴史的実態へと矮小化するのは誤りであろうが、にもかかわらず、その理論の哲学的な基礎がハイデガーの第三帝国への加担をどの程度容易に(あるいは困難に)したのかということ、このことを検討するのは十分な正当性を持つ。つまり、初期ハイデガーの実存哲学が彼の国家社会主義への転向に概念的な起動力を与えるに至った内的な論理を再構成することは、間違いなく妥当である。しかもこの理論的再構成の作業は、おそらく我々に、彼の初期哲学全体の内的な弱さと欠陥とに関する有益な洞察をもたらしてくれるであろう。

ハイデガーにとって存在が時間の経過の中で現前するという事実は、存在が歴史を持つということを意味する。結果的にこの〝存在史《ザインスゲシヒテ》〟の理論は、一九三〇年代のハイデガーの哲学的発展の過程に根本的な影響を及ぼした。自立的で自己生成的な〝存在の歴史〟という概念——すなわち一九二七年の彼の偉大な作品においては未だ暗示的なものでしかなかった概念——にハイデガーがあからさまに依拠するようになるにつれて、『存在と時間』において入念に仕上げられた実生活の理論は偏狭なものへと堕落していった。というのも、ハイデガー哲学の発展における〝転回〟が進行していく過程で、〝命運〟(の概念)が、本来的な現存在《ダーザイン》による断固たる決断——あるいは覚悟性《エントシユロッセンハイト》——の所産ではなく、次第に存在そのものによって定められた神秘的な〝運命〟——ハイデガーの用語では〝存在の贈与《ザインスゲシック》〟——の結果という性格を強めていったからである。

しかし、もし存在が〝歴史〟を持つと言いうるのならば、それは同様に〝政治〟をも持つということにはならないだろうか。すなわち、存在の政治《ザインスポリティーク》がある、ということになるのではなかろうか。あるいは同じ問題を別の言葉で言い換えるならば、存在の歴史的〝現前〟に特に貢献するような政治生活の確固たる形態というものが存在するのではないか、ということである。周知のように、ハイデガーの哲学にとって最も切実な問題とされていたのは、存在忘却《ザインスフエアゲッセンハイト》という現象であった。存在忘却の過程が、存在史の過程が示すように、著しく歴史的な、つまりはこの世的な現象であるならば、次のように問うてもよいであろう。すなわち、〃存在忘却〃を克服する歴史的‐形而上学的な過程において政治が果たすべき役割とは、どういうものであるか。何らかの妥当性を持つ政治が存在の真理の歴史的な回復の過程において〃助産婦〃として機能する、と言うことは妥当かどうか、と。無論、これと同じ問題は、存在の再生に対して――実際には敵対していなくとも――際だって非受容的だと判明するような政治構造との関連で否定的に言い直すことも可能である。そしてこのように問うことで、ハイデガーが心に描いた存在論的再生の企図にとって適切な政治哲学の具体的概要について、さらに深く探求することができるだろう。ハイデガーは完全な形の政治理論を提示してくれてはいないが、彼の存在史の理論には、確かに、そのような理論の萌芽が含まれているのである。

ドイツ的な現存在の再起だけが西洋を永遠のニヒリズム的没落から救うことができる、というハイデガーの哲学的に基礎づけられた確信(彼がその作品において一九四三年まで固執していた信念)に関しては、かなり確実に言えることがある。すなわち、一九四五年において、それは根底から崩れ去ってしまった。〃西洋的‐ゲルマン的な歴史的現存在[32]〃の特異性に関するハイデガーの理論がもたらした歴史的な帰結は、ハイデガー本人にとってだけではなく、世界にとって、そしてドイツにとっても悲惨なものであった。このように、こうした様々な出来事ゆえに、根本にある哲学的前提についての再検討が必要になっているように思われる。しかしながら、この世界的なカタストロフィーが彼の哲学に及ぼしたかに見える直接の影響は、実践哲学のカテゴリー全体からの退却であった。というのは、見たところ、実践哲学は近年の歴史的過去に属する諸々の出来事によって、どうしようもなく汚されてしまっていたからである。しかし、我々は次のことを検討しなければならない。すなわち、こうした空前の規模の世界的な破局に対して責任があったのは、実践哲学それ自体――ハイデガーにとってそれは〝意志への意志〟という疑似ニーチェ的なカテゴリーと密接に結びついていたわけだが――だったのかということ。あるいは、こうした破局の本当の原因について真の洞察が得られるならば、非難されなければならないのは、実践哲学の諸カテゴリーに関する歴史上のある特定の曲解――まさにハイデガーがかつて公的な場で賛美したことのある国家社会主義体制そのものによる曲解――ではなかったろうかということ。さらには、後期ハイデガー哲学における実践理性の諸カテゴリーの完全な放棄――おそらくこの立場を最も的確に要約しているのは、一九六六年の『シュピーゲル』誌のインタヴューにおける彼の悪名高い声明「かろうじてただ神のようなものだけが我々を救うことができる」である――は、実際のところ、降伏と断念のための単なる処方箋にすぎなかったのではないか、すなわちそれは、かつて偉大であった思想家の口から出た悲しい無力の告白ではなかったか、といったことをである。

哲学者であるレオ・シュトラウスは、後期ハイデガーが愚かにも一切の政治哲学的な省察を放棄しているという懸念から、「ハイデガーの作品には政治哲学の入り込む余地がない」と警告し、続けてそれが、おそらくは「問題の余地がキリスト教的な、あるいは非キリスト教的な神々によって占められている」という事実によるものだと述べている。(33) このように、後期ハイデガーの作品において、存在からの棄却《ザインスフェアラッセンハイト》は、同時に神々からの棄却《ゴッテスフェアラッセンハイト》をも意味している。彼の〝思索《デンケン》〟が占めているのは、「飛び去った神々はすでに無く、来るべき神々は未だ無い」[34]という無人の地で救い難いまでに宙づりになった時代である近代という時代の著しい特徴となった、二重の棄却とでもいうべき事態によって空虚にされてしまった空間である。ハイデガー自身は、このように述べている。「我々人間に残されている唯一の可能性は、思索と詩作とによって、神のようなものの出現のための、あるいは〔我々の〕没落期におけるこの神のようなものの不在のための、ある種の心構えを準備するという可能性である。没落期と言ったのは、我々が不在の神の面前で没落状態にあるという意味においてであるが」[35]。この点において、後期ハイデガーに政治哲学的な省察が著しく欠けているというシュトラウスの見解が正しいのは明白であろう。というのは、伝統的に政治思想が占めていた位置ないし空間が、彼の後期作品においては、〝〔キリスト教的な〕神〟や〝〔ギリシア的な〕神々〟の不在によってもたらされた救いようのない俗人の無力という現代の状況に関する熟考によって占められてしまっている。つまりその場を占めているのは、神々しきものと死すべきもの、天と大地という〝方界《ダス・ゲフィールト》〟に関する架空の思弁になっているのである。また、このようにハイデガーの提示した人間の条件に対する宇宙論的な霊感に満ちた診断を念頭におくならば、人間的事象の領域において〝最善の政体〟を構成するものは何かという主題についての体系的な省察に着手するなどということとは、無意味だ——実際、それは無節操な知的驕慢《ヒュブリス》にほかならない——ということになるだろう。現代における神々からの棄却は大きく進行しており、人間の思考や意志の自律的な力で何とか解決できるようなものではなくなってしまっている。だからこそ、「かろうじて神のようなものだけが我々を救うことができる」のである。

同時にまた、政治哲学的な関心に対するハイデガーの哲学的に条件づけられた嫌悪感は、比較的後期になってから見られるものである。つまり、それが彼の哲学の特徴となるのは、一九四五年のドイツの崩壊《ツーザンメンブルッフ》の後、彼の思考における〝転回《ケーレ》〟が急激化してからのことにすぎない。しかしながら、それ以前においても彼の論文や講義には、政治的現実に関する〝存在史的な《ザインスゲシヒトリッヒ》〟な(つまり文字通り、存在の歴史という観点に立った)、あるいは歴史的かつ形而上学的に基礎づけられた理解が、すなわち我々が〝存在の政治〟と名づけた政治生活の理解へのアプローチが、含まれている(このことはとりわけ一九三三年から一九三六年にかけての彼の〝中期〟についてあてはまる)。

しかしながら、次のような主張がなされるかもしれない。すなわち、ハイデガーにおける存在の政治は、政治哲学的な省察の次元を取り戻すことで、その本質を犠牲にしている、と。ハイデガー的政体《ポリス》の主要な目的は、世界を、存在の栄華にとって――人間の活動にとってではない――安らかな場にすることである。我々の見解において、両者の利害は一致しえないだけでなく、相対立している。その政治思想においてハイデガーは、人間の実生活の多様性や差異性を、〔パルメニデスのような〕エレア学派的トーテム――〝存在〟というトーテム――の祭壇に、喜んで生け贄として捧げるという先祖返りに陥ってしまう。このように、その存在論的な探求のあらゆるものを飲み込むような性質を前にしては、人間の活動の様々な必要条件が、生の自律的な領域として真価を認められることはありえない。ハイデガーにおいて、基礎的存在論の課題は、政治哲学固有の課題と混同されていた。そしてその結果、政治理論に関わることがらは、最終的には〝存在の問い《ザインスフラーゲ》〟自体に関わることがらに、機械的に服従させられるのである。こうして政治生活の不安定な潜在力は、かの聖なる存在論的探求の陰で枯れるがままに放置される。存在の問いとその論駁を許さない形而上学的〝本源性〟を前にしては、他の単なる人間的な努力の領域は全て、下らない付随現象としてしか映らなくなる。

　この研究の焦点は、マルティン・ハイデガーの思想に暗黙のうちに含まれている政治哲学であって、彼の哲学それ自体ではない。確かに、彼の思考のこうした特定の側面についての考察は、彼の哲学的な企図全体に関する一つの理解と切り離すことはできないし、そのような理解の仕方如何によって大きく左右される。しかしながら、このような部分的ないしは〝局地的な〟研究上の発見があってこそ、はじめて高度に優れた仮説的なやり方で、その哲学それ自体の真髄に迫ることができるのだということは強調しておくべきである。その帰結を根拠にして、ハイデガーの政治思想は破綻しているので、これと同じ判断が彼の哲学全体にもあてはまるであろうなどと結論づけることは、早計であろう。

　しかし、にもかかわらず、我々が示そうと試みてきたように、ハイデガーの政治思想は、人間の実存や基礎的存在論や存在史等々についての彼の体系的省察と別個のものでは決してないし、そこから切り離せるものでもない。むしろ、彼の政治的な判断や見解は、明白でしかも力強い説得力をともないつつ、彼の哲学から導き出されている。従って、おそらく、我々がハイデガーの手強い哲学的な作品に取り組む際に用いた解釈的戦略——焦点を政治理論の領域に絞った結果としてそうなったわけだが、それは、最も障害の少ない道筋を辿ること、というふうに説明することができよう——は、批判的な精神を持つ一般読者にとって、この哲学者とその作品のもっと一般的な知的欠陥のいくつかを感得する上での一助となるであろう。

〝ハイデガーと政治〟という問題は、おそらく今後も従来と同じく、二〇世紀精神史上で最も不可解な主題の一つであり続けるであろう。それは、今世紀最大の哲学者(少なくとも大陸の伝統においては)と史上最も残忍な政治体制とのあいだで交わされた悪魔の契約をめぐる壮大な歴史物語——あるいは悲劇——である。従って、ハイデガーの政治的な賭けの本質を理解するためには、諸々の逆説と矛盾を辛抱強く受け止める寛容さが必要となる。こうした逆説や矛盾の最たるものは、おそらく次のように定式化できるだろう。すなわち、西洋の知的伝統の継承者を自称する者が、その哲学的な才能を、熟慮した上で、この伝統の絶対的な否定を代表するような専制権力の手に委ねることができたということ、このようなことが如何にして起こりえたのか、と。

第二章　政治思想としての『存在と時間』

個人的な経験から今言えることは、講義においても演習においても、あるいは人柄からも、[ハイデガーが]自身のナチズムに対する共感を全くほのめかしてはいなかったということです。……ですから、彼がナチズムを公言したときに、私たちは本当に驚いたのです。そのときから私たちは、自分自身に問いかけてみました。我々は、『存在と時間』やそれに関連した著述の中で、何らかの徴候や予兆を見逃していたのではないか。その結果、一つの興味深い事実に事後的に気づいたのです(事後的にそれに気づくのはたやすいことだと強調したいと思います)。人間の実存、つまり世界内存在に対するハイデガーの見解を見て下さい。非常に抑圧的で、圧制的な解釈がなされていることに気づかれるでしょう。今日まさに、私は『存在と時間』の目次をもう一度追い、そして彼が実存、すなわち現存在の本質的な特性を了解する際の、主要なカテゴリー群に目を向けてみました。それについて読んでみましょう。そうすれば私の言いたいことがおわかりになると思います。つまりは〝世間話〟〝好奇心〟〝曖昧さ〟〝頽落〟〝被投性〟〝関心〟〝死へ向かう存在〟〝不安〟〝恐怖〟〝倦怠〟などのことです。これらは、抑圧的な社会に住む男女の恐怖や欲求不満を、たくみにかきたてていくような情景を示しています。すなわち、喜びの欠如した実存の姿、死と不安の影に苛まれた者、権威主義的パーソナリティーを準備する人間という素材。

ヘルベルト・マルクーゼ「ハイデガーの政治」(インタヴュー)

哲学と世界観のあいだ

一九二七年に公刊された『存在と時間』によって、ハイデガーは空前の迫力と賞賛をともないつつ、ドイツ哲学の舞台上へと躍り出たのである。もし彼がこれ以外の本を書かなかったとしても――この初期の立場の哲学的妥当性に関して、後にこの哲学者自身が疑いを示すにもかかわらず――この画期的な業績は、哲学史におけるハイデガーの位置を確定づけるものであっただろう。『存在と時間』について何か語ることとは、西洋哲学の伝統における類まれな作品について語ることに等しい。『存在と時間』は、伝統的な哲学上の問題や主題に対する我々の理解を、根底的に転換させる理論的な枠組を展開させているのである。この書物が世に出た後には、約二五〇〇年にわたるこれまでの哲学的な探究の自明性が、根底的に揺らぐのが感じられよう。西洋形而上学の遺産に対してラディカルに挑戦するハイデガーを、今後意図的に無視するならば、それはただ〝無邪気に〟哲学する危険を冒すことになる――こう語りうるところまで哲学の自明性は揺らぐのである。

だが、これらすべてにもかかわらず、『存在と時間』はおよそ無から現われ出た作品でもなければ、影響力の強い先行者がまったくいなかったわけでもない。キルケゴールとニーチェ。この二人の一九世紀の思想家は、非常に異なった、だが相互補完的な批判を〝形而上学的客観主義〟に対して浴びせたのであり、それこそがハイデガー自身の哲学的な企図を予兆するものだったのである。(1)

あるいはまたフッサールの現象学的方法——その意図するところは、古典的科学を苛んでいる網の目状の臆見を断ち切ること、すなわち〝物自体〟についての無垢にして偏見を免れた直観を生み出すために、思い込みの連鎖を断ち切ることにある——、これもまたハイデガーの理論的アプローチに対して、欠くことのできない必要条件を示すものなのである。

しかしながら、ハイデガーがどれほどこうした概念史上の画期的な業績に依拠していたとしても、彼が伝統的な形而上学的探究の媒介変数や言語を組み替えたということが、息をのむべき哲学的独創性の妙技を表現するものであることはほとんど疑いない。なかでも二つの見解が際立っている。それは、一九二七年の長大かつ厳しい著作の中で様々に詳述されているが、しかしこの両者の曖昧な関係は、ハイデガー解釈者のあいだに絶えざる論争を引き起こしてきたのである。第一の見解は次のように主張する。すなわち伝統的な哲学は〝実体〟や〝存在物〟の本性について誤った固定観念にとらわれた結果、存在一般の本性に関する、より根底的で〝本源的な〟問題から永続的に外され続けてきたのである、と。これはハイデガーの探究における〝存在論的次元〟と呼ばれうるであろう。続いて第二の見解は、存在論的探究が目指す領域へと特権的に接近しうる〝存在物〟——つまりハイデガーが〝現存在《ダーザイン》〟と呼ぶ人間——は、〝思惟実体《レス・コギタンス》〟でも〝超越論的自我〟でも〝志向的意識〟でもないことを主張する。ハイデガーによれば、現存在は何よりもまず具体化された〔身体化された〕主観性であり、実践的・社会的諸関係の前科学的な前提構造に従属する世界内存在なのである。これはハイデガーの探究における〝実存論的次元〟と呼ばれうるであろう。恐らく、存在を再主題化する存在論的な側面以上に、この第二の次元こそが、現代哲学の自己了解に対して莫大な反響をもたらしたものである。ハイデガーは、諸々の根底的な〝世界連関〟について〝実存論的〟説明を加える。たとえば〝そこにある存在〟すなわち現存在は、〝了解〟〝気遣い〟〝共同存在〟〝日常性〟として、本源的に〝世界連関〟の中に埋め込まれているのである。従ってこのような〝実存論的〟説明は、まず理論的‐科学的意識の側に――つまりこれまで西洋近代文化において支配的であり続けた意識の側に――依拠せねばならないという基準に対して、深刻な疑問を投げかけることとなったのである。ハイデガーは、人間を世界内存在として実存論的に鋳造し直す。この見解を支持するとき、これまで支配的であったデカルト主義的な自己了解、つまり人間を理論的存在（〝思惟実体〟）としてとらえる自己了解は、実際には何かしら派生的で二次的なものにすぎないということになる。従って逆に、自己解釈的存在物という人間の位置づけは、もはや曖昧で非科学的な領域、より下等な領域へとおとしめられることはなくなるであろう。ハイデガー的な表現を用いるならば、それこそが新たなる本質的〝本源性〟として認められるのである。

ハイデガーによる一九二七年の論考は強い影響力を持つものであったが、その中でも最も永続的な功績とは、疑いもなく我々が〝解釈学的命法《インペラティヴ》〟として言及すべきものであろう。それに従えば、現存在は「おのれの存在においてまさにその存在を問題化するという事実によって（他の存在物と）存在的に区別される」(2)ことになる。すなわち人間という世界内存在は、自己解釈あるいは了解《フェアシュテーエン》によって根底的に特徴づけられるのである。それゆえ、ハイデガーが自らの探究を押し進める際の方法論的出発点とは、「了解こそが、人間の生それ自体の存在を原初的に特徴づける」というハンス＝ゲオルク・ガダマーの言葉に表現されている確信にほかならない。ハイデガーはこの論理によって、解釈学的立場の〝普遍性〟――あるいは〝本源性〟――という基本的要請を形作っていくのである。ガダマーは次のように書いている。

思うに、人間の実存(現存在)に対するハイデガーの時間論的分析は、強い説得力を持って次のことを示しているのである。了解とは一つの行為、主体がなしうる様々な行為の中の単なる一行為などではない。それは現存在自体の存在様態なのである。〝解釈学〟という用語は、専らこの意味において用いられてきた。……了解という運動を包括的かつ普遍的なものにするのは、気まぐれなどではないし、またただ一つの様相を詳述したとしても無理である。それを行うのは事物の本性そのものなのである。(3)(強調、ウォーリン)

解釈学的立場を展開させていく中で、ハイデガーには確かに重要な先行者が存在していた。その中でも、ディルタイが歴史的了解の普遍的な基礎としてさだめた〝生〟の概念が重要である。(4)しかしながらハイデガーがこの観念を継承し、哲学的に練り上げていく過程において示した独創性や厳格さについては、いくら賞賛したとしても、過大評価とはなるまい。現在という、歴史を俯瞰するうえで好都合な観点からすれば、哲学や社会学、文学批評の領域においてこの観念が有してきた、強烈な知的衝撃を容易に認めることができよう。ハイデガーがこの観念の復権を強く推進していったことを抜きにしては、人間科学における、いわゆる〝解釈学的転回〟というものも、事実上理解不可能なものとなってしまうのである。(5)

だが同時に、『存在と時間』の中で具体化されている観念‐複合体を、より素直に積極的に受け入れようとしても、出端をくじかれてしまうかもしれない。ハイデガーは、そうした概念を示す際に、ある内在的な表現上の問題をあらわにさせているからである。我々はすでに哲学的分析のレベルにおける潜在的な混乱について言及した。それはハイデガーの仕事における、〝存在論的〟次元と〝実存論的〟次元とのあいだの関係を錯綜させてしまっている。だがこれ以外にも、『存在と時間』には、哲学的論証や論述の伝統的な形態についてよく研究したうえで、あえてそれを無視しているふしがある。これは、ハイデガーの自己了解の産物であろう。彼は自らを知的偶像の破壊者として、伝統に鉄槌を下す者として、理解していたのである。さらにまた、我々は実によくハイデガーの作品の中に盲目性と明晰性との混淆を見出すが、この特徴も同じく、彼の自己理解にその責任がある。こうした文脈において、哲学者エルンスト・トゥーゲントハットは、『存在と時間』の哲学的記述が、〝非論証的・喚起的なスタイル〟によって展開されていくと指摘したのである。ハイデガーが自らの立場を我々に納得させようとするとき、彼は哲学的論証や分析の慣例的なテクニックを用いたりはしない。そうする代わりに、彼は何よりも多彩な修辞的戦略に訴えかけ、読者に確信を抱かせようとするのである。これはハイデガーが新語を創造することのうちにも現われているが、そうした新語の概念的な自明性は、ただハイデガーによって想定されているにすぎないのである。こうした事情について、トゥーゲントハットは次のように説明している。

> ハイデガーは、自らを伝統から解き放つ必要を感じていた。その思いがあまりに強烈であったがゆえに、ここ［『存在と時間』］で彼は、こういうおなじみの現象［意志作用や能動性に関するカテゴリー］に新しい光を当てることなどはせず、その代わりに、特異な形で選び出され、しかも十分に説明されないままの用語を連ねることによって、主題を解明しようとしていくのである。言葉をひたすら堆積《アンホイフング》することによって説明していくこのような手順が、『存在と時間』の中にしばしば見出されよう。それは、私が喚起的方法と呼んだものと関係しているのである。(6)
>
> (強調、ウォーリン)

同様の指摘は、テオドール・アドルノの論争的な著作『本来性という隠語』においてもなされている。アドルノの見解によれば、ハイデガー流の実存哲学《エクシステンツフィロゾフィー》は、「概して、自らが望むものを、ただその語り口を通して感じ取り、受け取るのである。そこでは、使われている言葉の内容について吟味されることはない」。従って「隠語としての言葉が、実際に意味している以上のことがらを語っているかのように響く」かぎり、「その隠語に精通しているものは誰でも、自分が考えていることを語る必要はなくなるし、結局、真に考える必要さえなくなるであろう(7)」。

アルフォンス・ゼルナーは、ハイデガーの基礎的存在論の中にある潜在的な政治的含意について鋭い論評を行っているが、その中で彼もまた、同じような結論に達している。ここでもやはり、問題とされるのは哲学的アプローチのあり方なのである。というのも「その喚起的な言葉による魔術は、人を危機意識の具体的・社会的な原因の分析へと導くものではなく、むしろ宿命のミメーシスへと導くもの」だからである。ゼルナーによれば、まさにこの点において「本質的[哲学的]分析と、政治的含意とのパラドクシカルな関係が明らかとなる」。何故なら、ハイデガーが高圧的・独断的に哲学の術語を用いて呼び出した〝宿命のミメーシス〟は、彼の思想一般における、潜在的な権威主義的傾向を暴き出すものだからである。あるいは、ゼルナーが結論づけているように、「ハイデガー哲学の権威主義的な意味、または意味の欠如は、その術語の中に、さらにはその言語的な身振りの中に存在するのである」(8)。

先に我々は、『存在と時間』の叙述における〝表現上の問題〟について言及した。これは、論述の二つのレベル(実存論的および存在論的レベル)のあいだに見られる錯綜と関係すると同時に、またトゥーゲントハットが、ハイデガーの〝喚起的方法〟と呼んだものにも関係する。従ってそれは、一九二七年の著作における政治的・哲学的意義を理解するにあたって、非常に重要なものであると言えよう。だが、そうした関心にとってより意味を持つのは、哲学をはみ出す、イデオロギー的‐文化的次元の存在にほかならない。『存在と時間』の概念的プランを具体化させていく際に、決定的な役割を果たすのはそれなのである。確かに今日では、(特に英米系の研究者のあいだでは)ハイデガーの著作を何よりも大陸哲学に属する仕事として（まったくラディカルなものであるとはいえ）捉える見解が標準的なやり方であろう。しかしながら、ハイデガーの著作がおかれた社会的・歴史的な文脈をより精緻に検討することではじめて、それが持つ暗黙の政治的・哲学的構造が明らかとなるのである。ハイデガーが意識的にあるいは無意識のうちに、どの程度そうした、いわば〝イデオロギー的要素〟を『存在と時間』の哲学的枠組の中に導入したのか、については見解が分かれよう。だが、それがいたるところに顔をのぞかせていることについては、議論の余地はあるまい。ここで私が言及しているのは、いわゆる保守革命の世界観を構成する要素についてである。それは一九二〇年代の半ばから後半にかけて、ドイツの官僚・知識人を魅了し、幾多の決定的な側面において、ヒットラーの権力掌握に知的基盤を与えていったものなのである。『存在と時間』の文化的な意義全体を理解するためには、いわゆる〝イデオロギー的〟次元についての認識が不可欠であろう。何故なら、この次元を考察対象からはずしてしまうとき、一九三三年のハイデガーが国家社会主義に対して示した〝実存論的決断〟は、ただ信仰による跳躍としてのみ、説明可能なものと化してしまうからである。その場合には、一九二〇年代後半の哲学的見地とのあいだの関係は、ただ偶発的・一時的なものにすぎないことになってしまうであろう。

確かにハイデガー擁護者の多くは、彼を守るために——より正確には彼の哲学を守るために——この方針を貫いてきた。しかしながら、彼の著作の中に存在論的レベルと実存論的レベルが混在していたのと同じく、ここで我々はまた、哲学的要素とイデオロギー的要素の絡み合いについて確認することができよう。なるほど、この二つの側面は分析的観点からすれば区別しうるものであろうが、しかし事実上、あるいは現実に示している姿としては、切断不可能なまでに絡み合ってしまっているのである。我々がこの後明らかにしていくように、〝実存論的分析〟――つまりは現存在の世界内存在を構成する特性について提示すること――の内容と構造を思考するためには、哲学的な契機とイデオロギー的な契機の、その両方を吟味することが必要不可欠なのである。

ハイデガーによる一九二七年の著作には、世界観《ヴェルトアンシャウリッヒ》的特性を看取できよう。この点について、最も鋭い把握を示しているのが、哲学者ヴィンフリート・フランツェンである。

> ハイデガーの『存在と時間』が書かれたのは、世界の恐るべきカタストロフィーの第一波が、ギリシア以来の[西欧の知的・学的]遺産に対する信頼を、かつてなきほどに揺るがしていた、まさにその時期のことであった。伝統的存在論に対する彼の批判は、時代背景を抜きにしては理解することができない。この時期、厳密かつ個別的諸科学という意味での「科学」が絶対化され、テクノロジーは制御不可能な恐ろしいモロク神と化し、さらに人間は、文明化の過程における単なる歯車へとおとしめられていたのである。……こうした観点から捉えたとき、基礎的存在論とは、まさにこの時代についての理論であり、批判なのである。

だがフランツェンが続けて述べているように、その理論と批判は「ともに、非常に問題の多いやり方でなされていくこととなったのである[9]」。

周知のように一九三三年から三四年のあいだ、ハイデガーは国家社会主義への加担を正当化しようと骨を折っていた。そこでは明らかに『存在と時間』の理論的な枠組の中から選び出されたカテゴリーが用いられていたのである。たとえば〝決断〟〝覚悟性〟〝運命〟〝本来性〟などのカテゴリーである。この時期の政治的な演説や文章をただ散漫に眺めるだけならば、我々はこうした印象を性急に確信へと変えてしまいかねない[10]。従って、準-カント主義的な問いを提示しておくことが肝要であろう。国家社会主義の運動に加担するハイデガーは、初期の実存哲学に依拠することで、自らの関与を基礎づけ正当化しようとした――これを事実として受け入れるにしても、だがそれは如何にして可能だったのか。さらには、ある限定的な意味において、『存在と時間』の実存論的枠組が一九三〇年代の政治的行為に対して、ある種の〝超越論的基礎づけ〟を提供したということ――これは果たして可能でありえたのか。『存在と時間』において哲学的要素とイデオロギー的要素が本質的に絡み合っていると判断する先の予備的考察が正しいとするならば、我々は〝二重の読み〟を敢行すべきことになるであろう。すなわち『存在と時間』は、〝第一哲学〟の仕事として理解されるべきのみならず、時代の産物としてもまた、読み解かれねばならないのである。それゆえ我々は、近代的なものを批判する保守革命思想の構成要素が、『存在と時間』の理論構造の中に如何に取り込まれているのかという点に、特に注目すべきこととなる。その結果、我々のこれまでの理解の地平は、理念的に決して狭められることなく、より広がりを持つはずである。我々は『存在と時間』を、単に哲学論文として読むだけではなく、まず何よりも、その文化的意義全般に目を向けつつ読解していくであろう。何故ならば、ハイデガーの哲学的企図——存在の誤った理解によって二五〇〇年にもわたり腐敗し続けてきた、これまでの西洋哲学を告発すること——における自覚的なラディカリズムは、第一次世界大戦後のヨーロッパが、自らの文化的確信を喪失していったことを考慮せずには、理解不可能なものとなるからである。

　ガダマーが指摘しているように、『存在と時間』は「幅広い読者に対して、何か新しい精神を効果的に伝えたのである。第一次大戦がもたらした激震の帰結として、その精神は哲学を飲み込んでいった[11]」。そしてこうした出来事は、何よりもニーチェ的な予言が実現されたかのような印象を与えていたのである。これまで継承されてきた西洋的な価値の喪失、およびニヒリズムの最終的勝利に関するニーチェのテーゼ、それが確かめられたかのようであった。確かに『存在と時間』とは、〝基礎的存在論〟や〝解釈学的現象学〟、実存哲学《エクシステンツフィロゾフィー》等々に関する研究であることは間違いない。だが同時に、それ以上の何物かでもあったはずである。すなわち〝存在の問い〟を再提出することによって、『存在と時間』は同時代の文化的な危機——〝西洋の没落〟——から救済される道を提示せんと試みたのである。

　ニーチェは言う。「支配的民族は、ただ恐ろしい暴力的な始まりからのみ、成長することができるのである」。よく引用される見解の中で、彼は激しい調子で続けていく。「二〇世紀の蛮族は、今どこにいるのだ[12]！」(強調、ウォーリン)。ニーチェがここで求めているのは、ブルジョア的な腐臭を漂わせるヨーロッパの文化的パラダイムからすでに解き放たれた者、英雄的・生肯定的・反ニヒリズム的価値のあり方を新しく生み出すことのできる者、すなわち〝現代の異教徒〟なのである。一九二〇年代の終わり、悪化していくワイマール期の混沌がその極限に達する時代、ハイデガーは、まさにこうしたニーチェ的な問いを提出していたのだと言えるのではないか。さらにはまた、ニーチェが提起した世紀末《ファン・ド・シエクル》のレトリカルな難問に対して、彼は、国家社会主義とカリスマ的総統《フユーラー》のうちにその答えを見出したと信じていたとは言えないであろうか。

『存在と時間』における「歴史性」

一九二七年の著作が特定の歴史的状況下におかれていたことを強調することで、我々はすでに暗黙のうちに、ハイデガー哲学それ自体における歴史性の問題に触れていたのである。言うまでもなく歴史性とは、『存在と時間』における中心的カテゴリーの一つであり、彼の著作の中でも、とりわけ異彩を放っている〝時間性〟の理論の欠くべからざる一形態にほかならない。『存在と時間』の用語法において、歴史性とは、人間という世界内存在とその生の形式が、根底的に歴史的な特性を有することを意味している。もともと一九世紀的な歴史性の主張に対して、ハイデガーは意義深い〝実存論的〟解釈を加え、それを変形させていくのである。ハイデガーによれば、世界内存在は単に歴史の中に存在しているのではない。人間の実存はそれ自体、歴史的なるものなのである。すなわち〝歴史性〟とは、世界内存在の単なる一性質、つまり公正で客観的な観察者に対して事後的に明らかにされるような一性質ではなく(この点において、ディルタイの仕事における〝生〟や〝体験《エアレープニス》〟の概念は誤りを犯している)、むしろ人間の現存在それ自体の事実性を特徴づけるものなのである。というのも現存在とは、自らの選択による未来志向的な存在可能性《ザインスケンネン》という光を通して、与えられた過去を積極的に媒介していくものだからである。

だが歴史性のカテゴリーは皮肉にも、初期のハイデガー自身の哲学的業績に対して、内在的な批判の土台を提供するものでもある。何故なら、ハイデガーが存在論的な文脈の中で提出する歴史性の問題は、『存在と時間』それ自体の知的・歴史的な位置づけを考慮しつつ、提起されなければならなくなるからである。そのとき、ハイデガーの哲学的な企図における歴史規定性という問題は、その哲学の概念的統一を内在的に脅かすことになるであろう。ハイデガー哲学は、自らを〝基礎的存在論〟として理解する。従ってそれは、世界内存在を規定する無時間的・本質的な構造を叙述するものであり、永遠の真理という権利を要求している。であるとすれば、このような哲学をいかにして〝通俗的な〟歴史的状況の産物として見ることができるであろうか。[13] ゆえに、歴史の偶然性という要素を『存在と時間』の議論のうちに見出し説得力をもって提示するならば、〝存在論的な〟主張は、確かに重大なダメージを被ることとなる。だが、にもかかわらず、すでに示唆しておいたように、『存在と時間』が哲学論文として十分に評価されるためには、それは同時に歴史的ドキュメントとしても理解されなければならないのである。つまりは、ある限定された歴史的状況の産物として、またある特定の知的・歴史的血統の産物として『存在と時間』は読まれなければならないのである。

さて、ハイデガーの初期の著作における歴史規定性を把握しようとするとき、その鍵となるものの一つとして、ドイツの官僚・知識人に刻み込まれた反近代主義を挙げることができよう。これを実践的に表明する立場について見るならば、確かにそれは、かなりの幅を持つものである。つまり滅びることのない非政治主義——これは、時代の歴史的現実がもたらす騒乱から逃れ、伝統的なドイツ文化の理念的世界のうちに避難所を求めていく——から、ドイツ軍国主義の好戦主義的な肯定まで多岐にわたるものなのである。しかしながら逆境の歴史的状況下では、文化エリートの反近代主義・非政治主義は、悪性のドイツ・ナショナリズムへと容易に転化していくであろう。こうした例は、第一次大戦において繰り返し見られた。トーマス・マンの『非政治的人間の考察』は、恐らくその古典的な見本なのである。このようないわゆる非政治主義の本質的な特性について、歴史家のヴォルフガング・アーベントロートは次のように述べている。「〃政治的ではない〃ということは、ドイツの支配階級が有する権力、およびドイツ帝国が他国に対して有する権力を、無批判に歓呼をもって迎えるということを意味していた。つまり、他国に対して用いる武力を容認するとともに、下層階級の民主的な勢力に対して加えられる武力をも認めるものだったのである。それゆえ、〃政治的ではない〃ということは、既存の権力関係を受け入れるだけではなく、権力者の膨張主義的な政治計画をも受け入れることを意味していた(14)」。

ハイデガーの歩みは、アーベントロートが記述した文化的ダイナミックスの典型として捉えることができるかもしれない。一九三三年にはワイマール時代の気どった非政治主義は姿を消し、国家社会主義の運動を支持して、ラディカルな戦いに従事していく時期が現われるのである。彼は結局ナチズムに幻滅し、その結果、戦後には揺るぎない非政治主義が回復したかに見える。だがハイデガーが最後まで、脱伝統社会に対する反近代主義的な批判の基本的カテゴリーを保持する限り――たとえば、彼は近代を特徴づける普遍的な運命、すなわち存在忘却《ザインスフェアゲッセンハイト》をしばしば嘆いている――後期の〝非政治主義〟とは、ただ名前だけのものにすぎないであろう。

さて、ドイツの官僚・知識人における反近代主義的な態度に関しては、文化《クルトゥーア》と文明《ツィヴィリザツィオーン》を対比させる点に、一つの明白な特徴を見出すことができよう。前者は、崇高なる精神的陶冶を暗示し、後者は、退廃的・資本主義的西欧における皮相な物質主義を意味している[15]。もともとこの対照法は、一八世紀において浅薄な宮廷式の儀礼生活を論難する際に、ドイツの中産階級が用いたものである。つまり、貴族は礼儀作法にかなって行動し、それゆえ確かに外面的には〝文明化〟されているかもしれない。だが彼らは内面的な陶冶を知らず、したがって〝教養がない〟とされるわけである。だがナポレオンの征服以降、ドイツ精神にとって文明とは常にフランスに結びつけられ、また社会的洗練を示すための単なる外見的な装飾へと結びつけられるようになった[16]。これに対して文化とは、ドイツの内面性《インナーリッヒカイト》が有する深い精神的な優越性を意味するのである。しかしながら一九世紀の終わりにかけて、ドイツは熱に浮かされたように産業化の道を突き進んでいく。これにともなって知的エリートの特権的な社会的地位は、しだいにブルジョア階級の成り上がり者によって脅かされるようになっていった。そしてブルジョアの持つ富は、すぐにまたその政治的権力と社会的評価を高めていったのである。まさにこの危機的状況において、文化と文明の二分法には、より悪性の新《ネオ》ナショナリスト的な意味がつけ加えられ、したがって文明は、端的に資本主義的西欧のひどく物質主義的な見方と同一視されることとなったのである。

しかしながら、官僚・知識人の非妥協的な反‐西欧主義——ここでハイデガーは、一つの典型的な事例にすぎない——に関してとくに重要な点は、経済的エートスとしての資本主義を拒絶することが、西欧の政治的な価値の放棄へと短絡的に転化していったことである。すなわち、自由主義や個人主義やデモクラシーは、すべてドイツ精神とは相いれないものとして捨て去られてしまったのである。それは、本質的に非ドイツ的《ウンドイッチェ》なものと見なされたのである。たとえば一九三六年にハイデガーは、『哲学への寄与』の中で次のように書いている。「自由主義の世界観は、「各人が各人自らの意見に委ねられることを要請し、従ってその限りにおいて専制的なものなのである」。つまり自由主義とは、単に「〝偶然性〟の奴隷状態《スクラーフエライ・デス・ツーフエリンゲン》」にすぎない〝恣意的な独断〟を推進していくとされるのである。[17] また啓蒙の合理主義も、せいぜい経済上の功利計算に役立つにすぎない皮相な精神的傾向と結びつけられた。従ってそれもまた同じく、このような二分法的世界把握の犠牲となってしまうのである。デモクラシーを敵視する気質は、遅れてきた国家《フェアシュペーテテ・ナツイオン》というドイツに与えられた地位の帰結として、すでにしっかりとその土壌に植えつけられていた。ドイツは、ブルジョア市民革命を経験せず、一九世紀における立憲国家としての地位は上から押しつけられたものにすぎなかったのである。従って潜在的に封建的・権威主義的な社会構造――プロイセンの伝統的な権力国家《オプリッツヒカイツシュタート》――は、ヴィルヘルム期を通してまったく手つかずのまま残り続けていた(18)。それゆえ文化／文明の対照法は、伝統的な、まとまりのない一群の汎ドイツ的・文化的・政治的態度を、一つに集成するのに大いに役立ったのである。

第一次大戦の前に、大学知識人は、ドイツの理想主義的伝統を決定的に国家主義の方向へとねじ曲げてしまった。こうして国民の運命は、デモクラシーを選択する可能性を展望する際に、逆方向へと決定づけられることになったのである。フリッツ・スターンの見解によれば、

> こうした文化宗教《クルトゥーアレリギオーン》は、ナショナリズムをもまた飲み込んでいく。というのも、この立場は、ドイツ理想主義とドイツ・ナショナリズムとの一致を主張するものだったからである。ドイツ国家の本質は、ドイツ精神において表現され、その芸術家や思想家によって明らかにされ、時には、けがれなき純然たる民族が営む生の中に、いまだなお反映され続けているものなのである――こうしたタイプの文化的な国粋主義がドイツ帝国において育まれ、第一次大戦の中で形を与えられることとなった。そのとき知識人たちは、ドイツが西欧から文化的に独立していることを主張し、さらにはドイツ人民が持つ至高の文化的価値を、帝国は余すところなく肉化しているのだと訴えかけたのである。

スターンが続けて述べているように、このような態度は、「過去ドイツにおけるすべての神聖で偉大な事柄を、国家社会主義へと結びつけていく主要な連環を形成していくこととなったのである」[19]。

第一次大戦の勃発が近づくにつれ、ドイツ知識人層における非政治的・文化的エリート主義は次第に消えうせ、その後には主戦論的立場の熱狂のみが残されていた。ドイツの知識社会は、反動の側へと政治化されていったのであるが、その主要因として我々は、彼らの特権的な社会的地位が、当時ますます脅かされていた事実を挙げることができよう。彼らは、ブルジョア階級の成り金と政治的に組織化された労働者階級とによって挟撃されていたのである。これら国内的・社会学的な要因とともに、フランスとイギリスに対する古くからの地政学的な敵意もまた考慮されなければなるまい。さらには東からの脅威が、一九一七年以来ボルシェヴィズムの妖怪として語られていたのである。これらすべてを視野におさめるとき、我々の目には四方八方から包囲され、ナショナリズムの方向へと傾いていく知識人階層の姿が浮かび上がってくるであろう。

大学知識人たちはこうした情勢につき動かされた結果、二つの結論を導き出していったのである。だが政治的に見た場合、それらはともにドイツの将来に対する、まがまがしき予兆にほかならなかった。第一の結論とは、文化とデモクラシーは相互に対立するという考えである。その理由は、前者が必然的にエリート主義的概念であるのに対し、後者は価値の平準化を促進し、従って低俗なるものに奉仕するという点に求められていた。そして第二の結論が、ドイツの文化的優越性に関する反動的・軍国主義的な主張から生みだされるのである。これは西側からもたらされるであろう政治的・知的脅威への対抗策という趣を持ち、ゆえにその論旨は次のような構制を取ることとなる。文化的に偉大であるドイツには、国際関係の場において、より高い政治的役割が与えられなければならない。すなわち膨張主義者の野心が、文化的な語り口の中で正当化されることとなったのである。[20]ここでもまた、スターンの考察は適切であった。

ドイツ人は、馬鹿正直に文化と宗教を混同していた。従って彼らの多くにとって、より高い文化というのは、他者を支配する正当な理由だったのである。かつてキリスト教を伝道する推進力がそうであったように。結局、〔スミスが資本主義的生産の効率性の例としてあげた〕押しピンは常に詩に劣るものであり、他方ゲーテは、ほとんど神のごとき善なのであった。ドイツの知識人たちは、膨張主義に対する道徳的な正当化が、政治的成功をもまた保証するものだと信じるに至ったのである。こうして彼らは、またぞろ非政治的な心性というものの持つ危険性を、さらけ出すこととなったのである。[21]

これまで我々は、ドイツ知識人における反近代主義特有の社会的・文化的問題状況について記述してきた。これを抜きにしては、ハイデガーの一九二七年の著作に隠された決定的‐哲学的推進力についても、またあらゆる世代のドイツ知識人に与えた深い衝撃についても、理解することは不可能であろう。さらには一九三〇年代の始めに、ハイデガーが行った具体的・政治的な選択の意味さえも、不明瞭なものとなってしまうのである。我々が見てきた知識人層というのは、フェルディナント・テンニースの有名な区別、すなわちゲマインシャフトとゲゼルシャフトの区別が不気味に迫ってきた世代であった。ここでゲマインシャフトは直接的かつ有機的で自然な社会関係を表わし、ゲゼルシャフトとは、非人格的で慣例化され機械化された生活組織を意味している。一八八七年にテンニースの著作が出版された後では、前述した文化と文明の二分法がこの社会学的な対立概念の中に読み込まれていった。その結果は、散文的で脱魔術化された近代世界、つまり国家的・文化的偉大さについて熟慮する力を失った近代世界に対する黙示録的な見方をもたらすこととなったのである。ここで言う近代世界とは、端的に言うならばマックス・ウェーバーが『プロテスタンティズムの倫理と資本主義の精神』の結論部分で非常に刺激的に叙述したもの、すなわち、機械化された石化作用という鉄の檻にほかならない。ドイツの大学人の一世代は、近代性と近代化がもたらした膨大な社会的変化を嫌悪し、「悲壮な激しさをもって、関節のはずれた世界に反抗していったのである。彼らが語り書くものには、その主題にかかわらず、〝魂の失われた〟近代の亡霊がつきまとうこととなった。一九二〇年代の初頭までに、彼らは自らが深刻な危機の中で、つまり〝文化の危機〟〝学問の危機〟〝諸価値の危機〟〝精神の危機〟の中で生きていることを、強く確信していたのである」。(22)

第一次大戦直後のドイツ知識人層をとらえていた〝危機心理〟の重要性については、いくらでも強調してよかろう。[23] 彼らは、これまで継承されてきた信念体系の徹底した破産宣告を受けたのであり、従って根本的・全体的な価値転換以外には、いかなる希望も残されてはいないように思われていたのである。ブルジョア世界は、回復不可能なまでに腐敗し、〝頽落〟している。従って、これに対するいかなる妥協も許すことはできない。こうした心情と同様に、彼らがまた政治的・哲学的な急進主義へと没頭していったということは、ワイマール・デモクラシーという危機の時代を通して、真正な共和主義的意見が驚くほど欠乏していたことを意味するものである。それはほとんど、いわゆる理性の共和派《フェアヌンフトレプブリカナー》に限られていたが、彼らもまた、熱烈な確信に支えられていたわけではなく、むしろ頭で理解した共和主義者にすぎなかったのである。[24] ある論者は次のように指摘している。「一九三三年における〝目標達成のあの日〟、ドイツの教授たちが抱いていたイデオロギーと、ファシストのそれとのあいだには、わずかに短い一歩があるにすぎなかった。そして教授たちの多くは、熱狂のあまりこの隔たりを越え、褐色の制服へと性急に飛び込んでいったのである」。[25]

ハイデガー自身のラディカルな反近代主義は、若い神学生であった頃、すでにはっきりとした表現を与えられていた。彼の発表した最初期の文章として、F・W・フェルスターの『権威と自由』に対する書評があるが、その中でハイデガーは次のような指摘を行っている。「そして教会が、永遠の真理というおのれの宝に忠実であろうとするのならば、近代主義の破壊的な影響に対して立ち向かわなければならない。近代主義は、キリスト教の伝統が確立してきた叡知に、自分たちの近代的な人生観が鋭く対立していることに、無自覚なのである」[26]（強調、ウォーリン）。

一九一〇年代の終わりに、ハイデガーは最終的に教会と決裂した。これと歩調を合わせるように、過去との全面的な決別という考えが、その後一〇年にわたる彼の哲学の基調となっていくのである。一九二三年の手紙で彼は、決然とした調子で〝根本的な解体〟の必要性について語り、〝破壊〟を通して〝必要不可欠な唯一のもの〟を見出さなければならない、と訴えている。[27] 同世代の多くの者と同じく、ハイデガーは大戦前の〝講壇哲学〟、つまり新カント派が人間の実存を巡る究極の問題に取り組むときに露呈する、彼ら特有の鈍感な反応に対して幻滅を抱いていた。とりわけ実存を巡る問題に対して、大戦前に提出されていた解答は、大戦後の状況下、現実の変化を前にして全く無意味で無価値なものと思われていたのである。従ってまた、幻滅も深まるのであった。ガダマーが『存在と時間』の受容に関して素直に認めているように、「ハイデガーの研究が持つラディカリズムは、ドイツの大学の中に酔わせるような効果を引き起こし、その結果あらゆる穏健な態度は、背後に退けられてしまったのである」[28]。

ドイツの知的エリートにおける疑似・黙示録的な反近代主義の中にも、無論〝左派〟と〝右派〟とが、それぞれに存在していた。[29] 彼らのうち、ハイデガーによる近代性の批判と濃い血縁関係を持つ理論家とは、形容矛盾のような表現を与えられている〝保守革命派〟である。オズワルト・シュペングラー、メーラー・ファン・デン・ブルック、カール・シュミット、そして最も重要な者としてエルンスト・ユンガー。彼らが保守革命派と呼ばれるのは、伝統的なドイツ保守主義者とは異なり、伝統的・有機的・前資本主義的な生の形態が持つ好ましさについて、いかなる幻想をも抱いてはいなかったからである。[30] その代わりに彼らは、軍国主義的・膨張主義的・権威主義的国家についての、原《プロト》－ファシスト的な見方にもとづいてドイツ帝国を再活性化させる希望を提示したのである。この世代における右派急進主義者にとっての精神的な後見人は、フリードリッヒ・ニーチェその人であった。ただし彼らは、むしろニーチェの名を持ち出す効果を計算した上で、彼の教説を伝えていったのである。彼ら保守革命派は、〝能動的ニヒリズム〟というニーチェ主義的な祭祀儀礼の徹底した信奉者であったと言えよう。ブルジョア的価値、すなわち商業、物質主義、安心立命、立憲主義、知性主義、寛容の精神、こういう価値はすでに衰弱している。従って必要なのは、これに最後の一撃を加えることにほかならない。ただその場合にのみ、新しい英雄的な価値が生起すると考えられていたのである。それは疑似ニーチェ主義的な意志・権力・闘争・運命という概念を基にして、具現化されるはずであった。すでにニーチェの中に「生とは、戦争の帰結であり、社会それ自体が戦争の手段にすぎない」という見解が現われている。同様にシュペングラーにとって「戦争とは、生きる者すべてがなすべき第一の政治」を意味し、同じくユンガーは、戦争を「あらゆる陶酔を越えた純然たる陶酔、すべての拘束からの解放、いかなる慎重さや制限とも無縁な、ただ自然の力のみがそれに匹敵しうる狂乱」として位置づけている。さらにシュミットもまた次のように書く。「戦争、闘う者たちが持つ死への覚悟、敵の側に立つ者の身体を無化すること。これらすべてには、いかなる規範的な意味も存在しない。ただ実存的な意味があるのみなのだ」[31]（強調、ウォーリン）。ハイデガーの場合、一九三三年の総長就任演説において〝軍事奉仕〟の価値を讃えつつ、次のように述べている。「精神のすべての力と肉体のすべての能力は、闘争《カムプフ》を通して配備され、闘争の中で鍛えられ、闘争として維持されなければならない」。従って彼はここで、ためらいなく好戦的な知的血統の中に身をおいているのである[32]。

ピエール・ブルデューは、ハイデガーの〝政治的存在論〟を研究する中で、ハイデガーと保守革命派との類縁関係が、何よりも〝倫理政治的〟性質のものであることを指摘している。

> ヴェルナー・ゾムバルト、エドガー・ザーリン、カール・シュミット、オトマル・シュパンなどの大学人から、メーラー・ファン・デン・ブルックやオズワルト・シュペングラー、エルンスト・ユンガー、エルンスト・ニーキッシュなどの批評家までが訴えていた主張、さらにはそのほか数え切れない有象無象の者たちが唱える保守主義の、あるいは〝保守革命〟のイデオロギー、それを、ドイツの教授たちは日々講義の中で、また講演や論文において生産し続けていた……これらすべての主張は……［ハイデガー］自身の倫理政治的傾向を近似的に表現しているのである[33]。

ハイデガーは多くの思想家、およびブルデューが論争家と呼ぶ人々とともに、倫理に対する疑似ニーチェ主義的なアプローチを採用する。さらには〝ラディカルな意志〟を評価しつつ、一般に

〝決断主義〟として知られる英雄的な自己主張を唱えていったのである。従ってその限りにおいて、ブルデューの言う〝倫理政治的〟基軸は、決定的なものであったといってよい。たとえば一九三三年一一月の政治的演説の中で、ハイデガーは『存在と時間』における中心概念の一つ――〝決断〟や〝覚悟性〟というカテゴリー――に依拠しつつ、ヒットラーによって持ち出された国民投票の性質を意味づけようとしている。国際連盟からのドイツの脱退に関する投票を、ハイデガーは「この上なく自由な決断、すなわち民族《フォルク》の全体が、おのれの現存在を望んでいるか否かの決断」として特徴づけたのである。さらにつけ加えて、「この選挙の独自性は、そこで実行される決断の持つ単純明快な偉大さに認められよう」[34]（強調、ウォーリン）と語るのであった。目を転じて、一九三四年におけるユンガーの論文集『落葉と石』について見るならば、我々はそこに次のような考察を読むことができる。「民族が堕落するのに応じて、行為は決断という性質を帯びるのである」[35]（強調、ウォーリン）。さらにカール・シュミットの場合、決断の重要性とは、それが〝正当性〟や〝政治的な常態〟――つまり〝法の支配〟――の条件を失効させ、従って政治的独裁の前提条件を打ちたてていくところに認められていた。『政治神学』（一九二二年）の中で、彼は反革命の国家哲学者――ド・メーストル、ボナール、ドノソ・コルテス――を讃えているが、それは彼らが「正当性を最終的に解体させるに至るまで、決断というモメントを強調している」からである。その帰結としての政治は、〝純粋な決断〟によって基礎づけられることになろう。すなわち、もはや「理性や討議にもとづき自己正当化する政治ではなく」、ただ〝無からの絶対的決断〟によってのみ認められる政治なのである。あるいはシュミットが結論づけているように、「この決断主義は、本質的に独裁であって、正当性ではない」[36]（強調、ウォーリン）。

だが、これまで述べてきたハイデガーと保守革命派たちとの〝倫理政治的な〟つながりと同様に目を引くのは、彼らに共通の気質、気分、美的感性とでも呼ぶべきものである。彼らは皆、〝限界《グレンツ》状況《ズイトウアツイオーネン》〟や極限に魅了されている。つまり彼らのあいだには、美的モデルネの根本的経験――衝撃、亀裂、体験的直接性、さらには不吉なもの、禁止されたものへの陶酔、『悪の華』への陶酔[37]――が共有されており、それを、のっぺりとした日常生活と取り換えようと試みていたのである。これにより彼らは、硬直し、生命を失ったメカニズムへと向かうものの中に、熱狂や活力を導入していく。従って芸術におけるアヴァン・ギャルド――ボードレール、未来派、表現主義――が、保守革命派の文化批評家《クルトゥーアクリティーク》に与えた美学的な影響は射程の長いものであったと言えよう[38]。『鋼鉄の嵐の中で』（一九二〇年）や『内的体験としての闘争』（一九二二年）などのユンガーの書物において、写実的に描き出された一九一四―一八年の〝戦争体験〟は、彼らの思考や叙述のあり方全体に対して、黙示録的緊張という決定的な次元をつけ加えているのである[39]。

しかしながら、保守革命派の知的感受性に対して、様々な側面から決定的な影響を与えたのが、ニーチェの著述であったことを今一度確認しておこう。というのもニーチェこそが、これまで述べてきた〝美学的な〟問題構制を、最高度の秩序に関する〝実存論的〟命題へと転換させた最初の人だったからである。これによりニーチェは、強い影響力を持った〝実存の美学〟を基礎づけたのだと言えよう。彼は、現われと実在、幻想と真実、芸術と人生という区別を消し去り、現われのみが、あるいは〝仮象〟のみが存在するすべてなのだ、と宣言する。さらには伝統的・規範的なパラダイムの時代遅れを公言し、生それ自体を美的観点から価値づけていく行為を正当化していったのである。ニーチェは、『力への意志』を構成する覚書や草稿の中で、「自らを生み出す芸術作品としての世界」を讃え、「我々が芸術を持つのは、真理によって滅ぼされないがためである[40]」と語っていた。

カール・ハインツ・ボーラーは、保守革命派の理論家たちの感性に関する包括的な研究――『戦慄の美学』という見事なタイトルがつけられている――を発表しているが、その中で、ニーチェとその後継者たる保守革命派との類縁関係について、優れた考察を提示している。

『悲劇の誕生』においてなされた実存の美的正当化は、現代におけるニヒリズムの再臨を基礎づけるアプリオリな原理であった。そしてこの原理は、〝近代最大の事件〟である神の死の宣告にもとづくものなのである。カタストロフィーへの夢想は、黙示録的構成を持った時間性の意味論、すなわち差し迫った亀裂《アップブルッフ》、崩壊《ツエアシュテールング》、没落《ウンターガング》、破滅《ウムシュトウルツ》……などを描き出していく。さらにニーチェは『この人を見よ』の中で、攻撃的かつエキセントリックな自己解釈を提示しているが、それは、初期ユンガーのスタイルにおけるアナーキスト的・個人主義的な性向の中へと、否応なく直接的に流れ込んでいくのである。その自己解釈によれば、ニーチェとは、「それまで信じられてきたすべてに対立して呼び出される、一つの決断」と結びつくはずの名を持ち、「人ではなくダイナマイト」であり、その四つの『反時代的考察』が、〝四つの暗殺の企て〟として読まれることを望むような人物だったのである。[41]

ニーチェの美学のうちに、我々は衝撃を与えられた時間経験の構造を見出す。それは時間の連続性に走る亀裂を強調することであり、〝突発性《プレッツリッヒカイト》〟として規定されうるものである。ボーラーによれば、こうした時間経験の構造は「一九二〇年代において、マックス・シェーラーやカール・シュミット、マルティン・ハイデガーの著作によって刷新されていく」[42]。ハイデガーの場合、〝実存論的時間性〟の拘束を吟味することで、この主題に貢献している。たとえば、〝ダス・マン〟は時間を空虚な〝今〟の連続として無力のまま(〝非‐脱自的に〟)経験するが、その一方で本来的な現存在は、こうしたルーティーン化された時間のあり方を〝瞬間《ダス・アウゲンブリック》〔瞬視〕〟において乗り越えるのである。この〝瞬間〟という概念は、ボーラーによって記述されたニーチェ主義的な〝時間の記号論〟――そこでは根源的な非連続性や断絶が強調される――と非常に似かよっているように思われよう。〝瞬間〟とは、世俗的な顕現《エピファニー》の一典型であり、ハイデガーが〝世界時間〟や〝公共的時間〟として言及する、ルーティーン化された非本来的な時間性の〝頽落〟した性質を、爆破し超越していくのである。カール・シュミットの政治哲学においては、神学において〝奇跡〟が果たすべき役割を、〝例外〟という契機が担っている。[43] これと同じく実存論的存在論において、〝瞬間〟は、ブルジョア的な〝日常性〟が持つ麻酔薬のごときなれなれしさの中に、〝例外状態〟を導入していくのである。それは非本来的な時間の支配に亀裂を走らせ、ある〝状況〟における現存在に対して、本来的な存在可能性を実現すべき方向性を付与するものとなるのである。(44)

建前としては『存在と時間』において、現存在すなわち世界内存在に対する実存論的分析よりも、存在の意味に関する存在論的な問いの方が重んじられている。従って厳密に言えば、現存在――つまり自らの存在を常に問題化するような存在物――の分析は、検討中である第一の存在論的な問いへの必然的な予備作業にすぎないのである。しかしながら実存論的次元にこそ、その探究の精華があり、またそれこそが第一世代の読者の関心に対して衝撃を与えたものだ、ということについては疑う余地があるまい。そしてこの〝実存論的〟出発点は、すでに論じてきた世代的な危機という観点からのみ、十分に理解しうるものであろう。実存哲学とは、そうした危機に対するラディカルな解答として提示されたものだったからである。

たとえばハイデガーもまたそうであるが、実存の哲学は、あらゆる伝統的な主張や真理がその実体を失い、従っていまだ残されているものは裸の事実性、すなわち、実存というむき出しの現実にすぎないということを前提にする。それゆえ、伝統的な解釈学とハイデガー流の実存哲学とは相反するものであると言えよう。過去の中には生来、買いもどすに値する意味の可能性が貯蔵されている――こう前者が信じるのに対して、後者は、生来的に、伝統の破壊へと向かう傾向を持つからである。(45)中世哲学においては、すべての被造物が実存と本質とに分けられていた。ただ神のみが完全に、あるいは本質的に存在しているのである。これに対しハイデガーの世俗的存在論においては、創造主の完全性が排除されている。残されたものはただ実存それ自体にすぎず、そしてそれは、絶えざる時間の流転にさらされた〝事実としての現存在〟にほかならない。ハイデガーは、一九二一年の手紙の中で、次のように記している。「私は〝私がある〟ということから、つまり自らの、精神的な一般的事実性の起源から仕事を行っている。実存は、こうした事実性とともに荒れ狂うのだ[46]」。

哲学者カール・レーヴィットによれば、実存論的アプローチとは、伝統的な意味や継承されてきた信念を全面的に切り捨てるものであり、そしてこれはまた、その後のハイデガーの政治的方向性と直接的な関係を有するものなのである。何故なら、『存在と時間』における決断の疑似独我論的・個人主義的な根拠を捨て去ってしまうならば――『存在と時間』は、いつも私自身の〝人ごとならざる存在可能性〟という狭い考えにとらわれている――そしてその代わりに集団主義的な方向性を与えていくならば――すなわち〝民族共同体《フォルクスゲマインシャフト》〟が決断の根拠を提供していくならば――そのときには、我々は苦もなくハイデガーが一九三三年に選んだ政治的な道筋に、到達することとなるからである。レーヴィットは次のように書いている。

> 誰であれ、後年のハイデガーがヒットラーの支持者になったことについて考える者は、歴史的〝実存〟という観念に与えられたこの最初の定式のうちに、数年後の政治的決断を構成する要素を見出すであろう。いまだ疑似宗教的孤立のうちにとどまっている立場を捨て去り、各人

に固有の本来的な〝実存〟とそこから生じる〝義務〟という考えを、新たに〝独自なるドイツ的実存〟へと、さらにはドイツの歴史的命運へと応用して見給え。ただそれだけで、これまでエネルギッシュではあったが具体的な内実に欠けていた実存論的カテゴリー（〝単独者として決断すること〟〝無を前にして自己であること〟〝自己自身の運命を欲すること〟〝自己である責務を引き受けること〟）の動きは、ドイツ的実存の全般的な運動の中へと導き入れられることになろう。そしてその帰結として、ついには政治的土壌の上での〝破壊〟へと突き進んでいくのである。(47)

さらに言うならば、以後我々が示していくように、立脚点を〝個人的な〟ものから〝集団的な〟ものへと移行させていくこの動きは、『存在と時間』の論述それ自体のうちに明らかに予兆されている。特にハイデガーが〝歴史性〟のカテゴリーを詳述する際に核となる議論、すなわち〝命運〟〝取り戻し〟〝自らの英雄の選択〟といった議論のうちに現われているのである。

ハイデガーの政治思想を理解することは、一九三〇年代になされた具体的な政治的選択の問題へと還元されてはならない。だが他方で、両者を完全に分かつこともまた許されないであろう。これまでハイデガー擁護者たちは、哲学と経験的な個人とを分離しつづけてきた。そうすることで、ハイデガーのナチズムを取るに足らない逸脱と見なし、哲学を政治上の汚点から免責しようと試みたのである。しかしながらこの戦略は、いくつかの理由で受入れ難いものとなる。

まず第一に、ハイデガー哲学それ自体が、伝統的哲学の行う思考と行為の人為的な分離に対して、断固たる拒絶を示すもののように思われるからである。実際『存在と時間』の大部分は、理論理性と実践理性の区別という哲学上の因習を克服することと関係している。このことは現存在分析の〝プラグマティックな〟出発点において、何よりも顕著な事実として認められよう。つまりその出発点とは、デカルト主義的〝思惟実体〟ではなく、〝世界内存在〟だったのである。

しかしながらより重要な点は、ハイデガーの実存論的存在論において中心をなすであろうカテゴリー――〝本来性〟というカテゴリー――が、哲学的な見解と実生活における具体的な選択とのあいだに、安易な分離を設定することを自動的に排除しているという事実に求められよう。基礎的存在論の探究として、『存在と時間』は人間という世界内存在の本質的・実存論的な決定要素を描き出そうと試みる。ハイデガーは、〝気遣い〟〝頽落〟〝被投性〟〝死へ向かう存在〟などの構造を実存範疇《エクシステンツイアリエン》として言及していく。これに対し本来性というカテゴリーは、『存在と時間』における存在論的な構造が、実践的に、あるいは存在的に満たされるべきことを要求するものなのである。すなわち、カテゴリー上の決定を現実的・具体的な人生の文脈の中で具現化していくこと、これこそが、ハイデガーの一貫した企図における本質的な要請だったのである。この結論は、本来性というカテゴリーの本性そのものから必然的に帰結されよう。いまだ具現化されず、単なる可能態としてのみ実存する〝本来的現存在〟とはナンセンスにすぎない。本来性は、存在的なあるいは実践的な選択や関係性――具体的決断、アンガージュマン、政治的コミットメント――が、本来的実存の本質的な特徴となることを要請するものなのである。このような実践的領域と、『存在と時間』における実存範疇との相互関係は、決して偶発的なものではない。両者の関係は、本来的現存在の〃覚悟性《エントシュロッセンハイト》〃から直接的に導き出されるものなのである。従って、存在的・実存的《エクシステンツィエール》な場での様々な決断は、その人間の本来性／非本来性ということを反映している限りにおいて、実存論的分析における不可欠な契機であると言えよう。[48]

ハイデガーはいくつかの点において、〃実存論的（存在論的）〃場と〃実存的（存在的）〃場という、議論の二つの水準が持つ必然的な相互関係について強調している。たとえば本来性という概念を最初に特徴づけていく論述の中で、彼は次のように書いている。「いま我々が求めているのは、現存在の本来的な存在可能性であって、しかもそれが実存的に可能であることを証明されているような、そういう本来的な存在可能性である」。ここでは、存在論的な立脚点と、存在的なそれとのあいだにある隔たりを埋めることが、何にもまして重要性を持つものだと提起されているのである。[49] アリストテレスにとって、徳のある人はただ〃潜在的に〃そうであるばかりではなく、実践的な生活それ自体の中で、徳を現わさなければならなかった。[50] これと同様に、ハイデガーにとって本来性とは、そもそも基礎的存在論のカテゴリーではあるものの、しかし実存論的探究の命法に従って、純理論的な領域を越え出るよう定められているのである。それは具体的な状況において、また実生活における決断の中で、具現化されることを求めていくのである。

『存在と時間』における〃実存的命法〃とでも規定すべき事態——つまり、存在論的カテゴリーは存在的次元において実現されなければならない、という要請——から引き出される帰結は、ハイデガー自身の政治的な経験を理解する上で、非常に重要なものであると言えよう。というのも、それは次のような可能性を暗示するからである。ハイデガーは、一九二七年の著作におけるカテゴリー上の骨組みに、実存的肉付けを遂行せんと意図して、一九三〇年代における政治的な実践を企てていた。より明確に言えば、自らのナチ党への加入を、この哲学者は本来的で覚悟した実存が為すべき具体的・歴史的表明と見なしていたのである。こうした結論は、先に引用したレーヴィットの見解の中ですでに示されていた。ハイデガーによる多数の政治的文書や演説は、それにしっかりとした確証を与えている。彼は明らかに、一九二七年の著作における実存論的分析から集めてきたカテゴリーを用いて、国家社会主義への支持を明確化しようと努めていたのである。これについては、すでに語られてきた。一九三〇年代の始めに、自らを〝国家革命家〟の道へと向かわせたハイデガーの哲学。しかしながらその哲学を成立させる固有の様相という問題については、さらなる詳述が要求されるであろう。

本来性と決断

政治哲学としてのハイデガー主義への入口は、〝覚悟性〟というカテゴリーである。本来的な現存在を特徴づける〝覚悟性〟とは、ポレミカルな対抗概念であると言えよう。つまりそれは、非本来的な実存――ハイデガーはそれを〝ダス・マン〟として言及する――における覚悟の欠如に対抗して用いられるものなのである。本来性へと向かう現存在がただちに直面する障害は、現存在の〝自然な〟あるいはほとんど〝本能的な〟存在の仕方が、〝ダス・マン〟としての在り方だというところにある。ダス・マンという惰性的な在り方を乗り越えることによってのみ、本来的な実存への決意が成立するのである。ハイデガーは、現存在の非本来的な実存様態から本来的なそれへの移行について記述する中で、問題をこう表現している。「現存在の〝誰か〟は、たいていは私自身ではなく、ダス・マンである。本来的に自己であることは、このダス・マンの実存的な変容として規定される[51]」。

本来的に覚悟した現存在は、ただダス・マンの様々な欠陥と対比してのみ理解することができる。従って我々はまず、予備的作業として後者を特徴づけることから始めることにしよう。ダス・マンの根本的な特性とは〝自己〟から、あるいは〝自己〟であることに付随する様々な責任から逃げ出そうとするところにある。ダス・マンは、様々な合理化や策略を張り巡らすことによって、このような逃避を試みるが、その総体こそ、ハイデガーによって〝日常性〟として定義づけられたものにほかならない。これを言い換えるならば、「現存在は、さしあたってたいてい《ツーネーヒスト・ウント・ツーマイスト》欠陥を持った非本来的な状態のもとに実存している」という言葉(『存在と時間』におけるおなじみの繰り返しとして、頭に残る言葉)になるであろう。さらにハイデガーは、この状態のことを〝頽落〟として記述するのである。

我々は後ほど、『存在と時間』における〝社会的存在論〟として言及すべき事柄について検討する予定である。ダス・マンに関するより詳細な考察は、そこでの議論に委ねることとしよう。我々の現在の文脈において――つまり本来的現存在との対比を目的とする場合において――重要なことは、ダス・マンという存在が、自己忘却へと自らをせき立てているということである。何故なら最も根底的に世界内存在をかき乱す事象、ダス・マンはそれを、意識から取り除こうと努めるからである。たとえば、不安《アングスト》がそれである。実存の全き偶然性を悟ったときに現存在を捉える不安、消すことのできない不安。それは、現存在に固有の実存が、無根拠にして形而上学的な保証や慰めを欠いているという事実から引き起こされるものなのである。[52] ハイデガーは、自己忘却の様々なメカニズムを〝平均性〟〝均等化〟〝公共性〟〝間隔〟〝即応〟として記述した。結局のところ、人は〝ダス・マンの独裁権〟の下におかれるのであり、その中で「各自の現存在は、〝他の人々〟の在り方へと溶け込ま」され、「そこではどの他人も皆、同じようなものとなる」。[53]「このような在り方というのは非本来的なものであり、各自の、自己によって立つことの失敗なのである」。[54]

ハイデガーは、他者との共同存在としての人間が姿を現わす際に、非本来的な在り方が支配的となることについて、極めて批判的な描写を行っている。従ってハイデガーによるこの分析が、近代の政治生活に対する保守革命派の批判と、如何なる関係性を持つものかについて、ただちに検討すべきこととなろう。というのも、〝公共性〟や〝均等化〟などに対するより極端な批判を展開させていくとき、実存論的分析の議論は、公共的世界とその形成に対するトータルな否認へと向かうであろうからである。ハイデガーは、〝公共性〟――つまりは我々の共同存在《ミットザイン》――を特徴づける生の形態に〝頽落した〟本性を見出している。そしてこれは永続的なものであり、もはや取り返しのきかぬ事柄のように思われてしまうのである。ゆえに彼の分析は、〝公共性〟に対する反デモクラシー的な嫌悪に完全に符合するものであると言えよう。そしてこの〝公共性《エッフェントリッヒカイト》〟――この用語はそれ自体、近代の政治形態全体への批判的要約となる――に対する嫌悪こそ、まさに保守革命派の議論の中で共有されていたテーマだったのである。

従って、現存在が非本来的な実存から本来的な実存へと移行する際に、まず直面するはずの問題は、ダス・マンおよびそれが行う様々な自己欺瞞の技術を乗り越えていくところに確認することができよう。ハイデガーは、この問題を以下のように説明している。

> ダス・マンは、［その］存在可能性を自ら選び取る自主性を、常にすでに現存在から取りあげている。ダス・マンは、これらの可能性をことさら選択すべき負担を、現存在から暗黙のうちに取り去っているだけではない。このような負担の解除をも、現存在から隠蔽するのである。従って誰が〝本当に〟選択したのかについては、不明確なままとなる。このように誰ということもないダス・マンにひきずられ、選択をなすこともなく、現存在は非本来性の中へと巻き込まれていく。この成りゆきをもとへ戻すには、現存在が〝ダス・マン〟の中へと紛れ込み自己を失っているあり方から、ことさらにおのれ自身へと連れもどされるよりほかはない。……

〝ダス・マン〟から自己を連れもどすこと、ダス・マンを本来的な自己存在へと実存的に変様することは、怠っていた選択を取りもどすという形で遂行されなければならないのである。このように選択を〝取りもどす〟ということは、この選択を自ら選択することであり、おのれの選択にもとづいて、ある存在可能性へと決断することである[55]。

本来的自己のこの〝選択〟とともに、我々は決断主義[56]としてのハイデガー主義の入口に立つこととなる。

ハイデガーの立場を決断主義として同定することは、一見したところ思慮を欠いたやり方のように見えるかもしれない。というのも一般的にハイデガーの信奉者たちは、デカルトの時代以来西洋哲学を支配してきた、自己肯定的主観性という概念をまさに否認するものとして、彼の哲学を評価してきたからである。意志の持つ能力を崇め、人間が有する意志作用の力を賞賛することは、まさしく決断主義という概念のうちに含意されるべき事柄であろう。だがこれは、ハイデガーの教義における反主観主義的推進力に関するこれまでの理解と、真っ向から対立するもののように見えてしまうのである。

ここであらわになった矛盾は非現実的なものなどではなく、『存在と時間』の哲学の本質に関わってくる。初期ハイデガーと哲学的主観主義の遺産との関係は、それ自体極めて問題の多いものなのである。一方で彼は、哲学的主観主義における〝人間への還元(reductio ad hominem)〟という傾向とは無関係である。何故ならそうした傾向はただ、これまでの形而上学が犯してきた存在の曖昧化を、さらに悪化させるにすぎないからである。だが他方で、実存の哲学者としてのハイデガーは、主観性の外観を捨て去ることができない。これは彼が、しばしば実存論的分析の中で〝自己性〟〝自我《ダス・イッヒ》〟〝各自性〟といった用語を用いていることからも明らかであろう(ただし、実存の哲学者という人物評が、後期ハイデガーにはそぐわないということもまた確かである。後期には〝存在〟の問題が中心的な課題となり、〝現存在〟への言及は、遠い、だが懐かしくもない思い出にすぎなくなっていくのである)。結局のところハイデガーは、主観性の外観を維持する。何故なら、種々の先行する生の哲学《レーベンスフィロゾフィー》(たとえばベルグソン、ニーチェ、ディルタイ)から受け継がれた哲学的具体性への希求は、そうせずには実現されないままに終わってしまったであろうからである。それゆえ『存在と時間』の議論は、哲学的主観主義の遺産に対して、賛成と反対のあいだを決定不能のままに揺れ動いている。おそらくここで問題となっている哲学的論議の賭金について、最も見事に説明したのはハイデガー自身であろう。彼は次のように述べるのである。「自己とは現存在の本質的規定の一つであるとすれば、そして現存在の〝本質〟は実存にあるのだとすれば、自我性《エゴ》と自己性《セルフフッド》は実存論的に把握されなければならない」[57](強調、ウォーリン)。

　近代の政治的・倫理的な理論のカテゴリーとして、決断主義はいまだ日の浅いものにすぎない。それは、ドイツの政治哲学者・法学者カール・シュミットが〝独裁〟の概念について書いた、一九二八年の著作に由来する(今日では〝国民の覚醒〟への参加を求めて、一九三三年八月に、ハイデガーがシュミットへ手紙を書き送ったことが知られている)[58]。もっともこの概念の知的系譜を、『リヴァイアサン』のホッブズにまでさかのぼることも許されよう。ホッブズは、「真理ではなく権威こそが、法の基礎となる」(Autoritas, non veritas facit legem)と主張していたからである。だがそうは言っても、一九二〇年代におけるシュミットの政治的・法学的著作の中で初めて、〝決断〟や〝決断主義〟という概念が十全に練り上げられていったということについては疑う余地があるまい。シュミットは、〝法実証主義〟やハンス・ケルゼンのような法学者の〝規範主義〟に対抗しつつ、法体系があらゆる事象を包摂する閉じた規範システムを提供しないことを主張する。従って究極的な場においては、具体的事例が持つ固有性と法とのあいだにあるギャップを埋めるべく、すべては、権威の側でなされる〝決断〟へと委ねられねばならないとするのである。この教義を政治理論の領域へと移していくとき、そこに含まれる権威主義的な内実が明らかにされるであろう。つまり主権を有する権威の側は、無から《エクス・ニヒロ》の決断を敢行し、それが権利・正義の究極の基礎を構成することとなるのである。あるいは一九二二年の著作『政治神学』の中で、シュミットは明晰かつ直截に、この思想を表現している。すなわち「主権者とは、例外状態について決断する者のことである[59]」。

レオ・シュトラウスは、「厳密な学としての哲学と政治哲学」と題された論文の中で、実存主義と決断主義とが、歴史的に見て共生的関係にあったことを指摘している。こうした事実が生じてきた原因の大半は、伝統的に水面下で実存主義を準備し続けた、ラディカルな歴史主義のうちに求めることができよう。シュトラウスは次のように述べている。「実存主義は、非常に多様な外観をともなって現われるものではあろう。だがそれを、次のように定義づけたとしても、それほど的はずれにはなるまい。実存主義とは、認識と行為のあらゆる原則が歴史的なものであるとする立場、つまり根拠の欠如した人間の決断以外には、いかなる根拠もありえないのだという立場なのである」[60]（強調、ウォーリン）。ここでシュトラウスは、精神史上の決定的な力学を明らかにしている。何故ならば、ひとたび人間の信念体系が本質的に恣意的なものであり、必然性を欠いていると論証されてしまうのであれば――すなわち、ひとたび伝統的な道徳上の要請が、歴史の中で現われては消える永遠の流れのうちに解体し、過ぎ去ってしまうものであるならば――そのときには〝価値〟それ自体が恣意的な断定と化し、従ってそれを形成する唯一の力とは、ただ人間の意志による至高の行為ということになるだろうからである。

シュトラウスの見解は、実存主義が伝統的な価値や生活様式をラディカルに切り捨てるものだ、ということを示している。こうした傾向は、たとえばハイデガーが〝日常性〟に対して下した厳しい評決のうちに色濃く現われている。伝統へのこの拒絶は、現存在が経験する根源的な孤立を説明するのに役立つものであろう。〝無〟の深淵、あるいは実存論的偶然性――現存在は、おのれがそれに直面していることを認識する。そのとき、意味に対するあらゆる伝統的な権利が、ニーチェ主義的な〝真理〟の概念と同じく、ただ社会的に必要であるにすぎない幻影と化すのである。〝意味の欠如〟という深淵は、現存在を恐怖させる。それは、歴史の根源的に流動的な流れの中で永遠に揉まれ続ける悪夢を現存在に指し示すものだからである。従って〝決断〟こそが、〝意味の欠如〟

に対して、疑似英雄的なもう一つ別の選択肢を提示するものとして浮上してくるであろう。決断とは〝ダス・マン〟の漠然性とともに〝実存論的偶然性〟をも乗り越える、意志による超越作用を意味するのである。ひとたびすべての伝統的な社会規範の非本来性が実存論的に暴かれたならば、唯一残された道徳的な態度決定の基準とは、無からの決断、意志のラディカルな肯定以外にはありえないからである。ここで言う意志とは、社会的慣習という障害によって束縛されることのない意志、純然たる意志にほかならない。シュミットが次のように述べるとき、彼はこのことを的確に洞察しているのである。「決断は、あらゆる規範の拘束から自らを自由にし、そして正しい意味において絶対的なものとなる。……規範は例外の側へと崩れ落ちていくのだ」(61)(強調、ウォーリン)。従って決断主義とは主意主義であり、〝力への意志〟というニーチェ主義的観念――この観念自体、ブルジョア的な規範に対するラディカルな批判へと強く方向づけられている――との類縁性は、まさしく必然的なものであると言えよう。ニーチェ自身あるところで、次のように述べているのである。「私は、その人間の力の量によって、また意志の総量によって、彼を評価する」(62)(強調、ウォーリン)。

こう述べることでニーチェは、人間の行動哲学としての決断主義が有する、最も本質的な特徴の一つを選び出している。つまり焦点となるべきは、意志が持つ特定の具体的内容や方向性などではなく、決断がなされる際に意志が有する力量、全くの量だけに求められるのである。それゆえシュミットは、『政治神学』の中で次のように述べることとなる。「より重要なのは、決断をなすということであり、いかに決断がなされたかではない」(63)(強調、ウォーリン)。

カール・シュミットの一九二〇年代の仕事には、これまで暗示的にすぎなかった決断主義と実存哲学との関係を、明示的かつ意識的なものにするという任務が委ねられていた。実存主義の展開を準備した生の哲学と同様に、決断主義もまた、〃反合理主義〃として登場する。あるいはシュミットが主張しているように、例外状態における決断は、「合理主義者の体系が有する統一と秩序とを揺るがすものなのである」(64)。従って決断主義とは、ルーティーン化された日常生活を実存論的に転換させ、より高い次元へと引き上げる展望を表現するものであろう。規範は、それが単に〃概念的〃〃抽象的〃〃平均的〃なものの支配を意味する限りにおいて、打ち破られなければならないのである。というのもそうした条件下では、生の実質そのもの、すなわち脈打つ生の流動性が前進しえないからである。それゆえ、至高の決断が持つべき主要な徳とは、それがルーティーン化を覆すという事実のうちに認められよう。ブルジョア的な規範、あるいはハイデガー流の〃日常性〃という条件下では、生はルーティーン化を余儀なくされてしまっているからである。さらにシュミットはまた、次のような言葉を語りかけてくるが、我々はその表現の全体をヴァイタリズムへの高らかな宣言と見なしてもよい。「例外は、ルールよりも関心をそそる。……例外におけるリアルな生の力は、繰り返しによって不活性化したメカニズムの、硬い外皮を打ち破ることであろう」(65)(強調、ウォーリン)。

良心の呼び声

ハイデガーの思想においては、〝良心の呼び声《ルーフ・デス・ゲヴィッセンス》〟というカテゴリーが本来的決断《エントシュロッセンハイト》の道ならしを果たし、それによって現存在は、ダス・マンの頽落から引き上げられることとなる。しかしながら〝良心の呼び声〟についての議論は、期待はずれなほどに曖昧である。どこからその声は発せられるのか。その固有の内容とは何か。いかにしてそれは認識されるのか。こうした問いが提出されるとき、我々に与えられるのは、ただ婉曲かつ中身の薄い暗示にすぎない。実際ハイデガーは呼び声の持つ漠然性を一つの美徳と見なしているようなのである。

ハイデガーのこの責任逃れも、部分的には実存論的分析の要請を正直に反映するものなのかもしれない。原則的に実存論的分析は、〝実存的〟事項について埋めるべき責任を何ら負うものではないからである。何故なら、もしも〝存在的〟レベルにおいて何らかの指針が与えられるならば、ここで焦点となる〝決断〟の問題全体——覚悟性の存在理由《ヴォーツー》——が空しくなってしまうだろうからである。我々は自分自身で選択を行う。これは全く現実的な意味においてそうなのである。この責任を根源的存在論に求めるわけにはいくまい。決断しなければならないのは〝我々〟なのである。これは、ハイデガーが我々の〝独自の存在可能性〟と好んで呼んだ事柄と合致するだろう。だがこうした点に留意せねばならぬとしても、実存論的分析が曖昧で具体性に欠けるという非難は、それでもなお妥当なものなのである。

ハイデガーが呼び声について、よりはっきりと明け透けに論じているところでは、その内容が次のように提示されている。「良心は現存在の自己を〝ダス・マン〟のなかへの紛れから呼び起こす。呼びかけられる自己は、それが何であるかについては、無規定で空白のままにしておかれる」。さらにまた、「この呼び声には、いかなる発声も欠けている。それはどうしても言葉では言い表わせない。にもかかわらず、それは決して不明瞭で漠然としたものではない」[66]（強調、ウォーリン）。呼び声についてのこの説明文からは、〝言葉の欠如〟がもたらす曖昧さを看取することができよう。自己すなわち〝呼び起こされる〟ものと、またその呼び起こしに責任を持つ存在。この両者を構成し方向づける際のこうした曖昧さは、だが明らかに意図的なものであり、慎重に吟味されている。いやむしろ、この無規定性こそが繰り返し賞賛されているのだと言ってよい。しかしながら、ハイデガー自身のカテゴリー体系上の枠からすれば、〝曖昧さ〟とは決断や覚悟性の欠如を意味していたはずである。それは、非本来的現存在の際立った特徴の一つにほかならない。ゆえにハイデガーは、呼び声を導入するにあたって、それが〝曖昧さなしに〟自らを現わすという事実を強調しようと努めるのである。だがそれでもこのカテゴリーについての彼の最初の叙述は、彼自身の要求基準に到達していないように思われる。我々は、非本来的な現存在を苛む〝曖昧さ〟が本来性それ自体の核に見出されるのを発見し、当惑せざるをえないのである。

従って呼び声の〝出所〟については決定不可能であり、予見しえないままとなる。それはいわば不意に天降り、現存在を捉えるのだと言えよう。ハイデガーが説明しているように、「呼びかける者は、名前や身分や出身や位階をたずねられても、それに対する答えを拒むだけでなく、〝世間的な〟視野にとどまっている現存在理解に自分をなじませるような、いささかの機会をも与えないのである」。さらに続けてハイデガーは書いている。「実際、呼びかけは決して我々自身が計画したり、準備したり、随意に遂行したりしたものではない。……思いがけなく、それどころか心ならずも〝呼び声がする《エス・ルーフト》〟のである。……良心の呼び声は、私の内から、しかも私を越えて聞こえてくる」[67]。

それゆえに呼び声《デア・ルーフ》は何か別の世界に属する神秘的なものとして現われ、ただ宗教的な顕現にのみ比較しうるものとなる。ここには（非常に世俗化された）ルター主義的な音色を聞きとることができよう。ルターによる〝召命《ベルーフ》〟という概念を想起せざるをえないのである。〝呼びかけられた者〟はカルヴィニストにおける選ばれし者であり、彼らのように優越的な満足感を得ることとなる。再び堕落する可能性は常にあり続けるにもかかわらず――というのも、現象界に住まう存在者として、我々は世界に住まう自己を特徴づける〝頽落〟への誘惑から、完全に自由になることなどありえないのだから――、だがそれでもなお、彼らは〝本来的〟となるのである。

従ってハイデガーは、徹底して呼び声の曖昧さを強調する。〝現世的な〟人間的観念からすれば、それは了解不可能なものであり、通常の能力を越えた、どこか〝超越的な〟地位を持つこととなる。実際、呼び声には別次元とも言うべき力の形態が備わるのであり、人間の意志や理性にとって到達不可能な領域と化す。ハイデガーはある決定的な場面において、「現存在のなかへ力を及ぼしてくる超人間的な威力」[68](強調、ウォーリン)として呼び声を特徴づけている。そこには、いささかのためらいもない。彼は近代哲学上の教義を捨て去るのであり(この場合にはカント的な人間の自律性というカテゴリー)、これによってある危険を冒すこととなった。すなわち、世俗化された神秘主義の一形態を、哲学的な探究の到達点として公言することとなったのである。これは後期の著作の中で、さらにあからさまなものとなるであろう。

　良心の呼び声には、明らかに〝反コミュニケーション的な〟性質を認めることができるが、それは自らの秘奥的な魅力をも示すものである。ハイデガーによれば、呼び声は「いかなる発声をも欠いている」。形式論理上の拘束を無視して、ハイデガーは「良心はただひとつ、そして常に沈黙の様態で話すのである」[69](強調、ウォーリン)と述べている。従ってその次には、まず〝沈黙〟を措定し、それが〝対話の様態〟であると主張するようなハイデガー主義者が現われるのではなかろうか。さらにハイデガーは、呼び声が通常の言語用法のうちでは了解不可能なものであるという事実を非常に重視する。呼び声のより魅惑的な特徴の一つは、その内容についての伝達不可能性に認められるのである。一般的かつ現世的な人間の合理化能力を超越するとき、呼び声には魅力的な力が備わっていく。ハイデガーが主張しているように、「この呼び声の呼び手は、どのような交際をも頭からはねつける。何らかの考察や議論の中へ引き入れられることは、そのものの存在様相に背くことなのである」[70](強調、ウォーリン)。

　呼び声における〝言葉の欠如〟および談論的コミュニケーションに対する強い反感は、本来的現存在一般にあてはまる本質的な特性の一つを予兆するものである。その特性とは、〝沈黙《フェアシュヴィーゲンハイト》〟にほかならない。すなわち凡庸で浅簿な、日々の人間的事象を前にしての口を閉ざした無関心である。

分析的理性の枠に照して見るならば、ハイデガーの論理構成――たとえば〝沈黙〟を〝対話〟の一様態として分類する試みなど――は、不当で根拠のないものと思われよう。だが、ハイデガーの思想家としての誠実さには疑いの余地があるまい。従ってハイデガーに対して公正であろうとした場合、彼が呼び声を特徴づける際に、何故それほど不明瞭なやり方をあからさまに行っていったのかが問題となる。これを説明する必然的かつテキスト内在的な理由がいくつか存在しているが、それは、実存論的分析の構造と到達点の双方に関わるものである。

ハイデガーが、呼び声を直接的かつ明瞭な言葉で特徴づけることを拒絶した主な理由は、呼び声がダス・マンという堕落した現存在に結びつけられることを恐れたためである。この結びつきは、単に非本来性への再転落を引き起こすにすぎない。ハイデガーは、呼び声に重い意義を与えている。従ってそれは、いかなる犠牲を払おうとも――あまりに抽象化されてしまうことをも含めて――決してダス・マンが提出する低俗な処方箋と混同されてはならないのである。呼び声は本来的な現存在への神聖化された入口であり、何かしら〝目の前にあるもの《フォアハンデン》〟との同一化を認めることは、決して許されるものではない。〝目の前にあるもの〟は、惰性の存在であり、また存在の惰性化であり、ダス・マンが極めて頻繁にそれとの密接な関係を示すものなのである。ダス・マンの特徴は、本来的時間性の要求を逃れようと必死に努力するところにある。たとえば、自らの死の可能性を直視することや本来的未来一般の要請を直視することを拒絶しようとするのである。それゆえハイデガーは、なじみ深いある特定の〝呼びかける者〟として――たとえば〝神の声〟として――呼び声が誤って実体化されないように努めている。そうした類のものと同一視されることは、ただ〝存在‐神学〟への再転落を意味するのみであろう。〝自己となるための選択〟が含意するもの、それを現存在は避けようと努めるのであり、〝存在‐神学〟とはこうした逃避のメカニズムに、新たな可能性を提供するものにすぎないのである。

しかしながら我々――ハイデガーの哲学的な遺産の批判的継承者――は、彼の結論を信仰上の規約のように、受け入れなくてはならないと感じる必要はない。これまでハイデガー側の必然的な理由について述べてきたが、批判する側にも、またそれだけの理由が認められるのである。というのも、呼び声の極端に抽象的な性質が、つまりは、全体にわたって決定的な内容を欠いていることが、真正な哲学的概念としての利用可能性に関して、重大な疑いを喚起するからである。呼び声は、別の世界から迂回して現われるものであり、普通に人間理性を用いては把握することができない。従って我々は、ハイデガー主義がある決定的な分水嶺において、やすやすと世俗化された神秘主義的運命論へ転落するのではないかという疑念にとらわれざるをえないのである。ハイデガーは呼び声というカテゴリーに対して、存在的次元での具体的な方向性を与えようとはしない。確かに彼のこの態度を、実存論的分析の枠組に則ったものと受け入れることはできよう。というのも、そうした任務は問題となる各々の〝自己〟に課せられるべきものであり、彼らの〝決断する〟という行為を、基礎的存在論が横領してはならないからである。しかしながら、そうはいっても実存論的方向性の輪郭ぐらいは与えられねばならず、これを提示する義務からハイデガーが解放されることには決してなるまい。実存論的方向性をも欠いては、呼び声は幽霊のように曖昧で空虚なものとならざるをえないからである。何かしら最小限の決定基準すら与えられないならば、我々は本来的な〝良心の呼び声〟と非本来的なそれとを区別するいかなる根拠をも持たないこととなるであろう。だが具体的な基準が欠如するというこの問題は、ハイデガーの決断主義のあらゆる側面につきまとうことになるのである。

従って、呼び声が語られる対話の中で表現されることへの独特の嫌悪というのは、ハイデガーが意図的に事態を曖昧にしているという事実を示すものにすぎないと思われてくる。ハイデガーが呼び声の伝達不可能性に一つの美徳を見出そうと努め、その〝ただならぬ無規定性〟(71)を賞賛しようと骨を折るとき、そこには、非理性の力に対する意図的な心酔を看取することができよう。近代精神は、言葉によって再現可能な洞察、ゆえにコモンセンスの承認の下におかれる洞察を美徳とする。これに対しハイデガーは、こうした条件を持つプログラムの背後へと教条主義的に後退するのであり、我々はそこに失望してしまうのである。(72) 基礎的存在論において、コモンセンスという概念は、ためらいなしに〝ダス・マン〟における〝公共性〟へとおとしめられている。後者はハイデガーの用語であり、そこからは何も善きものが生まれることはないという嘲りが込められている。結局、彼の思想のうちには〃理性の光〃という比喩が占めるべき場所はない(73)。〃非論証的・喚起的な〃性格が、ハイデガーの論述を支配しているとトゥーゲントハットは批判していたが、その証拠を我々は今再び見出すのである。

さらに言えば、ハイデガーは、呼び声を巡る議論の中で、言葉を用いた対話やコミュニケーションの価値をおとしめているが、この立場は、それに先立って〔『存在と時間』の〕第一編において〃語り《レーデ》〃を肯定的に強調していたことと、矛盾するように思われよう。第一編では、〃語り〃や〃言語〃が本質的に欠くべからざる現象として、論じられているのである。それは、他者とともにある我々の世界内存在を構成する不可欠の積極的な要素として、つまりは人間の現存在における、一つの根源的な〃実存範疇〃として考察されている。「語りは現存在の開示態の実存論的機構であるから、現存在の実存にとって構成的である。……語ることは、世界内存在の了解可能性を〃有意義化しつつ〃分節することであるが、この世界内存在は共同存在を備えていて、いつも配慮的な相互存在の特定の様態のうちに身をおいている(74)」。従って〃語り〃という契機を欠いたならば、『存在と時間』における存在論的な企図は瓦解するであろうし、その書物自体が決して書かれなかったはずなのである。これは単に、些細な意味においてそう言えるだけではない。〃語り〃を失うならば、隠れなき存在の啓示は自らを表現するすべを欠き、決して自らを現わすこともなかろう。存在が具現化するためには、人間の言語表現が有する〃開示的な〃能力が必要不可欠なのである。語られる対話なしには、世界内存在の〃発-見《エント-デッケン》〃もまたありえないのである。

さらにまた、語られる対話というのは、あらゆる人間的な社会性への欠くべからざる前提条件である。それなしには、〝他者との共同存在〟という概念が意味をなくすほどに、それは〝共同存在〟にとって必須であらねばならない。〝対話〟が存在しない場合、我々の実存は沈黙の無限定性という人間以下の生を手にするのみだろうからである。

では、本来的な現存在において、言葉を用いた対話や言語がおとしめられる理由を、いかに説明すればよいのであろうか。テキストのそれ以前の部分においては、我々の〝他者との共同存在〟の構成様態として、それは好意的に考察されていたはずであるのに。

おそらく次のような出来事が生じたのだと考えられよう。つまり、我々の日常的な世界内存在を基礎づける根底的な実存範疇――〝言語〟や〝コミュニケーション〟もこれに含まれる――が、ダス・マンによって徹底的に占有されたがゆえに、〝他者との共同存在〟の全領域――人間の間主観的事象という生活世界の全領域――がアプリオリに、より劣等な非本来性の場へと引き渡されなくてはならなくなったのである。あるいは、人間の言語によって表現される領域が、完全にダス・マンの手のうちに独占され歪められたがゆえに、本来的な現存在に残された唯一の頼みとは、押し黙って自己満足的な優越性のポーズを取ること――ハイデガー流の〝沈黙〟――ということになってしまったのである。ハイデガーが説明しているように、「呼び声は沈黙という無気味な様態で語る。そしてそれというのも、呼び声は呼びかけられたものを、ダス・マンの公共的な世間話《ゲレーデ》のなかへ呼びこむのではなく、まさにそこから連れだして、実存的な存在可能性の沈黙のなかへ呼びかえすものなのだからである」(75)（強調、ウォーリン）。

それゆえ、ハイデガーによって捉えられるとき、社会的世界は根源的に二元化されてしまうように思われる。一方の側には〝日常性〟というものが存在する。これはたとえば〝公共性〟〝世間話〟〝曖昧さ〟などのように、現存在の非本来的な様態として救い難く規定されている。そしてこの次元を、本来性の領域から切断する亀裂、決して架橋しえない亀裂というものが存在しているように見えるのである。すでに見てきたように、本来性の領域は〝公共性〟をすべて退け、野卑なダス・マンによって汚された言語を語るよりも〝沈黙〟を好む。実際、本来的な現存在は、社会的世界から離れてその上部に生存する。というのも後者は、非本来性の実存範疇によってあまりに堕落させられてしまっているからである。ゆえにヘーゲル的な精神の現象学とは異なり、『存在と時間』の実存論的現象学には、頽落した状態にあるダス・マンが、自らを本来的実存という至高性にまで高めていく陶冶過程《ビルドゥングスプロッエス》が欠けている。基礎的存在論としてのハイデガー主義は、人間の社会生活における二元的な特性を永続視するのである。社会生活は、そこでは変更不可能な人間の条件《コンディシオン・ユメーヌ》となり、理性や意志の持つ自己変革能力について認められる余地はない。相互主観性《ミットアインアンダーザイン》や言語を、アプリオリに〝日常性〟という最悪の領域へとおとしめる以上、こうした結論は論理必然的なものであると言えよう。

また同時に、ハイデガーは不変的かつ根本的な構造における現存在を、客観的・中立的立場から叙述しているように見えるが、しかしその裏側には、かなりの価値判断が隠されている。そういう価値判断は、人間の社会的本性、有意味な共同体を形成する展望、さらには純正なる自己決定の可能性といった事柄に関係する。だがそうした展望についてハイデガーが与えた評価は――本章の始めに引用したマルクーゼの言葉が示しているように――ただ諦観にあふれ、極めてわびしいものとなる。(76) シニカルな意識が、右に述べたようなリベラルな人々の常套句を退けてしまうのである。しかしながら政治的教説がリベラルな価値を安易に放棄して済ませるとき、それは、破滅を招来する理性の敗北主義へと転化するであろう。

基礎的存在論が提出する自称〝非時間的〟カテゴリーは、実際には、先入観に満ちた反ヒューマニズムの哲学的人間学に依拠しているように思われる。そしてこの人間学が持つ政治的含意は、穏健な立場とはかけ離れたものだと言わざるをえない。アプリオリに本来性の領域と非本来性の領域とを区別することは、後者に住まう人々を地獄の生へと追放することになるであろう。ハイデガーは、彼らの運命をドイツ語の fallen(頽落する・堕落する)という言葉が持つ様々な意味において描写している。彼はこの点で、極めて露骨なのである。結局、こうした区別に基づく以上、大多数の男女は有意味な自己決定が不可能であると見なされている。

民主主義的な感性にとって、こうした理論の持つ政治的・哲学的含意は明らかであるが、それは嫌悪感を惹起させるものにすぎない。ハイデガーによって描き出された哲学的人間学に依拠するならば、人民主権という近代的概念はまったく空疎なものとなるであろう。何故なら、日常性という公共的領域に住まう者は、本質的に自己統治能力を持たないと見なされているからである。その代わりにこのような観点からは、傲慢にも、ただエリート主義だけが真正なる政治哲学として導出されるのである。大多数の市民は自分の思うようにまかせられた場合、有意味な生活を導いていく能力に欠けたままである。従って彼らが期待しうる唯一の〝贖い〟とは、上から押しつけられる〝より高い次元での精神的な召命〟のうちにしか存在しないこととなるであろう。確かに一九三三年のハイデガーは、こうした考えを彼の政治的結論として明らかにしたのであった。彼の政治思想はこのように〝総統の原理《フューラープリンツィップ》〟、つまりは〝指導者の原理〟の方向へと危うい道を辿っていく。ハイデガーは、彼特有の反近代主義的バイアスを維持しつつ、本質的にはプラトンの政治哲学から引き出されてきた戦略を繰り返しているのである。すなわち、大多数の男女は魂の卑しい部分によって動かされ、より劣等なる満足や享楽を追い求めるがゆえに、自らを統治する能力を欠如している。それゆえに彼らを上から統治するとき、我々は事実上彼らに奉仕しているのだという論理である(77)。だがしかし、そのような教育的独裁制を主張する理論に関して、マルクスが提出した次の問いに対する満足のいく答えは、これまでのところ与えられてはいない。「それでは一体、誰が教育者を教育するのであろうか(78)」。

自己無効化する社会的存在論――「決断主義」のアポリア

本来性の現われとしての呼び声および覚悟性とは、現存在に浸透していた根源的な〝欠如〟あるいは〝空しさ〟への応答である。ハイデガーによれば〝世界の無であること〟が、つまりは現存在の核心に横たわる恐るべき空虚が、我々の〝責めある存在《シュルディッヒザイン》〟を映し出すこととなる。この概念は、我々の実存が完全に自己の欲する姿になることはありえず、さらには自己の運命に対する責任が常に一部分、我々の支配から逃れていくという事実を明かすものなのである。それゆえ責めある存在は、人間という世界内存在すべてが有する還元不可能な偶然性という問題を語りかけてくる。

〝責めある存在〟は、ゆえに〝被投性《ゲヴォルフェンハイト》〟というカテゴリーと本質的な関係を有するものだと言えよう。ハイデガーが説明しているように、「存在するものとして、現存在は投げられてあるものである——すなわち自発的におのれの〝現〟へと立ち入ってきたものではない[79]」。〝被投性〟という概念が物語っているのは、我々の生の運命が全き恣意性のもとにあるということ、そしてまた、人間の実存における本源的な無根拠性という事態なのである。それはドイツ語でいう〝根底《グルント》〟の欠如であり、理由なくして、また根拠なくして存在することにほかならない。ハイデガーは、以下のように被投性について説明している。「現存在はいつでもどこでも、事実的に実存している。すなわち現存在は、宙に浮いた自己投企ではなく、被投性によって規定されている。従って現存在は、おのれが存在している存在者の既成事実としての定めを負っており、そしてこのような性格をおびて、現存在ははじめから実存へと引き渡されていたし、どこまでもこのような定めを負いつつ実存へと引き渡されているのである。……被投的なものとしての現存在は、実存の中へと投げられている。現存在はいかにあるにせよ、いかにありうるにせよ、そのままに存在しなくてはならない存在者として実存しているのである」[80]。各々の現存在の実存は、浮遊する自己ではなく、不可避的かつ〝事実的な〟条件（たとえば地理・歴史・家族・階級・容姿・知性など）によって前もって規定されている。こうした条件によって、その後の人生の道筋は常に規制され続けるのである。

我々の〝責めある存在〟を導き出すもの、つまり我々の被投性における〝無根拠性〟というものは、ハイデガーにとって二重の意義を有していた。一方でそれは、我々の世界内存在が根底的・形而上学的な保証を欠いているという自覚を生み出し、そうであるがゆえに、充満する実存的動揺や〝無気味さ《ウンハイムリッヒカイト》〟の源泉となっていくのである。これによりハイデガーは、あらゆる人間的実存の恐るべき偶然性という本質的な事態、すなわち〝不安〟というものを伝えようとしている。我々は生活の中で、あれこれ特定の側面において不安を感じるのではない。実存全般に不安を抱くのである。しかしながら我々の世界内存在において、アプリオリで形而上学的な規定が欠如しているということのような事実が、まさに同時に我々の自由の源泉となるのであり、我々には自身の存在可能性を選び意志する能力が与えられることとなる。従ってハイデガーは、〝実存論的な不安〟に最も積極的な役割を付与しているのだと言えよう。何故ならばこのすべてをおおう不安こそが、まず第一に我々の世間的・実存的なレベルでの行為――ありふれた行為――が持つ非本来的本性について疑うように我々を導くからである。普段埋没している世間的事象のルーティーンから我々を一歩退かせ、それに疑いの目を向けさせるもの、それはただ、実存論的な無気味さをおいてほかにはない。よって不安や無気味さは、呼び声およびそこに含まれる本来性への展望を受け入れるための、不可欠なる前提条件を表現するものなのである。

従って、責めある存在という現象に直接的に向かい合おうと意志することは、本来的現存在についての決定的な指標となる。逆に、実存論的偶然性の持つこの不可避的な次元を隠蔽しようと努めることは、まさにダス・マンの特性の一つと考えられよう。ダス・マンもまた、自らの空虚を耐え切れぬものとして告白すべき義務を予感する。だがこの認識がもたらす恐怖から逃れるべく、凡庸で人間を鈍いものとする世間的事象の連鎖のうちに、彼らは避難所を求めていくのである。一般的には〝賑わい《ベトリーブ》〟のうちに逃避し、さらには新奇なもの《ダス・ノイエ》へと魅了される近代特有の幻惑が、彼らを麻痺させていくこととなる。ダス・マンはまた、〝世間話〟に没頭する。だがそれは、実存の動揺を引き起こすすべての洞察が、いまだ伏せられたままであることを確認するための隠蔽作業にすぎない。彼らは、〝責めある存在〟を何かしら実存論的な重みや重要性に欠けた事柄として、すなわち本質的に〝実存的な〟レベルの事柄として再解釈しようと努めるのである。その場合には、〝責めある存在〟でさえも、何かしらモノに似た、目の前にある存在へと還元されてしまうであろう(81)。

従って一方で、被投性という罪は、現存在が「たえずおのれのもろもろの可能性に立ち遅れている」という事実を説明するものである。それは、現存在が決して完全には自己の主人とはなりえないことを意味する。つまり「ひとごとではない、おのれの存在をも決して根底から意のままにすることはできない」ということを表わしているのである。だが他方で、我々の責めある存在から帰結される〝無であること〟は、本来的な現存在にとって比類なき積極的意義を有する。実存論的偶然性についてのこの抹消不可能な尺度は、現存在を自由の可能性へと基礎づけるものだからである。ハイデガーは次のように述べている。「ここで言う、無であることは、現存在がおのれの実存的可能性へ向かって開かれている自由存在に属するのである」[82]。何故なら〝無であること〟の代わりに、現存在の〝根底〟に対して何か積極的な規定が与えられるならば、そのときには現存在の自由が、先行する超越的な定言命法の下に従属することとなってしまうからである(ただし、ここでの自由は、決して勝手気儘さと混同されてはならない。自由に可能性を選択するという能力は、各々独自の現存在における〝状況〟によって条件づけられていると同時に、またそれ自体、被投性の気まぐれによっても規定されているからである)。それゆえ実存主義者にとっての自由のカテゴリーは、実存は存在論的に本質に先立つ、という条件の帰結として維持されるであろう。すなわち、我々の世界内存在という事実性こそが、その後で我々を定義するもろもろのカテゴリー上の規定にもまして、〝本源的な〟ものなのである。

しかしながら同時に、責めある存在についての議論は、実存をはかるべき場が所詮はダス・マンの領域にすぎない、という事態をも再確認させていく。ハイデガーが説明しているように、「ダス・マンの常識が心得ているのは、ただ手ごろな規則や公共的な規範が充たされているか否かということだけなのである。ダス・マンはそれらに対する違反を記帳し、その清算を求める。ダス・マンは、ひとごとではない責めある存在からは忍び足で立ち去って、それだけやかましく〝過失や落ち度〟を論ずる。ところが良心の呼び声の中では、ダス・マンが、単独者としての自己の責めある存在へと向かって、呼び起こされるのである」[83]。

日々の〝規則〟や〝公共的規範〟の領域は、世間的な〝常識〟の場である。しかしながら日常性に対するダス・マンの支配が徹底しているために、本来的な現存在は、実存的次元での足場の一切が奪われることとなるように思われよう。実際、現存在は、自らが世間的事象に埋没しているのではないかと幾度も疑ってかかるべきであり、従って「現存在がおのれの呼びかけられていることを、世間とはいささかの係り合いも持たず没交渉的に聞いて了解すればするほど、そして〝ダス・マン〟の評判や世間の通念によって呼び声の本旨を誤ることがなくなればなくなるほど」――要するに、現存在が〝世界性〟一般からより徹底して身を引き離していればいるほど――呼び声は「それに応じて、いよいよ本来的な」ものとなるのである[84]。

我々はすでに、ハイデガーがその著述の〝実存論的〟次元を、豊かに記述していることについて指摘した。『存在と時間』は、生の欠如した理論的論考以上のものとして書かれたのである。つまりそれは、歴史的‐哲学的に深い意義を有するよう意図された文書にほかならない。従ってすでに我々が見てきたように、ハイデガーは本来性を巡る議論の中で、その概念が単に人間の思考様式を変更させるだけではなく、実生活上の行為において実存的転換を要請するものだということを強調しているのである。

だがそれにもかかわらず、ハイデガーは比類なきまでに日常性を否定的に規定する。であるならば、果たして我々には存在的な生活の場自体において、自らの本来的な性質を実現させていく内在的可能性が、いまだ残されているのであろうか。彼の現象学的な記述に従うならば、存在的領域一般は、そのまますなわち〝世界性〟であり、ダス・マンによって〝植民地化〟されてしまっているからである。ここでは、ハイデガーにおけるペシミスティックな哲学的人間学と、〝喜びの欠如した〟社会的存在論とが究極的に結びつくのである。その帰結は、生活世界の価値に対するラディカルな否定にほかならない。つまりは実存論的現象学がそもそも救出せんと試みていた日常的な人間の社会性――あのデリケートな基層――が、根こそぎ否定されてしまうのである。この点で我々は、ハイデガーがかつてフッサールの純粋自我・超越論的自我の理論に対して行ったのと同じ告発を、彼の社会的存在論に対してなしうるであろう。世界‐諸関係の疲弊によって、それは苦しみにあえいでいるのである。この事実は、先に引用したように、ハイデガーが本来的現存在の没交渉的な性質に対して、自己の首をしめるような賛美を示していたことからも明らかとなる。本質的に〝没交渉的〟であるはずの現存在の本来性は、ではいかにして存在的な生活の場の中で、自己を具現化しうるというのであろうか――これは不可能と言わざるをえない。

真正な社会的存在論を描き出そうとするハイデガーの試みに孕まれていた問題点は、すでに十分明らかとなった。それは人間の間主観性、つまりは〝共同存在〟の問題を軽視するところに現われている。何故ならば、おのれの各自性《イエーマイニッヒカイト》を意図的におろそかにすること、またこれと呼応して匿名の〝他者〟が考え、語り、行為するその仕方へと自己を進んで譲渡すること――〝ダス・マンの独裁〟へと自らを委ねること――、ここに、非本来的な現存在の顕著な特徴がある以上、〝共同存在〟というカテゴリーは、アプリオリに非本来的な関係性の場へとおとしめられざるをえないように思われるからである。ミヒャエル・トイニッセンが、『他者』という著作の中で次のように述べるとき、彼はこの事実を確証している。「非本来的な自己に関することがらについて。〝自己〟としては、疑いなくそれは他者に心を奪われている。方法論的に言って、共同存在を見出すのは、ただダス・マンへの途上においてのみなのだ」。従って、トイニッセンが結論づけたように「〝世界〟への頽落とはそれ自体、畢竟他者に魅了されていることにほかならない」(85)（強調、ウォーリン）。

ハイデガーの実存論的存在論において、〝他者との共同存在〟が果たす役割をより精緻に検討するならば、それが自己性つまりは自己存在の欠陥に満ちた様態であることが、いよいよ明確になってこよう。ハイデガー自身、この点についてかなり明示的なのである。「〝世界〟へ〝頽落〟しているということは、世間話や好奇心や曖昧さによって──要するに、非本来性の様々な様態によって──導かれているかぎりでの、相互存在の中へ融け込んでいるということである」(86)。従って、ここで引用した見解の中でハイデガーは、〝世界への頽落〟と〝他者との共同存在〟とをひとまとめにし、そこから非本来性そのものを構成しようとする陥穽におちいるのである。他者との共同存在をも含む〝世界‐諸関係〟一般は、ハイデガーによって狭義に捉えられ、〝ダス・マン〟や〝日常性〟などの非本来的な諸様態と同一視されてしまう。だがしかし、このような立場は、究極的には自己無効化する社会的存在論を帰結させざるをえないものとなるであろう(87)。

ここで少し、良心の呼び声へと立ち戻るからといって、呼び声が、結局のところ空虚かつ同語反復的な断定として現われるということを認識するならば、特に驚くべきことではなかろう。ハイデガーが述べているように、「呼び声は、話の種になるようなことを何も告げないし、世間の出来事について、いかなる情報をも伝えないのである。……この呼び声が告知するものは、何か理想的・普遍的な存在可能性というようなものではない。呼び声は、各自の現存在のそのつど孤独化された存在可能性を開示するのである」[88]。このような哲学的な身振りによって、ハイデガーは呼び声の本性を識別する一般的な基準が成り立つ可能性を、明確に拒絶するのである。その代わりに我々はただ、呼び声が完全に特定化され単独なものとしてあること、従って、各々個別的な現存在へと指し向けられていることを知るのみなのである。だがこのような表現にとどまり、呼び声についてさらなる特徴づけが不可能である以上、それはまったく任意なもの、個別的なものであり続けざるをえない。呼び声は、各々特定の現存在に適した在り方において自らを現わすであろう——我々には、このような同語反復的な断定のみが与えられるのである。事実上、このカテゴリーは具体的な決定要素を持たない。それゆえ呼び声には、識別不可能な淡きかげろうと化す危険性を認めることができよう。

　結局のところ我々は、次のように思案せざるをえまい。呼び声が空虚であること、つまり我々を困らせている具体的な特徴の欠如というのは、ハイデガー自身が〝世界性〟や〝日常性〟を徹底して誹謗中傷したことの、何か直接的な帰結だったのではなかろうか。つまり日常性に対するハイデガーの非難によって、ついには存在的領域の全体が、本来性自体の実現可能性に対して役立たないもの、利用不可能なものとなってしまっているのではあるまいか。

〝覚悟性〟や〝決断〟というカテゴリーは、呼び声を心に留める能力によって定義される。〝覚悟性〟の問題に取り組む際には、倫理的に、また少なくとも存在論的に重要な概念を吟味しているということに留意しなければならない。覚-悟性《エントーシュロッセンハイト》は文字通り、現存在の〝存在へと開かれていること〟を意味する。同じく語源学的に重要なことは、これと開示性《エアシュロッセンハイト》のカテゴリーとが類義性を有するということであろう。後者は、それを通じて存在物の存在が明かされていくプロセスである。ハイデガーの言葉を想起するならば、「覚悟性とは、現存在の開示態の際立った様態なのである」[89]。それゆえただ、覚悟した現存在に特有の〝存在へと開かれていること〟を通してのみ、存在物の存在は開示されるのだと言えよう。

覚悟性に関する、ハイデガーの最も重要な記述は、以下の文章において与えられている。

> 覚悟性は、その存在論的本質からいって、いつもそのつどの事実的な現存在の覚悟性である。この存在者の本質とは、その実存である。覚悟性は了解的におのれを投企する決断《エントシュルス》としてのみ実存するのである。しかしながら、現存在はその覚悟性において、何を基盤として決断するのであろうか。現存在は何を基盤として決断を下すというのか。その答えを与えうるものは、ただ覚悟性自身のみである。……決断こそ、はじめて、そのつどの事実的可能性を開示しつつ、投企し決定することなのである。覚悟性には、あらゆる事実的・被投的な存在可能を特徴づけ

ている無規定性が必然的に備わっている。覚悟性の持つ揺るぎない自信は、ただ決断することのみにかかわるのである。覚悟性に備わっている実存論的無規定性は、ただそのつどの決断においてのみおのれを規定する。[90]（強調、ウォーリン）

我々は先に、呼び声について検討した。従って、覚悟性のカテゴリーがもたらす問題に関して、そのほとんどはすでにおなじみのものである。というのも覚悟性の記述もまた、同語反復的なものとなってしまっているからである。現存在における覚悟性の基盤についての問いが提起されるとき——すなわち判断の確定要素となるべき決定的な問いが提出されるとき——我々はまたしても急激なつまずきを体験させられるのである。「その答えを与えうるものは、ただ覚悟性自身のみである。……覚悟性の持つ揺るぎない自信は、ただ決断することのみにかかわるのである」。我々には、こう語られるにすぎない。さらには呼び声を特徴づけていた無確定性もまた、ここで同じように賞賛の対象とされてしまうのである。〝無規定性〟、それこそが覚悟性の本質的な特性の一つにほかならない——我々はこう教えられることとなる。確かにハイデガーの意図としては、覚悟性のカテゴリーこそ、ダス・マンの永続的な時間かせぎや〝曖昧さ〟に対して、決定的な答えを提出するものであったと言えよう。ダス・マンは本質的に〝覚悟性に欠けた〟ものだからである。「無覚悟性が表現しているのは、ダス・マンの支配的な既成解釈に服従している存在として、我々が解釈した現象にほかならない。現存在はダス・マンとして、公共性の常識的な曖昧さによって〝生かされ〟ているが、そこでは誰ひとりとして決断しないのに、いつもすでに話が決まっているのである。覚悟性とはこのようなダス・マンへの紛れの中から呼び起こす呼びかけを受けて、それに従うことである(91)」。しかしながらこのカテゴリーには、内実をともなった具体的な決定要素が全く欠けている。ゆえに結局のところそれは、ダス・マンと同じく〝曖昧〟で〝覚悟性に欠けた〟ものと映らざるをえないのである。

我々は呼び声と覚悟性とを考察し、この両者を苛む判断基準の欠如という問題について検討してきた。ここからは、決断主義という概念一般に関する、いくつかの予備的な結論を引き出すことができよう。何故ならば、〝覚悟性〟や〝決意性〟というハイデガーのカテゴリーにおける規範性の欠如とでも呼ぶべきもの、この問題の射程は長く、あらゆる形態の決断主義の失敗について、説明してくれるものだからである。というのもいかなる規範的な方向づけをも欠いている場合、〝決断〟は盲目のまま何の指針もなしに行われざるをえず、それゆえ最終的には虚空への跳躍と化してしまうこととなるからである。決断に関して、内実をともなった判断基準が存在しないとき、本来的決断と非本来的決断、責任ある行為と無責任な行為を区別することは不可能となる――ましてや何を基準として、ある行為は他の行為よりも好ましいと言えるのであろうか。確かにハイデガーは、時に露骨なまでに決断の非合理主義的土台について賛美している。それは、たとえば彼が次のように書くときである。「あらゆる決断は、何かしら支配の及ばぬもの、隠されたもの、混沌としたものを自らの基盤とする。さもなくば、それは決断ではない(92)」。

なるほど覚悟性も呼び声も、ある特定の現存在とその〝状況〟が持っている〝事実的個別性〟に縛りつけられてはいよう。だが結果として、決断は完全に恣意的な性質を帯びることとなる。決断は何かしら特殊で個別的なものとなり、より一般的で公に利用可能な判断基準に従うことなどはない。伝統的な道徳命法がダス・マンの大権であるとして、あるいは時代遅れの〝価値哲学〟の例証であるとして拒絶されてきた以上、〝決断〟に与えられた存在論的第一義性は、「倫理的なものの目的論的停止」〔キルケゴール〕を奨励していくこととなろう。決意した現存在は、ニーチェ的超人《ユーバーメンシュ》と同じく善悪の彼岸に立つがゆえに、自らの法を打ち立てていかねばならないからである。

「命運」あるいは歴史的共同体における現存在の結合

ライナー・シュールマンによって提出された瞠目すべきハイデガー解釈によれば、基礎的存在論の反規範主義は、実際には反基礎づけ主義にほかならない。それは哲学的な〝本質主義〟への徹底した攻撃を表現するものなのである。すなわち永遠に妥当すべき価値や固定された諸々の意味を唱える、あらゆる形而上学的な教義への敵対である。シュールマンの見解に従えば、ハイデガーは存在を何か生得的に〝多価的なもの〟、つまり〝常に新しい出来事《イベント》〟として考えるべきものと理解していた。それゆえ、倫理的な思想家としてのハイデガーの意義は、〝行為の目的論的モデル〟の価値を否定したという事実のうちに認められよう。その意味するところは、行為には〔そして暗に、政治には）いかなる最終的ゴールも目標もありえないということなのである。ゆえに、ハイデガー流の杣道《ホルツヴェーゲ》とは、〝どこにもたどりつかない道〟にほかならない。とすれば、政治哲学としてのハイデガー主義の中心概念はアナーキーということになろう。ここでは、言葉の語源学的基盤――つまり第一原理の欠如《アン‐アルケー》――が決定的な意義を有している。アナーキーの理論として、ハイデガー主義の政治は、「あらゆる中心的な権威から正当化の根拠を奪い去る」ものなのである。こうしてすべての〝静態的理念〟から解放されることによって、新たに人間的な自由の条件が打ち立てられることとなろう。さらに、より積極的な観点からすれば、アナーキーな政治とは、次のことを含意する。「権力は、いかなる生来的な目的をも持たない。常に新たに、社会という星座が戯れのうちに形づくられること、それ自体が一つの目的なのである。その核心は、中心的な権威からの方向づけなしに、際限なく相互作用を繰り返すところにあるだろう[93]」。

しかしながら、〝自由〟と〝アナーキー〟とを同一視するこのような考え方に対しては、それを批判する傾聴すべき伝統が――プラトンの『国家』におけるデモクラシー批判から、近代のブルジョア的な〝消極的自由〟の空虚さについて批判するものまで――政治思想史において継承されてきている。そうした批判者の観点からするならば、自由が〝自己の欲するところを何であれ行う権利〟として捉えられた場合、その概念はもはや放縦に等しいものとなる。従って我々は何ら制限のない行動の自由を――あるいはシュールマンにしたがうならば、〝中心的な権威〟の拘束から無事逃れているような生き方を――何かしら非人間性に属するものと見なしてもよかろう。だが我々はむしろそうした行動を〝自由〞のカテゴリーに含めるべきではないのかもしれない。これが重要なのではなかろうか。同様に、非目的論的無差別性によって特徴づけられ、従って根源的な一貫性や存在理由を欠いた人間の生を、〝不自由な〞ものとして考える方が適切なのではなかろうか。そのような生は、〝衝動〞や〝欲望〞によって完全に支配されているだろうからである。[94]結局、自由という概念を意味あるものにするためには、そこにある決定的な内実が、与えられなければならないように思われる。自由の概念は、準-首尾一貫性を持った——ただし自ら選択した——原理や価値や規範を前提とするものだからである。基本的な原理や規範的な根拠が存在せず、ゆえに〝方向性を欠いた際限のない相互作用〞に基づくのみの社会秩序——こうした観念は、社会学的に見て支離滅裂なものだと言わざるをえない。それは〝アノミー〞を基礎とした社会秩序になるからである。

だがこうした批判にもかかわらず、政治哲学としてのハイデガー主義が、正しくシュールマンの言う意味での〝アナーキズム〞として特徴づけられるのであれば、そのときには、ハイデガー思想の政治的含意と、国家社会主義の教義とのあいだには、見たところ意味のあるつながりがほとんどなくなってしまうであろう。その代わりに、彼が体制へと帰依していったことは一つの偶発的な出来事となり、彼の思想におけるいかなる根底的な推進力のうちにも、あとづけることが不可能となるのである。[95]

さらに言うならば、『存在と時間』の決断主義的な要素に関する先の考察からも、一見したところ、シュールマンの唱える〝アナーキスト的〞解釈はもっともらしく思われてこよう。というのも、〃覚悟性〃についての我々の議論は、そのカテゴリーにおける反規範主義的な、従って〃無ー《アン》原理的な《アーキック》〃力を強調していたからである。決断主義は主意主義であるから、ラディカルに意志のみを表明することが讃えられ、その内容や方向性について顧みられることはない。意志は本質的に無原則的なものとなるのである。それゆえ〃アナーキズム〃が何よりもその語源学的な意味において――〃第一原理の欠如〃として――理解されるならば、そのときには覚悟性というハイデガーの概念が、これと際立った類縁性を有するものとして現われてこよう。

覚悟性の〃アナーキスト的〃解釈は見たところ、二つの観点から支持されるように思われる。その一つは、覚悟した現存在が根源的に〔他者との〕〃没交渉的な〃性質を持つということである。現存在は日常性の〃実存範疇〃から、すなわちダス・マンとその諸々の非本来的な様態から、身を遠ざけていればいるほど、より本来的であると認められている。この意味において覚悟した現存在は、一般的かつ実存的次元での行動ルール《レグル・ド・ジュ》につき従うことを断固拒絶するのであり、従ってある〃無ー原理的な〃様相を示すこととなるであろう。次に第二の点は、ハイデガーが繰り返し〃自己〃および〃自己存在可能性〃を強調している事実のうちに求められる。これは彼の初期の仕事を〃有機体論者〃あるいは〃民族的な《フェルキッシュ》〃観点から読解しようとする試みを当惑させ、シュールマンの想定する〃アナーキーな自由〃という方向へと押し進めるもののように思われる。ゆえに覚悟性はまた、そこに含意されるラディカルな主意主義からして、ニーチェ的なエートスである〃英雄的個人主義〃との類縁性を示すもののように見えてくるのである[96]。こうした解釈を要約して、結局のところ『存在と時間』におけるハイデガーは、「半ば宗教的な決断というものを提示したのであり、従ってそれは、有限な自律性としての実存、つまり私的で自己個別化した実存によって遂行されていくものなのだ」としてみよう(この点については、ユルゲン・ハーバーマスが初期の論文の中で考察している)。[97] だがそのときには、一九二七年の著作における政治思想と、六年後の国家社会主義者としての確信とのあいだには、明らかに重大な切断面が存在することとなるのである。あるいは少なくとも我々は、ナチスの時代に突入するとともに、『存在と時間』における個人的な意志の称揚に対して、〝コレクティヴィスティックな〟再解釈がほどこされていったのだというレーヴィットの主張に立ち戻らざるをえないように思われてこよう。

しかしながら、より精緻に『存在と時間』を読んでいけば、ハイデガーは〝覚悟性〟や〝自己存在可能性〟といったカテゴリーが、もっぱら主意主義的に解釈されることを避けようと意識的に努力していたことが明らかとなる。基礎的存在論においては、反主観主義的な推進力が強く保たれているのである。そのためにハイデガーの初期の仕事に現われる〝自己性〟という概念は、〝ラディカルな個人主義者〟や〝アナーキスト〟として解釈されることにあらかじめ抵抗を示すものであると言えよう。

たとえば、覚悟性そのものの議論においてもハイデガーは、〝自己性〟のカテゴリーが、〝自己措定的な主観性〟というデカルト主義的伝統の中で解釈されないよう骨を折っている。ある重要な一節において、彼は次のように述べている。「覚悟性は本来的な自己存在であるけれども、現存在をその世界から解き放つものでもなければ、現存在を孤立させて宙に浮いた〝自我〟たらしめるものでもない。……覚悟性とは、道具的なものごとに従事するそのつどの配慮的な存在の中へ自己を引き入れ、他者を気遣う共同存在の中へ自己を突き入れるものなのである。……〝決断〟といえども、ダス・マンとその世界とに依存していることに変わりはない(98)」。

ここでハイデガーは、本来的な現存在が、他者との共同存在という領域に対して取るべき〝没交渉性〟をかなりの程度相対化しようと努めていることがわかるであろう。無論この相対化の努力が、完全に成功しているか否かは別問題である。というのも本来的な共同存在の次元を回復させる展望は、先に検討した〝共同存在〟と〝日常性〟とを同一視する傾向によって、損なわれてしまうように思われるからである。しかし、にもかかわらずハイデガーが、あくまでもその可能性を主張する以上、『存在と時間』の〝アナーキスト的〟あるいは〝ラディカルな個人主義的〟解釈が維持されうるものか否かについて、正当な疑問を投げかけることが許されよう。

これまで見てきたように本来的な現存在は、他者との共同存在の様々なる非本来的様態から、まずは身を引き離すべく努めなければならない。だがそうであるにしても、社会的存在という自らの生得的な特性から、完全に解き放たれるものかどうかについては、疑いが残ることとなる。何故なら現存在は、その存在が〝共同存在〟であるような〝存在物〟であり、ゆえにこうした本性は、譲渡不可能な生得権として認められるからである。さらに言うならば、先の引用文が提示しようと試みていたように、決断それ自体がまず第一に、本来的な他者との共同存在を可能にさせるのである。

たとえハイデガーの実存論的分析の詳細が、見たところ、本来的な共同存在の実存的次元での可能性を、著しく遠ざけてしまうものであるにしても。

従って我々は、『存在と時間』の社会的存在論に対する、〝コレクティヴィスティックな〟解釈の兆しを幾分か、覚悟性のカテゴリーにおいて認めることができよう。だがすでに指摘したように、この社会的存在論の持つ政治的な含意は、極めて不穏当なものだと言わざるをえまい。そこには実存論的分析を満たしている、厚顔なエリート主義的モチーフが見うけられるのである。人間性を本来的なものと非本来的なものとに事実《デ・ファクト》として分離することは、根本的に反民主主義的なものであろう。この存在論的二元論に対応する政治哲学とは、生まれながらにして人類が指導者と服従者に分けられている、という主張にほかならない。確かにこの権威主義的な確信は、長きにわたってドイツの官僚・知識人層の規範であったし、またドイツ(特にプロイセン)の社会構造における伝統的な階級分離をよく反映するものでもあった。人間のタイプや能力に対するこうした区別を讃えつつ、ハイデガーは実際のところ、ドイツの権威主義的な政治思想における昔ながらの常套句を、存在論的形式によって成文化しているにすぎない。この観点からすれば『存在と時間』とは、戦間期ドイツの文化批判《クルトゥーアクリティーク》に属する著作であり、そこでは、保守革命的含意が雄弁に語られている。「覚悟せる現存在は、ほかの人々の良心となることができる」[99]——覚悟性についての議論を、ハイデガーはこう要約する。このような言葉から、哲学者のその後の党派的忠誠心を見抜くためには、特別な政治的予想能力など必要ではなかろう。

従って共同存在というカテゴリーは、初期ハイデガーを〝ラディカルな個人主義者〟と捉える解釈に対して、重大な訂正を要請するものなのである。それは『存在と時間』の社会的存在論の中に、いわば取り消し不可能な〝有機体論者的〟基盤があることを指し示すものだからである。さらにまたこのカテゴリーは、現存在をその構成要素において分析するよりも、まずは〝実存論的全体性〟として理解する試みが先行しなければならないということをも示唆するものであろう。

だがこれとは別に、『存在と時間』には、同様に純粋な主意主義的読解を不可能とするような別のカテゴリーが存在する。それこそが、命運《ダス・ゲシック》にほかならない。実際、カールステン・ハリーズの見解によれば、「命運についてのハイデガーの理解を考慮するとき、『存在と時間』からアナーキスト的な帰結を引き出してくるあらゆる試みが成立しがたいものとなるのである」。あるいはハリーズが説明しているように、「本来性は、共通の運命へと個人が従属すべきことを要請するものであり、ひとたびこれを認めるならば、総長就任演説が『存在と時間』と厳しく対立するという見方は、成り立ちえないものとなるであろう」[100]（強調、ウォーリン）。〝命運〟というカテゴリーは、具体的な内実を持った方針を与えるものなのである。それは、日常における他者との共同存在の中で、現存在のいまだ不完全ではあるが実存論的な絆を強化する役割を果たしていく。要するに命運のカテゴリーは、日常性の中で弛緩していくであろう現存在の共同性に対して、実存論的な意味と方向性とを付与するものなのである。〝共通の運命へととらわれている存在〟という概念には、疑似コレクティヴィズム的な含意が認められよう。ハリーズが指摘しているように、究極的にはこれこそが、後のハイデガーをある確信へと導いていったものなのである。ハイデガーは結局、次のような確信を抱くに至った。一九二七年の著作で提起された〝実存範疇〟のための存在的次元における媒体、その適切なる媒体とは、国家社会主義にほかならない。

我々はすでに具体的な内実の欠如こそが、覚悟性のカテゴリーにおいて、従ってまた暗に本来性の構造全体において、主要な困難となることを確認してきた。いずれの方《ヴォーツー》への覚悟であるのか、つまり覚悟の方向性についての問いは、同語反復的な解答に出会うのみである。すなわち、ただ個別的かつ特定化された覚悟それ自身だけが、答えを提出しうるとされてしまうのである。このような覚悟の自己言及性の問題に正面から取り組み、予備的な形態ではあるが、これに解答を提示しようと試みたのが、〝本来的時間性〟を巡っての議論であろう。そこでは、命運の概念が、特に重要な役割を担うのである。事実、自らを共通の運命へと従属させなければならないという要請によって、覚悟の無規定性には、一つの答えが与えられることとなる。しかしながら、この後すぐ確かめるように、この解答もまた正式な規範とはなりがたい。何故ならば、良心の呼び声や覚悟性を巡って現われていた同じ概念上のアポリアが、ここでは、より高い次元において反復しているにすぎないからである。

〝命運〟とは、現存在における歴史性の本来的な現われであり、その任務を理解するためには、〝時間性《ツァイトリッヒカイト》〟に関するいくらかの予備的な考察が必要であろう。時間性は、現存在の世界内存在における本源的特性として、本来的な様態においても、非本来的な様態においても存在する。もしも現存在の存在が根底的に〝気遣い〟によって特徴づけられているならば、そして現存在が「おのれの存在において、まさにこの存在そのものを問題化する[101]」という事実によって、その他すべての存在物(〝事物的に存在するもの〟や〝道具的存在物〟)と明確に区別されるのであるならば、その場合、現存在の本来性／非本来性を広く決定づけるのは、現存在の時間的な方向づけにほかならない。それはまさしく、現存在の気遣い、および自己との実存論的関係が、本来的な形態を示すか否かを規定するものなのである。

　ここで我々は、時間性と本来性の関係について述べているハイデガー自身の説明から、いくつか具体例を引き出してみよう。本来的現存在の基本的な様態の一つは、〝死への先駆《フォアラウフェン・ツム・トーデ》〟である。この先駆においてのみ、初めて現存在は、おのれの〝虚無〟および〝責めある存在〟に出会うのであり、またおのれの世界内存在における根源的な偶然性と向き合うこととなる。現存在の被投性が有する偶然性とは、現存在の〝有限性〟――〝死すべきもの〟という事実――によってのみ表わされるものではない。それはまた、死それ自体の無規定性によって表現されているはずなのである。死とは、なるほど先駆することは可能であるにしても、決して予見することのできない出来事である。本来性への実存論的な刺激として、死は現存在をラディカルに個別化することに役立つ。それぞれの死が、この特定の現存在における個別化された単独の宿命というものを表現する限り、現存在は有限性にただ一人で直面せねばならぬことを知るのである。従って本来的な時間性という観点から見れば、〝死への先駆〟は私自身の自己存在可能性を実現させていく動機となる。おのれの死へ向かう存在を認識することによって生まれる実存論的な不安は、〝生〟をも、そして自己性をも当然視することはできないということを確信させるのである。これを悟ることによって、存在的次元における我々のすべての動きには、並はずれた強度と緊急性とが備わっていくこととなろう。以後、覚悟した生、決断した生が生きられることとなる。

ハイデガーは現存在の本来的な自己存在可能性が、そしてまた本来的な覚悟性が、ともに時間性という現象において基礎づけられるということを強調する。ハイデガーが主張しているように、「現存在は時間性として規定されている限りでのみ、右に示したような先駆的覚悟性の本来的全体存在可能性を、おのれ自身に可能にするのである。時間性こそ、本来的な気遣いの意味として打ち明けられたわけである」(102)。

この主張の論拠は、〝死への先駆〟というカテゴリーを検討することで、容易に明らかとなる。死という不慮の出来事を覚悟しつつ先駆することによって、現存在は本来的な在り方において自らの実存を〝時間化〟するのである。それゆえ現存在は、自らが〝将来から〟指示されるものであるということをおのれに示すこととなる。ハイデガーがある場所で述べているように、「実存の第一義的な意味は将来なのである」(103)。これとは対照的に、ダス・マンの時間性は、死へ向かう存在という実存論的な不安から逃避しようとするところに、はっきりとうかがわれよう。これによってダス・マンは、本質的に将来に対する目をふさぐのである。その代わりに、彼らは現在を、生彩なく〝非‐脱自的に〟暮らしていくこととなる。ダス・マンは覚悟を決めないまま、世の中の様々な気ばらしや事実的な趣向に多忙を極め、自らの有限性をおおい隠しつつ、公共的出来事の喧騒の中に、呼び声をかき消してしまうのである。しかしながら、〝現在〟の中へのそのような〝非-脱自的な〟沈潜とは、非人間的存在物の存在――つまりは手もとにあるもの(道具)や目の前にあるもの(事物)――を規定する特徴にほかならない。従って、非本来的な現存在の存在は、将来への先駆や本来的な時間性を放棄する点において、事物的に存在するものの惰性的存在と似てくるのである。確かに無時間的・非動態的な現在には、静謐な状態に特有の魅力が備わっている。非本来的な現存在は、それに魅了され、徐々に生の欠如へと沈み込んでしまうのである。

　死へ向かう存在についての本来的な理解と非本来的な理解との差異は、それゆえ時間性の現象において基礎づけられている。本来的な時間性とは脱-自的《エクースタティック》なものであり、現存在を将来へと、すなわち自己存在可能性が蓄えられている場へと投げ込むのである。これに対し、非本来的な時間性とは静態的《スタティック》なものにすぎない。そのまなざしは、回復不可能なまでに現在によって魅惑されつづけるのである。従って可能性の領域とは、非本来的な時間性に対して死文となるにすぎぬであろう。ハイデガーにとって「根源的本来的時間性の第一義的現象は、将来なのである」。被投性、責めある存在、そして究極的には死へと向かう存在、このような「無であることについての、覚悟的な実存的了解」を可能にすること、それこそが将来に与えられた役割にほかならない[104]。逆にハイデガーは、将来への投企ができぬ無力を、〝現在化すること〟と定義づけ、それは「配慮的に気遣われた道具的存在物や事物的存在物への頽落を、第一次的に基礎づける」ものであると見なすのである[105]。

だがしかし、本来的な時間性はただ将来へ向かうものとしてのみ存在し、過去が顧みられることはないと主張するならば、それはミスリーディングなものにすぎぬこととなろう。事実、将来に向けての現存在の本来的な投企は、過去についての先行する了解に基づいてのみ可能となる。過去の了解は、それ自体可能性を基礎づけ、将来において待ち受けるのである。ハイデガーはこうした見解を以下のように説明している。「本来的に将来的であることによって、現存在は本来的に〝既往的に〟存在する。最も極端なひとごとではない可能性の中へ先駆することは、ひとごとではない〝既往〟のもとへと了解的に帰り来ることである」[106]。従って、現存在が将来への自己投企を決定づける際には、過去が根底的な意義を有することとなる（結局のところ、被投性という現存在の〝事実的な〟特性は、〝既往性〟に存するのである）。そして我々は、このような過去の持つ根底的な意義を通して初めて、本来的な時間性のカテゴリーとしての〝命運〟の重要性を理解することができるであろう。

これまでのところ、我々はラディカルに個別化された現存在について検討してきた。というのも、日常的な在り方や関係のすべてを、一度〝カッコに入れて〟しまわない限り、本来性という救済にまで、あるいはその恩寵にまで到達することは不可能だからである。このような観点からすれば、ハイデガーが日常性の全体を問題視するそのやり方は、フッサールが行ったエポケーを想起させるものであると言えよう。後者は純粋ならざる〝経験的自我〟の〝自然的態度〟をカッコにくくるべく、エポケーを敢行していくのである。いずれにせよ、現存在をとらえる不安が、もはやあれこれ特定の世間的な趣向に由来するものではなく、存在的次元での関係一般から総体として生じたものとならない限り、〝世界〟に対する現存在の執着は、いまだ決定的なものであり続けるほかはない。すなわち現存在は、いまだ十分に個別化されきってはいないということになってしまうのである。ところが〝歴史性《ゲシヒトリッヒカイト》〟のカテゴリーが導入されることによって、このような本来的な現存在のラディカルな個別化は緩和され、ある現存在に固有の運命が、より上位の集合的命運へと融合していくこととなる。歴史性とは、本来的かつ過去‐指示的な時熟の一様態にほかならない。現存在は有意味な歴史的連続体との関係のうちに自らを定めるのである。そしてこの行為は、現存在の将来への投企に対して、その内実と方向性とを付与する。それゆえに〝歴史性〟および〝命運〟というカテゴリーは、本来性にこれまで付随していた空虚なる自己言及性を乗り越えるべき道筋を与え、さらには覚悟性の決断主義を苛んでいた主意主義——内容の欠如した主意主義——に対してある具体的な解答を提供していくものとなるであろう。

　歴史性は、現存在の〝何者であるか〟に関する問い、これに答える手助けをする。何故なら現存在の自己性は、本質的に〝歴史的〟存在として構成されるものだからである。歴史性はまた〝生の連続性〟という現象、つまりは時間の流れを通しての、一貫したアイデンティティの維持について説明する。従ってそれは、覚悟性を当初より悩まし続けてきた具体的な内実の貧困という問題に答えを与えうるものなのである。歴史性は原則的に、ある具体的な基盤を提供する。覚悟性はそれに依拠することによって、ある行為を決断していくこととなるのである。というのも、ただ〝遺産《エルベ》〟

の伝達を媒介にしてのみ、決断は具体的かつ事実的な基盤を手にすることができるからである。「現存在は、覚悟性においておのれ自身へと立ち帰って来る。その覚悟性は、本来的実存のそのつどの事実的可能性を開示する。そしてそれはこの可能性を、それが被投的覚悟性として自ら引き受ける遺産の中から開示するのである。覚悟を持って被投性へと立ち帰って来ることの中には、伝えられてきた可能性を自ら伝承するということが含まれている。もっとも、その際その可能性が、伝来のものとして理解されている必要はない[107]」。

ハイデガーはここからさらに、死へ向かう存在によってもたらされる作用、すなわちラディカルなまでに現存在を個別化していくその力を考慮しつつ、この問題構制について再説する。

> すべての善きものが相続財産であるとすれば、そしてその善さが、本来的実存を可能にすることにあるのだとすれば、遺産の継承はそのつど覚悟性の中で成り立つものなのである。現存在の覚悟が本来的であればあるほど……おのれの実存の可能性の選択的発見は、それだけ曖昧さと偶然性の少ないものとなる。死への先駆のみが、あらゆる偶然的かつ暫定的な可能性を追い払う。死へ向かって開かれた自由のみが、現存在に端的な目標を与えて、実存をおのれの有限性の中へ突き入れる。自ら選び取った実存の有限性は、様々に誘いかけてくる安楽さや気軽さや逃避などの手近な可能性の限りない群がりから現存在を引きずり出し、それを自己の運命《シックザール》の単純さの中へ連れ込む。ここで運命というのは、本来的覚悟性の中に潜む現存在の根

源的生起のことであって、このような生起のうちで、現存在は死に向かって自由でありつつ、相続され、しかも自ら選び取った可能性における自己自身へと、おのれを伝承するのである。[108]

ここで現存在の歴史性は、〝死への先駆〟によって促され、〝遺産〟や〝運命〟といったカテゴリーにおいて基礎づけられている。歴史性は、本来的な自己の個別化へと現存在を解き放つとともに、また同時に、本来的な他者との共同存在の土台を形づくるものなのである。というのも、歴史性において現実化される〝生の連続性〟とは、通時的なものであるとともに、また同じく共時的なものでもあるのだから。すなわち〝諸々の命運〟は、時間を横断して、さらには時間の内部において(つまりは歴史的現在において)結びつけられているのである。従って本来的な自己性は、ただ歴史的に与えられた〝共同性〟の内部においてのみ、十全に現実化されるものなのだと言えよう。共同存在の要請は、覚悟した現存在に対して完全なる孤立の状態に――たとえそれが〝本来的な〟ものであるにせよ――とどまることを禁ずるのである。ゆえにここには、より重い意義を与えられた呼び声の存在が認められよう。それはより広い歴史的命運の内部へと、現存在を統合しつつ呼び起こすのである。ハイデガーは、ある決定的な一節の中で、次のように述べている。「運命的な現存在は、世界内存在たる限り、本質上ほかの人々との共同存在において実存する。従ってその現存在の生起《ヒストリサイジング》は共同生起《コー・ヒストリサイジング》であり、命運という性格を帯びるのである。それはすなわち、共同体の運命的生起、民族の生起のことである」[109](強調、ウォーリン)。

個別化された自己として、現存在は一つの〃運命〃を有する。だがそれだけでは、いまだ不十分・不完全なものにとどまるほかはない。個別的なものとしての現存在に認められる特殊性を乗り越え、本来的な他者との共同存在という核心に到達して初めて、現存在は自らの自己性を真に具現化することが可能となるのである。この動きとともに、個別的な運命は、一つの集合的・歴史的命運の内部へと挿入され、現存在の実存論的な性質は、それに応じて〃豊かに〃なっていくとされるのである。ハイデガーが説明しているように、「覚悟性の中には、先駆しつつおのれを瞬間の〃現〃へと伝承することが含まれている。これを我々は運命と名づけるのである。さらに、そこにまた、命運の根拠を見出すことができよう。命運とは、他者との共同存在における現存在の生起のことなのだと、我々は了解する[110]」(強調、ウォーリン)。

覚悟性に関する我々の議論は、これまでハイデガーの実存論的存在論における、明らかに主意主義的な側面について重視してきた。確かに我々は、そうした要素を数多く見出すことができるのである。しかしながら、歴史性を巡る議論の中で〃命運〃および〃運命〃というカテゴリーが果たす主要な役割について検討していくならば、『存在と時間』のうちに、同じく宿命論的な傾向をも認めることができよう。一見したところ、こうした認識は、受け入れ難いもののように思われるかもしれない。だが実際には、それほど矛盾に満ちたものではあるまい。何故なら数多くの歴史理論において、主意主義と宿命論とは手をたずさえて進むものだからである。従って、ひとたび歴史の〃行為主体〃と歴史の〃構造〃との具体的な相互関係が無視されるのであれば、そのときには、相互に比較的独立した機能を果たす二つの自立的な構成要素が残されることとなる。すなわち、〝意志〟と〝運命〟である。[111]このアンチノミーは、マルクス主義の伝統においてお馴染みの事柄であろう。つまり我々は、歴史の転換という問題に関するエンゲルスの決定論と、レーニンの主意主義とを比較してみさえすればよいのである。同様に、国家社会主義のイデオロギーもまた、ドイツの歴史的〝命運〟の意義を声高に主張したかと思うと――その舌の根も乾かぬうちに――〝意志〟というドイツ民族の揺るぎない特性を強調していくのであった。[112]

さてハイデガーにとって、〝運命〟とは、外部からの個人に〝降りかかる〟一連の予期せぬ出来事を意味していたわけではない。それは決して、匿名かつ恣意的な出来事の連鎖などではなかった。我々は、これを銘記すべきである。そうではなく、運命には、そこに包摂される男女を高貴なものにする際立った特性を認めることができるのである。本来的な現存在の生は、運命によって、ある種の威厳を帯びた一貫性を付与されることとなる。運命の有する統合の力が欠けているとき、現存在の実存は全き偶然性に――そもそも覚悟の欠如した現存在という〝運命〟に――脅かされることとなろう。ここで再び我々は、〝意志〟と〝運命〟の諸力が混じり合う様を目にするのである。自らの〝運命〟にふさわしくあるためには(これは覚悟した現存在の場合である)、意識的な〝悟り〟という契機が必要となる。それゆえ、たとえ自らの運命を〝選択する〟という表現が誤っているにしても、にもかかわらず我々は、何がしか意図的に運命の本性について認識しなければならないこととなるであろう。覚悟した現存在は運命と融合し、その作用の本源的な恩恵に与かろうとするからである。ハイデガー主義的な表現を用いるならば、個々人は〝諸々の運命〟を有し、それぞれの共同体は、〝諸々の命運〟を有する。従って「個々人の運命は、同一の世界の内での共同存在において、そして特定の可能性への覚悟性において、初めからすでに導かれていたのである。……おのれの世代の中での、かつおのれの世代とともにする、現存在の運命的な命運こそ、現存在の十全な本来的生起を構成するものなのである」[113]（強調、ウォーリン）。

『存在と時間』における主意主義と宿命論との対立は、だが決して解消されるものではない。ハイデガーは二つの方向からこの課題に挑んでいるが、しかしともに挫折するのである。まずは、本来的な決断の空しい自己言及性に対して、〝命運〟というものが与えられる。これにより決断は、実存的次元での土台を可能にするのである。もしもこのような基盤すら欠けてしまうならば、意志はいかなる基礎づけもなくただ浮遊するにすぎない。〝命運〟とは、意志に具体的な内容の尺度を授けるものとして意味づけられるのである。しかしながら、このカテゴリーにおける〝宿命論的な〟含意は、今度は本来的覚悟性の持つ自律を掘り崩すこととなる。先に見たように、現存在は日常性という非本来的な実存範疇から、（死へ向かう存在という不安を媒介にして）苦労の末、自律性を手にする。だがそれが、ここで蝕まれてしまうのである。従って、対立をこの方向から解消することは厳しいと言わざるをえまい。ゆえにハイデガーは、ときにこれとは正反対の極へと揺れ動き、命運それ自体が〝選択され〟〝意志される〟と提唱するようになるのである。だがしかし、この動きとともに我々は、本質的に再び決断主義的な恣意性のもとへと落下していくことになるであろう。

命運という概念は、まず何よりもその相殺・中和を意図されていたはずであるのに。

さてハイデガーは、〝取り戻し〟というカテゴリーにおいて、命運の概念を基礎づけている。「おのれへ帰来しておのれを伝承する覚悟性は、伝えられてきた実存可能性の取り戻しとなる。ここで言う〝取り戻し〟とは、明らかな自覚をもって行われる伝承のことである。それは、かつて現存在が享受していた実存可能性の中へ還帰することを意味する」(114)。だが〝取り戻し〟とは、すべてがそのままに再生されることを意味するわけではない。むしろそれは、継承されてきた歴史的可能性を、現在のコンテクストにおいて再活性化しようとすることなのである。取り戻しへの〝決断〟は、〝瞬間〟において生じる。その機能は、取り戻しの行為が有意味である――つまりは〝本来的〟である――ことを確認し、さらには取り戻しが、現存在における現在の〝状況〟および将来の可能性双方の観点から、直接的な関係を維持しつつ進行することを保証するところにある。

ハイデガーによれば、過去から引き出されてきた本来的可能性を取り戻すことは、「現存在が、自らおのれの英雄を選ぶこと」(115)を意味する。〝取り戻し〟という概念は、キルケゴールの〈反復概念の〉うちにその起源を持つものであろう。デンマークの哲学者にとって、それは生の各瞬間を十全に汲み尽くしつつ生きるという観念を含意するものであり、ゆえに永続する反復の見通しもまた、耐えうるものとなるはずであった。また、ハイデガーの〝英雄崇拝〟――つまりは人間の偉大さの原型となるべき類例を探し求めること――は、ニーチェの超人を想起させる。超人もハイデガーの本来的な現存在も、ともに道徳的慣習を侮蔑することで、〝より高き本性〟を明らかにするのである。英雄は(〝ボヘミアン〟とともに、ただしニーチェもハイデガーもこれにはさほど関心を示してはいない)典型的反ブルジョアなのである。ブルジョアにとって人生とは、つまるところ計算、功利性、そして狭量な自己利益の問題にすぎない。これに対し英雄は、ただ自己肯定という高貴な行為にのみ価値を見出し、従って功利的な関心などは軽蔑にすら値しないものとなる(116)。

しかしながら、それでも問題は依然残されたままである。すなわち、何を基準として英雄は選びだされるのか。あるいは、いかにして人は本来的な英雄を、泥の足を持つその模造品から識別したらよいのであろうか。もしここで何らの基準をも与えられないならば、我々は再び、純粋な決断主義という目の眩むような恣意性のもとへと転落する危険を冒すことになるであろう。だがこの問いに対するハイデガーの唯一の答えは、極めて不満足なものと言わざるをえない。我々は本来的な取り戻しが遂行される際のその基盤について、さらには真の英雄を香具師から区別する際のその基準について(それは一九三三年のハイデガー自身にとって、さぞや役立ったことであろう!)、彼に問いただしてみる。すると我々に対して、次のような言葉が返されてくるのである。取り戻しそれ自体は、「実存論的には、先駆的覚悟性に基づくものである」(117)。従って、覚悟性は取り戻しに基礎づけられ(たとえば、しかるべき英雄を選ばねばならないという点において)、同時に取り戻しは、それ自体覚悟性に基礎づけられることとなる。ここで我々は、再び循環論法が説得力のある洞察にとってかわり、全くの断定が確かな論証の代わりをなす様を見ることとなってしまうのである。

先に我々は、覚悟性や決断といったカテゴリーを、政治哲学としてのハイデガー主義への〝入口〃として叙述した。というのもそれらは、存在的次元におけるあらゆる本来的行為の、存在論的な基盤を表現するものだからである。これを別様に述べるならば、次のようになるであろう。如何なる形態の行為を世界において為そうとも、それが決意された断固たるものでない限り、決して本来的なものとはなりえない。そして〃命運〃というカテゴリーが導入されることで、覚悟性の枠組は、その立脚点を個人的なものから共同体の方へと移動させていくこととなる。これにともない、覚悟性がもたらす政治生活上の帰結が浮上してくることとなろう。すでに共同存在および本来性を巡る議論の中で暗示されていた政治的含意が今や前面に現われ出るのであり、それについてもはや見誤ることはない。私は先に、覚悟性の持つ政治的含意を〃アポリアを孕むもの〃として特徴づけた。それが実際には、何を意味するものであるかについて、より正確に詳述すべきときが来たのである。

　常に袋小路に迷いこんでしまうという、ハイデガー流の決断主義の特性は、おそらく以下のように要約することができよう。一方において具体的な内実のはなはだしき欠如という問題がある。これは単に、概念上の主要な困難(たとえば、いかにして人は本来的な決断を非本来的なそれから区別しつつ確定すればよいのか)を構成するだけではなく、実践的な性質の問題、つまりは行為に障害をもたらすであろう様々な困難をも引き起こしていくのである。決断主義は、主意主義的な勇気や雄々しさの権化を装っている。しかしそれが否応なし《ノーレンス・ヴォーレンス》に極度の卑屈さや追従をもさらけださざるをえないという事実は、誠に皮肉なものであろう。そうした逆説が、ここで露呈されてしまうのである。というのも、決断主義には方向性を与える本質的な規範というものが欠けているため、卑屈にも、同時代の歴史的時間がたまたま与えてくれたものを、それがいかなる選択肢であれ、かまわず喰らいつくこととなるのであり、従って決断主義は、寄生的に生き延びていかざるをえないと言いうるからである。決断主義には、具体的な内実をともなった確信というものが自らのうちに欠乏している。であるがゆえに、そのつど歴史上の時間が自己実現の機会を与えてくれるならば、いさいかまわずそれに飛びついていくこととなるのである。この観点からするならば、決断主義は単に徹底して〝無原則〟であるわけではない。それはまた同時に、赤裸々な日和見主義なのである。従って〝意志〟や〝選択〟など、すべての主意主義的な要素を声高に叫ぼうとも、結局のところ日和見主義が、低俗かつ単純な順応主義としてしばしば姿を現わすこととなる。つまるところ決断主義は、選択に際してのいかなる生得的基準にも欠けているため、今そこにある自己実現の機会を手当たり次第つかみ取らざるをえないのである。なるほど先に見た通り、自己実現を回避する本来的覚悟性とは形容矛盾にすぎない。だが、具体的な内実を本質的に持たないがゆえに、覚悟性はいかなる選択をも行うことなく、ただ歴史の中で実行可能な選択肢に対して、何であれかまわず順応していくのみなのだと言いうるであろう。

決断主義におけるこの〝倫理的真空状態〟がもたらす帰結を、ハイデガーの偏見、すなわち保守革命派ばりの近代的な生活世界に対する徹底的に低い評価と結びつけてみよう。そのときには、一九三三年におけるハイデガーの不名誉な人生上の選択の背後に、否定できない理論的一貫性を見出すこととなるのである。決断主義は、〝道徳的慣習〟を拒絶する。後者は慣習であるがゆえに、すでに英雄的な大胆さにもとづいた行為にとって有害だからである。そしてこの拒絶において決断主義は、自らをニヒルなものとして、つまり伝来の倫理的パラダイム全体に対する明確な否定として提示する。[118] 従って『存在と時間』が暗示する政治理論――我々の視点からすればそれは、当時のドイツにおける保守的‐権威主義的なメンタリティーを示す古典的例証にほかならない――は、ファシズムの魅力に抗する倫理政治的な防波堤の役割――あの根底的な〝自由主義的確信〟――が欠如したままなのである。国家社会主義の運動は、そうしたブルジョア的良心の呵責から解き放たれている。ゆえにそれは、本来的決断という空虚な容器のうちに詰められるべき、まことしやかな具体的〝充塡物〟として現われるのである。こうして本来的決断は、実存的‐歴史的次元での具体的な内実を埋めようという、カテゴリー上の要請を満たされることとなるであろう。『存在と時間』は、確かに〝本来的・歴史的命運〟への召集を呼びかけている。そして不吉にも、これに対する適切な応答が、ドイツ民族革命の手によって与えられることとなったのである。実際、後者は〝歴史性〟というカテゴリー上の要請を存在的次元において充塡するものと見なされていった。それはハイデガー自身が行った〝英雄〟の選出であり、さらには〝命運〟および〝共同体〟の選択だったのである。

ゆえに我々は、ハイデガー流の決断主義について、〝ネガティヴな〟傾向と〝ポジティヴな〟傾向の双方から、その矛盾に満ちた特性を示すことができよう。この二つの傾向は、相補的に国家社会主義運動に対するハイデガーの加担を決定づけていった。というのもハイデガーは、以前より熟慮してきた哲学的確信の上に、ナチズムへの参入を注意深く基礎づけているからである。さてその〝ネガティヴな〟側面についてであるが、これはニヒリスティックな歴史的日和見主義において認めることができよう。先に見たように、この日和見主義は、そのつどの歴史的な条件の下において与えられた選択肢に対し、それが何であれかまわず、無原則的に順応するような在り方を押し進めていくのである。また同じくこの側面は、〝ブルジョア的な〟政治形態——自由主義、立憲主義、議会主義等々——に対するアプリオリな拒絶を命じ、さらには、常に〝極端な〟解答を選択していくような気質を、ハイデガーに植えつけることとなった。すなわちブルジョア的な生活形態——それは〝日常性〟の実存範疇によって表わされる——は、すでに堕落し腐敗したものとして顧みられることなく、それゆえに、この徹底して凡庸な生活秩序に対するラ、ディ、カ、ル、な別の選択肢のみが、満足のいくものとされてしまったのである。

これに対し〝ポジティヴな〟次元は、本来性のカテゴリーにおけるエリート主義的側面において確認することができよう。ルーティーン化された近代性に対する拒絶は、本来性の探究において(さらには、後のハイデガーを〝テクノロジー〟の告発へと駆り立てていく見解の中で)、すでに暗示されてきたものである。そしてこの拒絶は、ハイデガーを導いて〝カリスマ的な〟もう一つ別の選択肢の探究へと向かわせることとなろう。つまりは本来的現存在のみが、実存論的な〝選ばれし者〟の典型として、この徹底して合理化され、脱魔術化されたコスモスのうちに、今再び、新たなる偉大さを授けることができると考えられるのである。本来的な現存在が導いていくのならば、非本来的な現存在はつき従わなければならない。すでに見てきたように、〝命運〟というカテゴリーはこの企図において、共同体に与えられた還元不可能な重要性を指し示すものである。そして集団的次元における本来性の具現化は、これまでの伝統的な制度形態とは異なり、〝運動〟という特性をその身に体現すべきこととなる。というのも構造とはブルジョア的現象にすぎず、生の活力を損なうものとして否定されるからである。

国家社会主義へのハイデガーの関与は、深いレベルでの実存論的なコミットメントに基づくものであり、決して偶発的な、単なる伝記上のエピソードなどではなかった。そうではなく、ハイデガー思想の最も奥深い気質の中に、それは植えつけられていたのである。だがこう主張したからといって、我々は、ナチズムが『存在と時間』の哲学から生じる不可避的・必然的な産物であると想定するものでもない。我々はただ、あの著作が不十分なままに提示した本来的かつ歴史的な政治参画の要請を、ナチの運動という政治が力強く満たしていったのだ、と主張するのみである[119]。

第三章　総統を指導すること——国家社会主義に奉仕する哲学

我々の知るところによれば、マルティン・ハイデガーは、その非常に強い責任感と、ドイツ民族の運命と将来に対する関心とにおいて、心底、我々の偉大な運動のさなかに立っている。そしてこれも我々の知るところであるが、彼は一度として自分のドイツ的感情を隠そうとしたことはないし、アドルフ・ヒットラーの率いる党が存在と権力とを求めて続けてきた困難な闘いを、何年ものあいだ、最大限支持してきた。ドイツのためにならば、彼はどんなに大切なものであろうとも犠牲にする用意が常にあったし、国家社会主義党員は、どんなときにも彼の支援をあてにすることができるのである。

『アレマン人《デア・アレマン》』紙（バーデン地方の国家社会主義党の機関紙）
「二日前のハイデガーのナチ入党についてのコメント」一九三三年五月三日

本質的困窮とブルジョア的常態の貧困化

本来性を中心的な概念とする実存哲学は、生との連関を見失った机上の哲学を破棄してこそ、その面目《ポワン・ドヌール》を保ち得る。そのような実存哲学にとって、諸カテゴリーの枠組を具体的な生そのものの言葉へと翻訳することが一つの実存論的命法となる。[1] 専らそのようなカテゴリー的な置換——存在論的分析の水準から実践的な生の領域への変換——を通じてこそ、初めて哲学的教説の真の実存論的分節化を明らかにすることができる。

実際、『存在と時間』で詳細に展開された基礎的存在論の概念が〝哲学〟対〝生〟という伝統的な二分法を無効にすることを目指していた以上、彼の基礎的存在論の概念を、習慣的な意味で〝哲学の教説〟と呼ぶのは誤解を招きかねない。伝統的な哲学は、自己が実践的な生の領域からの抽象であるということを誇りとしていた。というのも、専らそのような抽象(それはプラトンのイデアに始まり、デカルトの根本的懐疑、フッサールのエポケーまで様々な形態をとってきた)を基盤とすることによってのみ、哲学はその科学的な厳密さを主張しうるからである。日常生活という実存範疇《エクシステンツィアリア》は、偶然性の支配する不純な領域、哲学がその主張を立証するためには越えなければならない領域と同義であった。ハイデガーにとっては、これとは反対に、人間という現存在《ダーザイン》の実存論的な基盤は、すでに哲学的であった。すなわち、世界内存在という在り方ゆえに、我々は存在の意味に関する存在論的な問いを抱かないでいることができない。このように現存在は、すぐれて〝形而上学的な存在〟である。あるいは、ハイデガー自身の言葉に従うならば、「形而上学は〝人間の自然本性〟に属する。……形而上学とは、現存在における根本生起《グルントゲシェーエン》である[2]」。

ハイデガーによれば、形而上学の歴史において、こうした問いは誤った歩みの中で、絶えず脇に追いやられてきた。これまで哲学者たちは、存在物の意味は探求してきたが、存在そのものの意味を問うことはなかった。こう述べながら、ハイデガーは、この存在論的な問いが脇に追いやられてきたという事実について何度も言及している。このような状況は、〝科学的態度〟が、実存論的分析のより〝本源的な〟特性に比べて、実際のところ派生的で劣ったものにすぎないというハイデガーの見解をさらに強める傍証となる。このように、実存論的分析は、科学的な主張の提示に際して、まず依拠すべき本質的な〝根拠〟にほかならない。このように科学的態度は、実存哲学の存在論的な見解とは対照的に、単なる〝二次的な〟真理を産出しうるにすぎないのである。

原則的には、『存在と時間』の純粋に形式的な〝実存範疇〟が、実践的な生の領域におけるその実質的現実化の方向性を予め決定しているというわけでは必ずしもない。形式的に考えるならば、実質的現実化の方向性は、解釈の多元性と、無数の事実的な〝存在的《オンティック》翻訳〟とに対して開かれている。

だが、実際のところ、前述の〝実存範疇〟は、基礎的存在論という企図そのものから我々が察するほどには、本質的に純粋でもなければ、本来的に形式的なわけでもないようである。ほかならぬハイデガー本人が、『存在と時間』の中で「現存在の実存に対する我々の存在論的解釈の根底にある、本来的実存、すなわち現存在の事実的理念を把握する画定的な存在的方法というものが存在する」と述べている。またハイデガーは続けて、この〝事実〟を「我々が研究のテーマとしている対象の観点から見た積極的必然性」と呼んでいる(3)。ここでハイデガーが言おうとしているのは、『存在と時間』のカテゴリー的枠組そのものが、歴史性という彼独自の概念と矛盾しないやり方で、歴史的に解釈されなければならない、ということなのだろうか。言い換えるならば、実存論的分析論は、純粋に形式的なものではなく、むしろ歴史的決定性の浸透を受けている、ということなのだろうか。そして、ハイデガーの言わんとするところが実際にこうだとすれば、『存在と時間』の実存論的分析の根底にあった〝現存在の事実的理念〟に関するハイデガーの見解を、どのように具体的に解釈すればいいのだろうか。ワイマール期の保守革命派の世界像が、一九二七年のハイデガーの作品の実質的な歴史的決定性を大きく規定したという可能性はあるのだろうか。ハイデガー自身が『存在と時間』を発表した後、数年間で本来的現存在に関するある特定の〝事実的‐歴史的な理念〟、すなわちドイツにおける〝国民的覚醒〟と緊密に結びついた理念を採用するにいたったこと、このことは我々の知るところである。本来的現存在が政治的な概念へと向かうこの新たな転回の進展を注意深く辿ることで、我々は、本来性や日常性、それに〝自分の英雄の選択〟等のハイデガー的な概念が常に前提としている事実的な実存論的理念について、もっと具体的に理解することができるのではないだろうか。

周知のようにハイデガーは一九二九年に深刻な個人的な危機に陥っている。この危機は、一つには『存在と時間』で表明した立場に対してハイデガー自身が懐疑を抱いていたことに起因していた。同書の第三部「時間と存在」(「存在の問いの超越論的地平としての時間の究明」)――この作品の出発点である〝存在の意味〟に関する問いへの解答がそこで示されるはずであった――は、未だ書かれぬままであった。現存在の分析論は、その探求において中心的な位置を占めてはいたが、実は、存在の問いそのものを適切に提起する際の基礎となる準備作業の一環に過ぎなかったのである。だが、ハイデガーは次第に、実存論的な議論の出発点そのものの方法論上の妥当性について考え方を改めるようになった。とりわけハイデガーは、まさに彼自身が乗り越えようと取り組んできた形而上学的な立脚点に対する過度の依存によって、『存在と時間』の概念的な枠組が台無しになることを恐れていた。彼が『存在と時間』で推し進めようとしていた真理の概念は、ソクラテス以前のアレーテイアの概念、すなわち、現象そのものの不覆蔵態としての真理の概念であった。このようにハイデガーは、真理を〝命題における合致〟と捉える一般的な西洋哲学の真理概念、つまり真理を〝正しい言明〟という観念と結びつける真理概念に対して、抵抗を試みたのである。ハイデガーの見解によれば、伝統的な西洋の真理概念は、過度に人間中心主義的なものであった。あるいは重要論文『真理についてのプラトンの教説』(一九三一―三二年)において彼が批判的に述べているように、「〝見ること〟の正確さとしての真理は、存在物に対する人間の態度を示すものとなる」[4](強調、ウォーリン)。すなわち、不覆蔵態において自己を示すという存在物の現象能力を、最終的には圧殺してしまう態度を示すものとなるのである。

ハイデガーが『存在と時間』の基礎的存在論を過度に形而上学的であると考えていたのは、まさに次のような意味においてであった。すなわち、現存在の分析論の全体が、依然としてあまりにも〝存在物に対する人間的な態度〟に依拠しすぎており、自らを示すという存在物の現象学的な能力に対して、あまりにも配慮が不十分だったのである。基礎的存在論によってハイデガーが意図したのは、〝現存在の可能性の条件〟が〝存在の可能性の条件〟一般を表わしていることを、超越論的な精神において証明することであった。この点において、探求の実存論的な側面は、存在論的な側面よりも優位に立っていた。こうした信条の最も明快な定式は次の観察に見ることができる。「真理は、現存在が存在している場合に、かつその場合にのみ、〝与えられている〟。個々の存在物は、そもそも現存在が存在している場合に、かつその場合にのみ、発見され開示されている」[5]。しかしながら、ハイデガーの結論は次のようなものであった。すなわち、存在の意味の問いを実存論的に基礎づける試みにおいて、形而上学的な人間中心主義との訣別は、十分なものとはならなかった。従って、『存在と時間』の立場——実存哲学に基づいて存在の意味を再提起する試み——そのものが再考されねばならない。あるいはペゲラーが述べたように「ハイデガーは、存在の形而上学的理論を基礎的存在論によってその地盤へと戻す試みに、失敗したのである」[6]。

明らかに極めて念入りな準備と予備考察の上で執筆された著作が、その著者の目の前で、かくも本質的な問題——ハイデガーの哲学的な企図の名目上の存在理由であり、目的でもあったはずの存在の問い《ザインスフラーゲ》それ自体——との関連で破綻したこと、このことは一見、奇妙に思われるかもしれない。しかし、『存在と時間』におけるハイデガーの意図を注意深く追えば、そこには根本的な方法論的曖昧さがあったことが分かる。この曖昧さは、一方の実存論的分析の次元と他方の形而上学的な真理探究の次元という、二つの探求の次元の関係についての哲学者ハイデガー自身の明白な優柔不断さを反映している。

しかし、この問題にはまた別の理解の仕方もある。蓋し、基礎的存在論の本質的な二つの構成要素——実存哲学と〝存在の意味〟の探求——は、そもそもはじめから相反する目的であったのである。実際、おそらくハイデガー自身が二つの全く異なる企図を念頭に置いていた。すなわち、〝現代〟およびその様々な非本来的発現形態に対する強烈な歴史的告発を提示することと、前例がないほど根本的なやり方で存在の真理に関する形而上学的な問いを提起することである。そして問題は、こうした二つの意図が本質的に両立不可能なものであり、さらには相互に矛盾していることが判明したことに存する。一方が極めて歴史的で〝事実的〟、そして時間論的に方向づけられているのに対し、他方は非歴史的で、形而上学的な第一哲学《プリマ・フィロソフィア》の一典型であった。基礎的存在論という企図のまさにこうした二つの側面の調停不可能性ゆえに、ハイデガーが最終的には挫折感を味わう羽目になった可能性は高い。『存在と時間』は、まさに(解釈学的循環という)円を正方形にしようという試みであった。すなわち、それは、歴史的に蓄積された知識を基にした人間の有限性に関する分析を土台として哲学的存在論(ハイデガーの〝新スコラ主義〟)の言葉を再生する試みにほかならなかったのである。しかし、存在論的であることを意図された有限性分析は、それ自体、直接的な歴史的現在の要素による浸透を被る。結局のところ『存在と時間』は、基礎的存在論の研究であると同時に、ラディカルな文化批評《クルトゥーアクリティーク》の実践でもあるということになってしまう。そしてその近代の欠陥に対する全面的な批判において、『存在と時間』はまさしく戦後ドイツ精神が典型的に生み出したものの一つであった。一九二〇年代末から三〇年代初めのドイツ知識人のあいだにこの著作が強烈な共鳴を引き起こした理由は、少なからずこうした事情にある。

一九二九年のハイデガーの個人的／形而上学的な危機は、世界の危機と重なっていた。すなわち、同年の株式市場の暴落とそれに伴って始まった不況である。オットー・ペゲラーの近年の証言が示すところによれば、こうした状況の転回は、以降のハイデガーの思想の発展にとって決定的な意味を持つものであった。(7) こうした個人的な運命と歴史的な運命との不吉な絡み合いの直接の結果として、ハイデガーは、すでに『存在と時間』に予示されていた近代批判に没頭し始める。『存在と時間』においては未だ極めて暗示的であったことが、今や十二分に明示的になった。この時期以降、存在の意味についてのハイデガーの省察は、西洋の運命やヨーロッパ的な現存在の危機に関する切迫した歴史的問題と緊密に結びつくようになる。(8) 彼の考えによれば、こうした危機に対する解決策を見つけるためには、〝真中に位置する民族〟としてのドイツ民族の歴史的役割こそが、決定的に重要であった。『存在と時間』の枠組は決して放棄されたわけではない。だが、それは修正されたのである。とりわけ、一九二九年から三二年にかけて執筆された三つの重要な論文において、このことは顕著である。〝実存哲学〟から〝存在の歴史〟への力点の変化を示している三つの極めて重要な論文、それは『形而上学とは何か』『真理の本質について』、そして『真理についてのプラトンの教説』である。『存在と時間』での現存在についての過度に主観主義的な記述に対するハイデガーの自己批判は、明白な政治的内容を与えられる。すなわち、『存在と時間』で詳細に展開された非歴史的で個人主義的な現存在の概念が、一九三二年前後に、(9) 集団主義的な修正を施される。本来性・歴史性・命運といったカテゴリーの実存論的〝担い手〟は、具体的な、すなわち事実的 - 歴史的な状況にあるところのドイツ民族《フォルク》となる。

『存在と時間』発表の後、数年間、ハイデガーの関心は専ら同時代の歴史的な危機の哲学的含意に向けられていた。そして、この時期に、彼は保守革命派の主導的な思想家――シュペングラー、ユンガー、それにクラーゲス――の研究に没頭している。ペゲラーによれば、すでにハイデガーのフライブルクでの初期の講義において、シュペングラーの『西洋の没落』への言及が数多くなされていた(10)。

ヨーロッパ的人間性の危機が持つ歴史的‐哲学的な含意に対するハイデガー自身の関心が本物の強迫観念へと化したのは、まさしくこの時期であった。果たして基礎的存在論の立場は、この危機を克服する客観的な可能性を明確に示すことができるのだろうか。戦間期のドイツ知識人のあいだに流布していた生の哲学《レーベンスフィロゾフィー》によって鼓舞された文化批評は、どの程度、この危機を理解する手助けとなっているのだろうか。あるいはもしそうでないとしたら、こうした問題をこの立場がその形而上学的な〃本源性〃において語ることができないのは、具体的にどのような欠陥によるものなのか。

一九二九―三〇年冬学期のハイデガーの講義――『形而上学の根本諸概念』――は、こうした問題をまさにその根本から提起する試みであった。この講義においてハイデガーは、一方の〃精神〃および〃知性〃と、他方の〃魂〃および〃生〃の対立を出発点としていた生の哲学が提示した近代批判を論じている。ハイデガーによれば、こうした立場の代表的な人物は、シュペングラー、クラーゲス、シェーラー、そしてレオポルト・ツィーグラーであった。彼らの哲学が憂えているのは、近代生活においては前者の組の言葉〔〝精神〟と〝知性〟〕が後者の組の言葉〔〝魂〟と〝生〟〕の犠牲の上に繁栄しており、結果として、文化に対する敵意《クルトウーアファアイントリッヒ》が、魂を欠いた機械的な文明《ツイヴイリザツイオーン》が圧倒的勝利を収めていることであった。

ハイデガーは確かに、こういう思想家に共感してはいたが、彼らの問題提示の仕方に深みが欠けており、十分に根本的ではないと考えていた。彼らの問いかけの起点は〝存在の問い〟ではなく、〝存在物〟の問い、すなわち個人的な〝価値観〟の問いであった。彼らの立場は〝価値哲学〟であり、そこにおいては〝魂〟や〝生〟のカテゴリーと、〝精神〟や〝知性〟のカテゴリーとが抽象的に対置されていた。同時代の歴史的危機を、互いに衝突し合う〝世界像〟ないし〝価値観〟のうちの一つと捉えることで、結局のところ彼らの努力もまた単なるこの危機のもう一つの発現となってしまっている。すなわち彼らは、ただ新しい生の体系を採用しさえすればこの危機を克服しうるという浅薄な思いこみを広めているにすぎない。それも、ハイデガーの考えでは、もっと徹底した〝運命的な《シックザールハフト》〟生の転換こそが決定的に重要であるにもかかわらず、である。ハイデガーによれば、同時代の歴史的危機の本質に対するニーチェの洞察――特に生に対するアポロン的態度とディオニュソス的態度というギリシア的な二分法についての彼の議論――は、これとは比較にならないほど深いものだった。ニーチェの二分法に比べると、〝知性〟対〝生〟という生命論者《ヴァイタリスト》の二分法は派生的で内容の貧弱なものにすぎない(11)。

ヴィンフリート・フランツェンが示したように、一九二九―三〇年のハイデガーの講義は、『存在と時間』における準形式的な分析と一九三三年の総長就任演説《レクトラーツレーデ》において深められる明らかに政治的な定式とのあいだの、決定的に重要な過渡的段階を示している。『存在と時間』の実存論的分析が明確な世界観へと結晶化したのはこの時期であった。あの一九二七年の作品での本来的実存についての単なる暗示的なおしゃべりが、ここにおいて実質的な内容を与えられる。『存在と時間』においてハイデガーが同作品の根本的な基盤としてほのめかしていた〝現存在の事実的理念〟が、ここではじめて具体的に明らかにされるのである。そして同じく、この数年のあいだにナチスが単なる愚連隊から合法的な大衆政党へと変貌しているが、偶然の一致にしてはあまりに話ができすぎている(12)。

ハイデガーの認識を最もよく示しているのはこの講義の第三八節であり、そこで彼は〝全体の本質的な困窮《ノート》〟と〝現代の我々の現存在における本質的な困窮の欠如〟について論じている。状況はあたかも、第一次世界大戦で生じた実存論的なトラウマの風潮が、ヘーゲルの言う量から質への変化を被ってしまったかのごとくであった。ハイデガーは憂う、「ありとあらゆるところに、混乱と、危機と、破滅と、困窮が生じている。すなわち、今日の社会的貧困、政治的混乱、学問の無能、芸術の空疎化、哲学の地盤喪失《ボーデンロージッヒカイト》、宗教の無力」と。しかし、本当に問題なのは、こうした危機の個々の現象がすべて認識されているにもかかわらず、提示されている対応策が依然として困窮そのものと結託していることである。〝困窮〟の個別的な現象形態に〝対処〟する様々な試みは、一般的な困窮の真の根底的特質を見落としてしまっている。「個々の困窮に対する神経質な対策が、全体の困窮の正確な把握を妨げている」(13)。

現に〝困窮〟はいたるところに見ることができた。だが、〝現存在の本質的な困窮〟の意識だけが欠落していた。ハイデガーによれば、この意識だけが〝行動の本質的な方法としての根本的統一〟であるところの〝共同体〟の発生を準備するものであるにもかかわらず、である(14)。ハイデガーの見るところによれば、「我々の現存在には神秘が欠けている。だからこそ、あらゆる神秘が内包する恐怖、現存在にその偉大さを与える恐怖が、欠落してしまうのである(15)」。今日の政党やその綱領が示す組織や忙しい業務は、全て、こうした困窮を隠蔽することにしかならない。それは『存在と時間』において述べられていた、日常性の無目的なざわめきが実存論的な不安《アングスト》の本質的な本性を覆い隠すことにしかならないということと全く同様である。こうした隠蔽が結果としてもたらすのは〝安全性《ゲファールロージッヒカイト》に対する一般的な満足〟、つまりは危険を冒す覚悟や勇敢さの欠如である。こうして「我々は、自らの存在の基礎において、強くあることが必要だとはもはや考えなくなる(16)」（強調、ウォーリン）。ハイデガーは嘆く――「我々の関心は既得の才能や技能にしか向けられていない。しかし、力や権力《クラフト・ウント・マハト》を利殖や資産などで代用することは断じてできない」。

〝政党〟や〝綱領〟が無効であるという批判、〝強さ〟や〝力〟〝権力〟が必要であるというアピール、それに〝本質的な困窮〟や〝極限的要求〟が不在であるという嘆き――この全ての点において、ワイマール共和国の生の状況に対するハイデガーの激しい軽蔑は、ブルジョア的常態《ノーマルシー》に対する保守革命派の拒絶と、実質的に一致する。その批評において、ハイデガーは本質的に『存在と時間』のカテゴリー的枠組――とりわけ本来性と非本来性という中心的な対概念――を用いてワイマールの〝日常性〟を考察し、その〝日常性〟がひどく貧しいことに気づいた。ワイマールの常態は、実際、全般的な〝困窮〟の状態にあった。いかなる偉大さも知らず、いかなる危険も冒さず、〝決断〟を回避するワイマールの常態は、ハイデガーの目には非本来性の権化ともいえる状況であった。この点においてハイデガーと保守革命派の思想家たちは完全に見解を一にしている。「ギリシア人の英雄主義は、アジア主義との闘争の中にこそ存する。彼にとって美は、才能やロゴスや習俗の自然性などとして与えられたものではない。美は、征服され、意志され、争奪されたのである。つまりそれは彼の勝利にほかならない」[17]（「勝利」という語以外の強調、ウォーリン）というニーチェの一節を特別な賞賛をこめつつ引用したとき、哲学者ハイデガーは、国家社会主義によるブルジョア的常態の一掃へと何の障害もなく流れ込んでいく新ナショナリズム文化批評の愛国主義的な伝統の危険区域に、一歩足を踏み入れてしまったのである。

フランツェンの見るように、ブルジョア的な〝日常性〟の条件に対するあからさまな嫌悪と結びついた過激な危険行為への生命論的な傾向が、「国家社会主義的心性の最も重要な構成要素」[18]の一つであったことはほとんど疑いを容れない。そして、ハイデガーがこうした文化批評のプログラムから論理的に導き出される政治的な帰結へとたどり着くのにも、さして時間はかからなかったはずであろう。

「能動的ニヒリズム」から「総動員」へ

一九三六年にローマ近郊で交わされたハイデガーとの会話の中で、カール・レーヴィットは、ハイデガーの哲学と彼の国家社会主義に対する政治的な支持のあいだに何の本質的なつながりもないという最近の報道に対して、異議を表明している。むしろ、レーヴィットによれば、彼のかつての師ハイデガーの「国家社会主義に対する支持は、彼の哲学の本質に含まれている」。そして、この主張に対しハイデガーは「留保ぬきに」同意し、「自分の政治への〝関与〟の基礎には、自分の〝歴史性〟の概念があるということをつけ加えた」[19]。

「ハイデガーとの最後の会見」についてのレーヴィットの記述が目を引くのは、単にそれが哲学者ハイデガーの政治的な伝記を正しく理解する上で決定的に重要な情報を与えてくれるからではない。ここには、自分の政治的な信念が自分の哲学から直接生じてきたのだということ、そしてさらには、ナチズムの側に自分が〝関与〟した明確な理由が『存在と時間』で入念に仕上げられた〝歴史性〟の概念であったということ、この二つのことについてのハイデガー自身の驚くべき確信が述べられている。ハイデガー自身の見解がそもそも極めて明瞭ではあるが、このことについては最も説得的だと思われる一つの解釈がある。

『存在と時間』において、歴史性のカテゴリーとは、現存在が予め与えられているある一つの歴史的連続体——〝命運〟——の中に没入しつつ、同時にその歴史的伝統とその内容を構成的に再充当していく必要性のことを指している。歴史性という概念には（すでに第二章で論じたように）、空虚な自己言及性の状態にとどまるかぎり、つまり最初は〝良心の呼び声〟によって示される孤立した自己性の状態にとどまるかぎり、自律的で個人的な現存在は実存論的実現にたどりつくことができない——つまり本来性に到達できない——ということが含意されている。ヘーゲル的な用語法では、この状態は『精神現象学』における〝自己意識〟の始まりである〝自己確信〟の、すなわちフィヒテ的な〝我＝我〟の弁証法を想起させる。本来的な現存在は〝自己を選択〟しなければならない。しかし、衰弱の危険性を孕んだ実存論的なナルシシズムに陥ることを回避するためには、この〝自己の選択〟に関する決断そのものが、一定の明確な内実を得なければならない。そして、こうしたジレンマに対するハイデガーなりの〝答え〟の一つが、歴史性のカテゴリーであった。すなわち現存在は、自己をある特定の歴史的連続体に没入させることによってのみ、自己言及的な抽象の危険性を回避できるし、また、その覚悟性に世界へ向かう際の具体的で物質的な基礎を与えることもできるのである。

歴史性というカテゴリーと一九三〇年代における自らの政治への関与との関係についてハイデガーがレーヴィットに述べた意味深長な発言は、このような意味においてこそ理解されなければならない。ハイデガーの国家社会主義への政治的決断は、『存在と時間』のカテゴリー的枠組の実存を賭した現実化にほかならない。とりわけそこには、この哲学者が本来性のカテゴリーに一定の実質的な歴史的規定性を付与する際のスタイルが現われている。このように、ハイデガーが何の躊躇もなくドイツ民族の運命に自己を没入させていった根底には、ほかならぬ歴史性のカテゴリーがあった。こうした意味において、『存在と時間』の一見したところ個人主義的な枠組と一九三〇年代初めのハイデガーの政治的立場とは決して矛盾するものではない。というのは、個人が積極的に自己を超個人的な歴史的命運に服従させなければならないということを、歴史性のカテゴリーそのものが究極的には要求しているからである。

ハイデガーの哲学とその政治への関与との関係の検討において、我々は、もう一つ、厄介な矛盾に直面する。一方で『存在と時間』の実存論的分析論は非常に形式的かつ抽象的なので、様々の実存的な読解と翻訳を許容している。すなわち、実際のところ、存在の呼び声、本来性、覚悟性といったカテゴリーを基礎として築き上げられたハイデガーの実存論的枠組から考えるならば、この哲学者が選ぶ方針は、ナショナリストの革命ではなく、ボルシェヴィストの革命だということになるだろう。[20]ブルジョア的常態に対するその批判は極めて徹底したものであり、その要求を満たしうるのは、根本的な歴史的逸脱という政治的態度だけであろう。従って、こうしたアプローチによれば、政治的方針としてリベラルデモクラシーという現状に甘んじることだけはアプリオリに排除されねばならない。何故なら、この体制には平凡で非英雄的な日常性の支配しか見あたらないからである。他方、もし本当に初期のハイデガーに——そして『存在と時間』の枠組そのものに——すでに論じたように保守革命派の世界観の構成要素が数多く含まれているとしたら、『存在と時間』の〝形式主義〟は、実際には一般に考えられているほど重要性を持っていないということになるだろう。そして、もしそうであるとすれば、ハイデガーの政治への関与は、実際問題として、彼自身の理論的立場のイデオロギー的な含意によって決定的に条件づけられていた、ということになる。

すでに述べたように、ハイデガーの保守革命派の立場への関心は、一九二九年の世界的な経済的危機によって高まった。これ以降、次第にワイマール体制の政治的安定に陰りが見え始め、多くの人々の目には、展望としては権威主義的な統治の方が信頼でき、かつ望ましい選択肢であると映るようになった。しかし、この時点では未だ単なる曖昧模糊としたものに過ぎなかったハイデガーの政治的な世界観の結晶化を促進したのは、一九三〇年代初頭におけるエルンスト・ユンガーの著作との決定的な出会いであった。ペゲラーによれば、ハイデガー自身、自分がこの時期以降、ユンガーの著作を基にして同時代の歴史的状況における政治的含意を了解するようになったと何度かほのめかしたことがあるという(21)。その一例が『総長職　一九三三―三四年――事実と思想』という文書(一九四五年、フライブルク大学での非ナチ化委員会による事情聴取の過程で執筆された)であり、ハイデガーはそこでユンガー理論の重要性に関して次のような考えを述べている。

当時[一九三〇年代初頭]の歴史的状況に対して私はすでにある見方をとっていましたが、それに関して参考になることを述べておきます。一九三〇年に「総動員」に関するエルンスト・ユンガーの論文が発表されましたが、この論文には一九三二年に刊行される彼の『労働者』の概略が詳しく述べられていました。私は当時、助手の[ヴェルナー・]ブロックと一緒に、小さな集まりで、これらの作品を論じました。私は、これらの作品の中にニーチェの形而上学に関する彼の本質的な理解がどのように表現されているかということを、西洋の歴史と現今の状況がこの形而上学の地平から考察し予見されている限りにおいて、明らかにしようと試みました。これらの作品をもとにして、またさらに本質的にはこれらの作品の基盤をもとにして、我々は来るべきものについて省察しました。つまり、我々はそれによって後者の問題〔西洋の未来〕への対処を試みたのです。当時、これらの作品を読んだ人は他にもたくさんいましたが、しかしながらこれらの作品は人々の関心を引くような他の数多くの本と同列に扱われ、その真の重要性において理解されることはありませんでした。(22)

ここでのハイデガーの説明で非常に重要なのは、彼が次のことを明言していることであろう。すなわち彼によればユンガーの著作の重要性は、それが同時代の歴史的状況——西洋の命運——に対して緊急になすべきことがらを、ニーチェの形而上学のユンガーなりの了解に基づいて、把握している点にあったのである。

周知のように、三〇年代後半になるとハイデガーは、〝ニーチェの形而上学〟の価値に関して非常に批判的な判断を下している。また、この時期(一九三九—四〇年)、ハイデガーは再び『労働者』を読む私的な集まりを開いているが、ユンガーの歴史的な見通しに対する彼の評価もこれに対応して極めて大きな変化を被っている。しかし、前述の文書でハイデガーが述べているところによれば、この時期を通じて、ニーチェとユンガーの両者に対するハイデガーの態度は、無条件の熱狂的な賛美であった。ペゲラーが指摘するところによれば「『存在と時間』の発表直後から数年で……ニーチェはハイデガーにとって決定的に重要な存在となった(23)」。さらに重要なことに、ハイデガーは、この二人の〝本質的な思想家〟の著作で示されていた近代に対する診断を、西洋文明の命運と未来に関する正当な予言であると見なしている。加えて、ハイデガーは、自らのナチへの加担を思想的に正当化する根拠を、まさしくこの二人の思想家が〝西洋の危機〟に対する解決策として提示したところの〝英雄的ニヒリズム〟の理論に求めている。

ニーチェの〝近代に対する診断〟は彼の作品《ウーヴル》のいたるところに読みとることができるが、その中で、このテーマに関する最も強力な議論――そして明らかにハイデガーに最も強烈な衝撃を与えた議論――は、『力への意志』の「ヨーロッパのニヒリズム」という一節である。この文章に鳴り響く西洋の伝統的な価値観――哲学的、宗教的、美的、そして政治的な価値観――に対するニーチェの告発は、ドイツの保守革命派の世代全体のみならず、ハイデガーの共有するところでもあっただろう。そしてこうしたドイツの右翼急進派の世代にとっては、西洋近代の多様な〝困窮〟が、誕生して間もないワイマール共和国の日々の現実において、過度に集中的に発現しているように映ったのである。

しかし、近代的な〝ニヒリズム〟に対するニーチェの分析の真に挑発的な側面は、〝受動的〟ニヒリズムと〝能動的〟ニヒリズムという対立概念にこそ存する。受動的ニヒリズムとは、すでに相当腐敗の進んだ西洋の伝統的な価値観に空しく固執している人々全ての特徴のことを指す。こうした価値観の信奉者は、西洋的なヒューマニズムの信念体系一般とともに滅んでいくよう運命づけられた〝凡人〟にほかならない。これに対して能動的ニヒリズムとは、〝落ちていくものがあるならば、後ろから押してやるべきだ〟ということを理解している優れたタイプの人間が持つ洞察のことである。この立場からすれば、価値の腐敗が進行していく過程は、悲嘆すべきものではない。むしろ、古びてしまった伝統的な制度や価値観がその全ての信用を失うまでに朽ち果ててしまった後に現われる、歴史的な偉大さという新たな機会を待望しつつ、この過程を歓迎しなければならないということになる。ニヒリズム時代以後の価値観は、自堕落な歴史的現在から否定的《エクス・ネガテイボ》に導き出すことができよう。すなわち、謙虚さではなく剛胆さ、同情ではなく冷酷、弱者のデモクラシーではなく強者による支配、近代の小心な合理主義に対する衝動と身体的欲望の勝利である。〝人間に自らの自然的な衝動に従う勇気を取り戻させる〟必要性だけでなく、〝あらゆる種類の苦悩と罪を観照する自発的な欲求〟をニーチェが唱えるとき、そして、ニーチェが〝権力の度合い以外に、生において価値を持つものは存在しない〟と主張するとき、ニーチェの関心と用語法は、『形而上学の根本諸概念』およびそれ以降の多くの作品でハイデガーが用いたそれと、全く同じものになってしまっているのである。[24]

一九二九年頃、ハイデガーはニーチェに代わって意識的な、すなわち実存論的な〝決断〟を下した。[25] 一九三三年の総長就任演説でハイデガーがほのめかしたように、〃神の死〃に関するニーチェの予言的な言葉は、それまで生に意味を与え続けてきた全ての価値観が根拠と実体を喪失してしまったということを意味していた。あるいはハイデガーならば、ニーチェの言葉に次のような注を付したであろう。「これは、超感性的な世界、特にキリスト教的な神の世界が、歴史におけるその影響力を喪失したことを意味する」[26]。ニーチェと同じくハイデガーの認識においても、切迫した〃あらゆる価値観の問い直し〃は、ドイツ人もまた大規模な、実存論的変容の前に立たされる――〃われわれの固有の現存在そのものが一つの大きな変化に直面する〃(unser eigenstes Dasein selbst vor einer grossen Wandlung steht)――という可能性を予告していたのである。[27]

しかし、ハイデガーの政治的な世界像の形成にさらに直接的な衝撃を与えたのは、ユンガーの作品であった。ニーチェが一般的な歴史的‐形而上学的な言葉で〃ニヒリズムの危機〃の本質を明確化しえたのに対し、ユンガーはニーチェ的な立場を起点として、そこから首尾一貫し、大胆不敵で、予言的でありながら、なおかつ潜在的な戦慄を秘めた具体的な社会政治的結論を何一つ臆することなく導き出したのである。

『総動員』は、〃能動的ニヒリズム〃の一つの実践であった。[28] それは世界戦争の時代における全体的な組織化へと向かう傾向という観点からユンガーが定義した、近代世界の〃宿命性〃を捕捉するという半ばニーチェ的な試みであった。数十年のあいだ、ドイツ・ロマン派の反資本主義的な思想家たちは皆、政治的な右派と左派とを問わず、官僚的な資本主義の超合理化・機械化された、魂の無い世界の勝利を嘆き続けてきた。だが、彼らの悲嘆は結局のところ、無意味な空騒ぎの域をほとんど出るものではなかった。彼らの望んだ代案――共同体《ゲマインシャフト》という神話化された状態への回帰――は、ほとんど説明の不要な理由で、歴史的に実現不可能なものであった。一九二〇年代の終わり頃、こうした共同体対社会《ゲゼルシャフト》という古びた二分法を再評価するドイツの新《ネオ》ナショナリストの知識人たち――とりわけ、第一次大戦での敗北が瞼に焼きついている年少の世代から現われてきた者たち――が数多く登場してきた。ドイツの敗戦で自らの見解に対する〔ロマン派のような〕陶酔から覚めていたがゆえに、彼らのたどり着いた結論は次のようなものであった。すなわち、ドイツにとって必要なのは、近代的な共同体、すなわち生の全ての領域における最先端の技術的手段の利用をその構造的な特質とする共同体にほかならない。(29) おそらくエルンスト・ユンガーは、シュペングラー同様、こうしたグループの中で最も影響力のある思想家であった。

ユンガーは『総動員』と『労働者』の両方において、近代社会の本質を、生のあらゆる側面の軍事化という観点から捉えている。近代の独自性とは、〝戦争〟と〝平和〟との差異が消失してしまったことに存する。つまり、今や〝平和〟とは次の戦争のための入念な準備を意味している。ユンガーはクラウゼヴィッツを次のように転倒させる。すなわち、近代世界において、政治は他の手段による戦争の継続となる。こうした闘争の新しい現実ゆえに、社会はまるごと軍事モデルに合わせて作り上げられる。あるいはユンガーの観察によれば、戦場で対峙する軍隊のほかにも、近代的な商業の軍隊、食料生産の軍隊、軍事産業の軍隊等の全般的な労働《アルバイト》の軍隊が発生してくる。すでに第一次大戦の末期において、社会生活――ミシンを使う家庭の主婦に至るまで――の中で、総力戦へと向かう趨勢と無関係な要素など、ほとんど存在していなかった。

戦時下の工業国を火山のごとく巨大な炉へと変えてしまう、こうした潜在的なエネルギーの全体的組織化において、〝労働の時代《アルバイッツアイトアルター》〟の始まりはほとんど衝撃的なまでに明らかである――その到来は世界大戦をフランス革命よりも大きな意義を持つ歴史的現象にしてしまう。かくも大量のエネルギーを全開にするには、もはや重工業の動員だけでは十分ではない。というのは、まさに生活の主要部分、その最奥の部屋における戦争の準備が必要になるからである。そのような準備を可能にするのが総動員の課題である。総動員とはつまり、近代生活の高度に多様化、複雑化した力の供給を、制御盤上での一度の操作で、好戦的《クリーゲリッシエン》なエネルギーの巨大な流れへと送る行為のことである(30)。

〝労働者〟とは、〝総動員〟の時代に対応して登場した新しい社会類型である。労働者とは、総動員という機械を動かしている自己犠牲的な歯車である。軍事化の論理が社会全体に貫徹するのと全く同様に、仕事場の組織化は、逆に生の全ての領域に浸透する。社会が本質的に、戦争を唯一の〝生産物〟とする巨大な工場へと化してしまう。近代の全体的国家は、戦争と平和との、兵士と一般人との区別を無くしてしまった。こうして近代国家においては、工業労働の課題が近代的な戦争の要請と完全に結びつく。労働者は実際には〝労働者的兵士〟となり、他方、兵士は同じく〝兵士的労働者〟となる。総力戦の時代的な要請により、社会生活の全ての側面が計画化を余儀なくされる。この文脈からすれば、ユンガーがソ連の〝五カ年計画〟に対して賛美を惜しまなかったのは決して偶然ではなかった(31)。ユンガーの描いた構図において、労働者は近代生活の新しい英雄であった。そして彼の議論の中心にあったのは〝労働者の形態《ゲシュタルト・デア・アルバイター》〟の概念である。この観念を持ち出すことでユンガーは、自分の描く未来社会において所詮はのらくら者同然となる階級の人々に、高次のプラトン的実体を付与するという不誠実な試みを行っている。結局のところ、ユンガー自身が躊躇なく認めるであろうが、全体の〝最高位の設計者〟の役割を果たすのは、究極的には〝国家〟――あるいはその頂点に立つ全体主義的支配者――にほかならないのであった(32)。

　ユンガーの散文の文体には相変わらず読む者を酔わせるようなところがあった――これまでに例のないほど完成された虐殺の美学がそこにはあった(33)――が、その作品が伝えようと意図している粗暴な政治的主張は、穏やかに言い換えることなど決してできないようなものであった。すなわち、全体主義的国家こそが唯一、総力戦の時代にふさわしい政治形態であるという好戦的な主張である(34)。そしてこの主張は、哲学的に変形されてではあるが、ハイデガーの政治的な自己理解に拭うことのできない決定的な影響を及ぼすことになった。

　しかし、我々の観点から見ると、近代に対するニーチェ的／保守革命派の批判を同時代のドイツの政治的文脈に適した言葉で敷衍するというユンガーの『労働者』での試みもまた、同等の重要性を持っている。この試みに際してユンガーは、正反対の二つの歴史的〝類型〟、すなわち労働者とブルジョアという基本的な二分法をこの作品で用いている。ユンガーの描くブルジョアの人物造形は、彼の描く労働者と同じく、非常に作為的で、その主な意図はイデオロギー的な目的のための手段となることである。すなわち、ブルジョアとは近代生活における凡庸で、小心で、自己満足的な全てのものの権化であった。ブルジョアとはまさしく一九世紀後半以来、ドイツの保守的知識人たちが罵倒してきた自由民主主義的で、個人主義的で、合理的な価値観のパラダイム――〝生〟に対する〝知性〟の圧倒的勝利――を象徴する人間像にほかならなかったのである。ユンガーの評価に従うならば、ブルジョアとは、ドイツが準軍事的な〝要塞国家〟となるのを妨げている全ての価値観を支えるスケープゴートを、戯画的に体現するものにすぎなかった。こうしてハイデガーの描く〝ブルジョア〟像は、保守革命派の近代に対する猛攻撃と合致する。ブルジョアは生まれつき臆病で、彼にとって勇気とか冒険は取るに足らないことがらに過ぎない。彼の生活は全体として、安全、安楽、物質的幸福の追求に費やされる[35]。彼こそは、ニーチェが『力への意志』において叱責した〝受動的ニヒリズム〟の朽ち果てつつある様々な価値観を具現する存在にほかならないのである。ハイデガーが近代という時代ならびにその非本来的な人間類型をかくも深刻なまでに愚鈍であると捉えた際、その基底にあったのはこれと同一の保守革命派の文化批評のプログラムであった。

ユンガーの労働者兵士の国家という建築学が、全体としてニーチェの強烈な影響の下にあった可能性は極めて高い。というのも『力への意志』には次のような一節があり、またユンガーがそれをよく知っていたことは間違いないからである。「労働者の未来に関して。労働者は兵士の如き感情を抱けるようにならなければならない。彼らに謝礼と俸給はあっても、賃金は一切与えられない。……労働者は現在の中産階級程度の生活ができるようにならなければならない。ただし、より高い水準で、つまり、より優れた身分にありながら、にもかかわらず欲求をほとんど持たないような在り方で。このように労働者は将来、質素になり、さらに簡素な生活を送るだろう。力だけが、彼らの唯一の所有物となる」[36](強調、ウォーリン)。

保守革命派世代の思想家たちが提起したのは、根本的にニーチェ的な問題、すなわちブルジョア的な社会秩序のニヒリスティックな状況の本質的な——つまり根本的な——克服は、いかにして可能か、という問題であった。一九三〇年代初めの作品の中でユンガーは、この問題に対する最も刺激的で首尾一貫した解答の一つを提示したが、彼の解答はある世代の右翼知識人全体に熱狂的に歓迎された。ユンガーによれば、自由主義体制における人間を無能にする断片化や分断を克服しうるのは、全体主義的な労働者社会《アルバイターゲゼルシャフト》だけであり、国家は専ら目的の統一性に結びつけられてこそ、現代の歴史的世界において必要とされる覚悟性や力を獲得することができる。ユンガーにとって、そのような政治的帰趨を左右するのは、選択や主観的選好ではなかった。むしろ近代の国民国家は、運命によって定められた半ばダーウィン的な状況に置かれている。こうした新しい歴史的条件から生じてくる動かすことのできない要請に素早く適応した国家だけが生き延びうる。このような宿命論が同時に、彼の予言の重大性を高めていった。社会生活の全体的な合理化が、不気味な修正を経て、今や〝新しい有機体論〟――〝近代的共同体〟――の全面的勝利を予告しているかのように思われた。主知主義、慎重さ、公平さといったブルジョア的な美徳は、今や闘争、危険、階層秩序などの英雄的な価値観に取って代わられる。ニーチェ的な〝受動的〟ニヒリズムと〝能動的〟ニヒリズムの対立は、好戦的な全体主義的国家の〝力への意志〟によって克服されるはずであった。

実際のところ、もしニーチェ本人が生きていたならば、自分の近代批判がこのように焼き直されることに対しては、極めて懐疑的になった可能性が高い。彼の著作は、ドイツ的なナショナリズムの浅薄さに対する皮肉たっぷりの嘲笑で満たされているし、戦士的エートスに対する彼独特の擁護にしても、そこで評価されているのは、まさに群衆の畜群的心性に対する優越にこそ真価を持つところの英雄的個人主義にほかならない。確かに振り返ってみた場合、〝超人〟と〝畜群〟というニーチェの二分法は、ナチの指導者原理《フューラープリンツィップ》の不吉な前兆という印象を拭いえない。しかし、ニーチェの考える超人の決定的な特質の一つは、これも印象的なものではあるが、集団主義的な企てへの参加に対する嫌悪感である[37]。そしてユンガーの理論に対するハイデガーの受け止め方もまた、素直な解釈ではなかった。それどころか、むしろハイデガーは、かなり独特な方法で、ユンガーの黙示録的な歴史的予言を、存在の歴史という彼独自の哲学的概念と統合しようとしたのである。

しかし、一九三〇年頃にハイデガーが近代の病理に対する保守革命派の解決策の方向へ転回した背景には、哲学に内在した重大な理由も関係していたのである。この事実は、とりわけ形而上学の歴史に関する彼の解釈の根本化において明らかである。『存在と時間』においてハイデガーは、近代的なデカルト的‐科学的アプローチが原因で形而上学が被っている凋落に対して、特に批判的であった。しかし、形而上学の企てそのものが取り返しのつかないほど損なわれているという見解も、そこにはほとんど述べられてはいなかった。実際、『存在と時間』は、古代哲学と近代哲学という哲学的伝統の二つの偉大な遺産の混合物として読まれる余地を十分に持っている。こうした観点から見ると、基礎的存在論とはまさしく、ある種の〝超越論的存在論〟を生み出そうという、アリストテレス的アプローチとカント的アプローチとの融合を意味している。すなわち、カント的な〝経験の可能性の諸条件〟は、もはや具体性を持たない精神的な諸カテゴリーに対応するのではなく、実存論的に基礎づけられるのである。

　しかし、たとえば一九三一―三二年の論文『真理についてのプラトンの教説』では、形而上学の遺産に対する、質的に異なった態度が現われている。今やハイデガーは、これまでよりもはるかに直接的なニーチェの影響の下、形而上学の全体を〝誤謬の歴史〟と見なすに至った。加えて、ニーチェに従いつつ、ハイデガーは〝哲学の堕落〟をデカルトにおける対象化の態度ではなく、形而上学の企てそのものの始まりに見出している。すなわち彼によれば、〝哲学の堕落〟は、まさにプラトンが形而上学的な真理の中身を、別世界の超感性的な領域に移してしまったときに始まった。原初のギリシア人のアレーテイア――〝不覆蔵態〟としての真理――の概念によれば、真理とはあくまでも人間が居住する領域内で絶えず開かれて現前しているものであった。だがこれに対してプラトンの洞窟の比喩は、真理を別の〝在処〟すなわちイデアの世界に位置づける物語を述べている。(38)

このように真理に関するプラトンの理論の物語に従うならば、「アレーテイアはイデアの支配の下に屈してしまう」ことになり、結果として、哲学とソクラテス以前の〝不覆蔵態としての真理〟という概念との関係が失われてしまう。「イデアこそが不覆蔵態を可能にする主人であると言うことで、プラトンは次の事実を、言われぬまま放置されていることの方へと払いのけている。その事実とはつまり、それ以後、真理の本質が、それを不覆蔵態の本質としての固有の本質的充実から自己を展開するのではなく、その在処をイデアの本質へと移動するという事実である」。このように新たに真知と〝イデア〟とを等式で結ぶことで「真理は正しさ《オルトテース》に、つまり何かを認識したり言明する能力の正しさになってしまう[39]」。すなわち、真理とは命題における真理になってしまう。真理とは、もはや存在物自体の属性――存在物が自らを隠したり現わしたりする能力という属性――ではなくなり、むしろ、存在物に対して〝判断〟を下す人間という〝主体〔主観〕〟の能力に依存するものになってしまう。あるいはハイデガーが述べるように「今後、真理の本質を鋳型にすることは、言明を通じた表象の正しさとして、西洋的思惟全体にとっての基準となる[40]」。

ハイデガーの〝不覆蔵態〟としての真理という概念の擁護と〝命題における真理〟に対する拒否は、数多くの的確な批判を浴びることになる[41]。しかしながら、こうした批判については後で検討することにして、目下の議論との関連で重要なのは、彼の形而上学批判を通じて議論がより根本的なものになるにつれて、同時代の社会文化的な危機の重大性に対する彼の認識が深まっていったことであろう。これ以後、ハイデガーは、こうした危機が単に近代世界の特定の欠陥だけに根ざしているわけではないということ、そして、その根は、西洋哲学そのものが最初に覚醒した時点にまで遡ることができるということを理解する。形而上学の危機は、たとえば伝統的な西洋の価値観の崩壊に反映されており、ハイデガーの目から見ると世界史的な本性を示していた。従って、この状況において必要とされる歴史的な転倒は、それ自体、地球規模の根本的なものでなければならない。政治的な解決策——そんなものが仮に見つかるとしてではあるが——は、それ自体、著しく形而上学的な特性のものでなければならない。すなわち、それは人間と存在の全く新しい関係を打ち立てなければならないのである。従って、それは非プラトン的なものでなければならない。それは、西洋を二五〇〇年ものあいだ支配してきた真理概念とは全く異なる真理概念を基礎とするものでなければならない。ゆえに、現存在の本来的な政治とは、プラトン以前のギリシア国家《ポリス》を、近代の衣装をまとわせた上で復興することにほかならない。というのは、専らそのような条件の下においてのみ、はじめて〝アレーテイアとしての真理〟という思想が栄えうるからである。

総長就任演説、あるいは「国民的覚醒の栄光と偉大さ」

ハイデガーの思想における保守革命派の次元と形而上学の次元との完全な融合は、一九三三年の総長就任演説『ドイツ大学の自己主張』に見出すことができる。レーヴィットによれば、この演説は、古典哲学の言語にナチのレトリックが大量に縫い込まれてあるため、話が終わった段階で「聴衆は、自分がソクラテス以前の哲学者のものを読むべきなのか、それともナチの突撃隊に参加すべきなのか分からなくなった」[42]という。

当時の政治状況を考えると、一九三三年五月のハイデガーの総長就任は、断じて罪のないものではなかった。彼の総長就任は、まだ成立したばかりのナチ独裁に、明示的にではないにせよ、文化的に立派な外見を提供するものであった。ナチ独裁下で学問の世界から転向した中では最も世評が高かったハイデガーは、まさに当時、その名声を最も華々しく轟かせていたのである[43]。大学生活の政治化をくい止めるために総長に就任したのだという彼の度重なる弁明(今やこのような弁明はファリアスやオットが集めた証拠によって容易に退けることができる)にもかかわらず、彼の総長就任が政治的な強制的同質化《グライヒシャルトゥング》の一環であったことは多くの人々の知るところであった[44]。

公的な発言の中でハイデガーが保守革命派の文化批評の言語から国家社会主義者特有の突撃《シュトゥルム・》と闘争《ウント・カムプフ》の語彙へと移行したのは、この一九三三年の総長就任演説においてである[45]。純粋なレトリック上の観点から見て、このことは十分に立証できる。この演説に〝人種〟問題に関する直接的な主張はないものの、ここでハイデガーが用いていないナチ特有の決まり文句はほとんどない。この演説の内容は、たとえば民族《フォルク》、ドイツ民族《ドイッチエス・フォルク》、民族共同体《フォルクスゲマインシャフト》、民族的《フォルクリッヒ》、〝大地と血の力《エルト・ウント・ブルートヘフティゲン・クレフテ》〟、服従者と指導者、〝運命〟〝使命〟〝困窮〟〝苦難〟などのカテゴリーをめぐって展開されており、〝意志〟〝本質意志〟〝覚悟性〟〝力〟について詳細な議論がなされている。この中には、別の歴史的な文脈の中におかれた場合には、何一つ物議を醸すことのない言葉もいくつか含まれている。しかしながら、一九三三年のドイツ——国民の中には褐色の制服を着た者たちがうようよし、帝国議会は壊滅状態にあり、議会の開催は延期され、労働組合は解体されていた——において、社会の状況はそのようなものでは決してなかった。

まず一方でこの演説は、まさに実存論的なカテゴリーとナチの雄弁とを前例がないような仕方で混在させていたがゆえに、単なる国家社会主義革命を讃える典型的な信仰告白——当時これは非常に広く行われていた——の一つにとどまるものではなかった。だが他方、こうした哲学的モチーフと政治的モチーフとの混交ゆえに、我々は、『存在と時間』のカテゴリー的枠組の完全な歴史的実現形態が、ほかならぬアドルフ・ヒットラーの全体的国家にあったのではないかという印象を受けるのである。

レーヴィットによれば、この総長就任演説は〝二流の文体の傑作〟であった[46]。実際、その徹底した簡潔さは驚異的であり、すなわちそれは、この哲学者自身にとって最も切迫した歴史的‐哲学的関心を、炸裂させるような一〇頁の文書に集約した、ある種の政治的‐哲学的宣言文であった。この演説には、実存主義的／生命論的な近代批判で用いられるおなじみの悲嘆の言葉——伝統的な学問や〝生〟から切り離された〝文化〟などの不毛さ、現代人に対する神からの〝棄却〟——が顕著に多用されている。ハイデガーにとって状況は、ほとんど終末論的であった。「西洋はその精神的な力を失い、ばらばらに解体してしまった。……老朽化した偽りの文化《シャインクルトゥーア》は崩れ落ち、全ての力を混乱に陥れ、それらを狂気の中で窒息させている[47]」。だが同時に、切迫した、積極的な歴史的解決の見通しもそこには示されている。すなわち〝自らの歴史的‐精神的使命[を成就せんとする]ドイツ民族の意志〟である。演説の末尾辺りでハイデガーは熱弁をふるっている。「我々の望みは、我が民族が自らの歴史的使命を成就することに存する。我々は自己であること欲する」[48](強調、ウォーリン)。ドルフ・シュタンバーガーは、この一節が集団的なナルシシズムの臆面もない公言であると論じている。[49] ハイデガーの主張は、その約二〇年前のシュペングラーの同じような声明「我々はもはや原理原則など望んではいない。我々は我々自身であることを欲する」[50]の単なる焼き直しにすぎなかったのである。

実際のところ、この〝歴史的使命《ゲシヒトリッヒャー・アウフトラーク》〟の所在はどこなのだろうか。「我々の精神的‐歴史的現存在の起源の力の中に。……この起源とはギリシア哲学の覚醒《アウフブルッフ》である」[51]。あるいはハイデガー自身がさらに説明しているように「起源は依然として存在している。ただし、それは我々の背後に遠い過去としてあるのではなく、我々の前方にあるのだ。……起源は、我々の将来に割り込んでしまっている。つまり、我々がその偉大さを思い出すように、遥か彼方からの天意としてそこに存立しているのである」[52]。

こうしたハイデガーの(一見驚くべき)主張の意味は、『存在と時間』のカテゴリー的図式を背景に置くことで鮮明になる。ギリシア的な起源の再演は、一つの本来的な取り戻しとなるはずである。ドイツの命運の歴史性は、ギリシア国家《ポリス》の栄光の再生として現われなければならない。「起源は……我々の前方にある」というハイデガーの認識の根拠はここにある。というのも、歴史性とはまさに、ある歴史的集合性の〝将来〟を教え導くのに役立つ〝本質的な歴史的瞬間〟の取り戻しのことを意味するからである。この現代的な歴史的使命に、偶然的あるいは単に主観的なところは一切無い。むしろそれは〝ドイツ民族の命運〟に一致しているのである。(53)

　無論、振り返って見れば、人はハイデガーの近視眼的な歴史観に驚かざるをえないだろう。一体何故、彼は当時の歴史的状況の本質に対して、そこまでひどく誤った判断を下してしまったのであろうか。彼の個人的な政治的野心が誇大妄想に膨れ上がったために、彼の認識に曇りが生じたのであろうか。ヤスパースによれば、ハイデガーは国家社会主義が存在と本質的な関係にあると考えていた。そして、それゆえに彼は、現代の哲人王として〝指導者〔総統〕を指導する《デン・フューラー・フューレン》〟のが自分の義務だと信じていた。(54)あるいは、こうした判断の誤りにはもっと深い、哲学的な根があるのだろうか。基礎的存在論の概念的な枠組があまりに極端に抽象的であったために、それが歴史的事実性の領域そのものに適用された際に、誤った解釈が発生してしまったのだろうか。一例を挙げるならば、彼の歴史性のカテゴリーに明確さが欠けていたこと――つまり〝自分の英雄を選択する〟際の基準となる適切な評価基準が欠落していること――が原因となって、彼の歴史性のカテゴリーが、具体的な歴史的生の領域で決断する際の正当な基準として機能しなかったのだろうか。同様のことが、ハイデガーの〝頽落の歴史《フェアファルスゲシヒテ》〟としての形而上学の歴史という概念についても言えるのだろうか。すなわち、この概念は全ての猫が灰色をしている哲学的な闇夜であり、つまりそこでは歴史上のあらゆる時代が〝存在からの棄却《ザインスフェアラッセンハイト》〟という同一の基準によって、頽落と見なされてしまう――といった具合に。[55]

ハイデガーのギリシア的伝統に対する賞賛は相当なものであるが、この賞賛はひどく選択的であったようである。H・W・ペツェットによれば、ハイデガーはヤーコブ・ブルクハルト同様、デモクラシーこそが古代ポリスが衰退した原因であると考えていた。ここから彼が導き出した結論は、近代世界においてもまた、権威的な少数者は下からのデモクラシーによって危機にさらされるというものであり、[56]言うまでもなく『存在と時間』における〝ダス・マン〟や〝日常性〟に対する批判と完全に一致する判断であった。またこれと全く同じような調子で、彼は『思惟とは何の謂いか』において〝近代デモクラシー〟が〝国家の頽落形態《フェアファルスフォルム・デス・シュターツ》〟であるというニーチェの一節を好意的に引用している。[57]また、ハイデガーがギリシア的な伝統の中でとりわけ重視していたのは、ソクラテス以前の哲学であった。ポリスの様々な制度ですら、確かにハイデガーの度重なる賞賛の対象になってはいるものの、その本質的な政治的特質、つまり政治生活の民主的な運営のゆえに賞賛されたのではなかった。[58]所詮そうした制度は、〝存在の思索〟が始まった歴史的な場所にすぎなかったのである。ギリシアの遺産に対する彼の見方の中で、比較的狭隘さを免れていた部分――彼はデモクラシーを賛美していただけでなく、ギリシア人の〝最初〟の〝合理的な概念〟に対しても多くの敬意を払っていた――は、非合理な政治的判断へと向かいがちなハイデガーの性向を和らげていたようである。

総長就任演説の後半でハイデガーは、ドイツの現存在を捉えている〝偉大なる覚醒〟について理想化された説明を展開している。衰退しつつあるブルジョア的な生活形態に対する批判は、ここにおいて、様々な新しい英雄的価値観への訴求を直接的に導き出している。この英雄的価値観の第一のものは、実存論的な補完物としての〝極限状態〟であり、ハイデガー流の〝能動的ニヒリズム〟である。これによれば、伝統的な学問的知識の非本質的な性格を克服するために、大学の教官は「世界のたえざる不確実性のまっただ中の、最も危険な持ち場まで前進しなければならない」(59)（強調、ウォーリン）。また同様に、知への〝本質意志《ヴェーゼンスヴィレ》〟の要求に従うならば、民族は〝その真の精神的世界〟の恩恵を享受するために、自らを「最も偉大なる内外の危険」にさらさなければならない。ブルジョアジーの文化的領域とは全く対照的に、民族の精神的世界は決して単なる〝上部構造〟ではない。むしろ、その所在は「民族の現存在を最奥において昂揚せしめ、最大限にかき乱す力としての大地と血の勢力」(60)（強調、ウォーリン）にほかならないのである。

「ドイツの学生は進軍の途上にある」。ハイデガーはこう告げた後、将来、学生たちが軍隊調のリズムに合わせて進軍するであろうと確言している。「口先だけの〝学問の自由〟」（それはハイデガーにとって単なる〝消極的な〟、従って〝非本来的な〟自由にすぎなかった）は、将来、新しい〝義務〟と〝奉仕〟――〝労働奉仕〟〝防衛奉仕〟そして（最後に）〝学問奉仕〟――に取って代わられるだろう。この演説における労働奉仕と防衛奉仕の長所に対する過度の強調は、ユンガーの理論からの顕著な影響を明らかに示している。こうして『労働者』を議論の手がかりとしながら、ハイデガーは次のような結論を下す。すなわち、もしも将来の社会が労働者‐兵士と兵士‐労働者から構成されるのであれば、大学も学生‐労働者‐兵士を生み出すことで自らの役割を果たさねばならない。結果的に民族共同体《フォルクスゲマインシャフト》に対する学生の義務は、労働奉仕を通じてその拘束力を発揮し「学生の現存在に根を下ろす[61]」。防衛奉仕は、〝究極的な献身の覚悟《ベライトシャフト・ツム・アインザッツ・ビス・インス・レッツテ》〟という美徳を涵養する。ただし、多くの犠牲が最終的に全て意義のあるものとなるのは、ひとえにその発端がほかならぬ存在の問いそのものである場合に限られる。「存在一般を問うことによって、民族は自らの困窮の内部から労働と闘争を生み出し、召命の帰属する国民へと、いやがおうでも変貌していく[62]」。

ハイデガーの演説の政治的な目的は明確である。ブルジョア的な生活の浅薄さ——これは、たとえば知が民族共同体との本質的なつながりを失っているという事実からも明白であるが——を根本的に克服できるのは、専ら総動員の社会における大規模な生の統合だけである。ブルジョア社会の複合的な断片化と分断——政党、階級、学問分野、競合する様々な価値観などの断片化と分断——は、全体的国家の助けがなければ解決することができない。ハイデガーはリベラルデモクラシーに対する保守革命派の批判をかなり受け入れていたので、全体主義的な代案に対しては何の留保もつけなかっただけでなく、実際、全体主義こそが一つの政治的な解放だと考えていた。彼が演説の中で強調している様々な結合《ビンドゥンゲン》——労働奉仕・防衛奉仕・学問奉仕——の目的は、様々な能力の（近代的な）専門分化がなくなり、ドイツ民族の歴史的‐精神的命運の実現という共通の目的の下に全ての営みが統合されるような、全包括的な全体国家の創造であった。しかしながら、この三つの〝義務〟（ハイデガーによればこれらは等しく本源的なのであって、そのうちのどれ一つとして——

おそらく存在の問題を扱う〝学問奉仕〟ですら――他より優先されることはないということだが）は、それ自体が目的ではなく、むしろ、その本来的な指導、統合、方向づけは国家によってなされるものであった。あるいはハイデガー自身が述べているように、この三つの義務は「［自己の］精神的使命において、国家との関係にある民族を通して」その真の意味を獲得するのである(63)。

ハイデガーはこの演説を、闘争《カムプフ》の長所に対する一連の賛辞で締めくくっている。後に彼は、こうした言葉の選択の意味を弱めようと、この言葉を〝競争〟や〝衝突〟を意味するギリシア語の〝闘争《ポレモス》〟の意味で用いたと主張している。ヘラクレイトスの断片五三における有名な言葉「ポレモスは万物の父である」と同じ意味でというわけである(64)。〝ギリシアにおける哲学の始まり〟を復興する必要性を説く彼の初期の主張を考えると、確かに、ハイデガーがそのような定義を部分的にではあれ念頭に置いていた可能性は（このテキストそのものにおいてヘラクレイトスは一度も言及されていないが）十分考えられる(65)。しかし、ハイデガーの議論の文脈と内容の両方から考えると、そのような見え透いた後知恵の弁解は吹き飛んでしまう見込みが大きい。

実際、結論部でのこうした数多くの闘争への言及は、内容的には本質的な哲学的実質をほとんど伴っていない。むしろ、ここに示されているのは、民族共同体の安直な好戦的傾向が、三つの〝義務〟によって捏造されたものにすぎないという点である。ここでの闘争への言及は明らかに、民族が自己の歴史的命運を探求する際に中心的な役割を果たすところの大学部隊の日常生活にとって、〝防衛奉仕〟が持っている利点のことを言っているのである。こうしてハイデガーは、教師と学生双方の〝本質意志〟が〝相互に闘争の準備をしなければならない〟ことを告げている(66)。彼が言うには、学生と教師は〝民族国家〟への奉仕において、ともに〝闘争の共同体《カムプフゲマインシャフト》〟を形成しなければならない。このようにしてこそ「意志と思考の全ての力、心の強さと身体の能力の全ては、闘争を通じて発現され、闘争において強化され、闘争として保持される(67)」。こうして当初はギリシア的起源の崇高さに対する賛歌であったものが、当時の権力者の闘争と突撃《シュトウルム》を志向する心性に対する、媚びるような擁護へと変わってしまう。実際、彼が〝この覚醒《アウフブルッフ》の栄光と偉大さ〟を賛美している結末の文章にいたっては、もはや聞く側、読む側が想像力を働かせてみる余地はほとんど残っていない。

最後に、この演説の末尾に付した一節においてハイデガーは——ギリシア主義者の彼にとっては語源学こそが全てであったはずなのだが——決定的な冒瀆、すなわち文献学上の背信を行ってしまっている。すなわち、彼は、ギリシア哲学とナチの残虐行為のイデオロギー的な類似という幻影を保つために、プラトンの『国家』の一節を故意に歪めて訳しているのである。このプラトンの一節“ta... megala panta episphalē”(『国家』497 d)の標準的な英訳は、「偉大なものは全て危険にさらされている」(グルーベ)、あるいは「偉大なものは全て不安定である」(ショーレイ)だが、ハイデガーはこれを「全て偉大なるものは嵐の中に立つ」(Alles Grosse steht im Sturm)と独訳し、ギリシア語の〝危険な(episphalē)〟を、この語があたかもこの演説で終始前面に出だされていた突撃《シュトウルム》〔嵐〕や闘争の隠喩と相通じるものであるかの如く、意図的に誤読している。ヒットラーの〝突撃隊〟を意味する〝SA〟の略号が実際に突撃隊《シュトウルムアブタイルング》を表わしていること（さらには、目撃証言が示すようにSAはハイデガーの演説をよく聴きにいっていたということ）、そして当時最も反ユダヤ主義の過激なナチの刊行物の一つが『突破者《デア・シュテュルマー》』という名前であったことなどを考えると、ハイデガーのひどくわざとらしい言動に情状酌量の余地は全くない[68]。

後にハイデガーは、この総長就任演説について、その標題――『ドイツ大学の自己主張』――こそが彼の総長としての真の意図を示すものにほかならないとして、その内容を擁護している。ハイデガーの主張によれば、彼が総長職を引き受けたのは〝学問の政治化〟という国家社会主義の考えから大学を守るためであった。さらに彼はこうつけ加えている。「当時、これほどに勇敢な標題をつけた総長就任演説はほかにありませんでした[69]」。しかしながら、我々の分析が示すように、この演説の標題はいわば羊頭狗肉であった。まさに長年にわたって続いてきた大学の自治（〝いわゆる学問の自由〟）こそは、ハイデガーの演説の中で何度も繰り返し攻撃の対象とされていた当のものであった。〝文化的上部構造〟（さらに言えば〝えせ文化〟）に属するものとしての知に対する伝統的な見方へのハイデガーの批判は、直接、何の媒介もなしに、民族の生に知を再統合すべきだという主張へとつながっていく。このプログラム全体の鍵は、労働奉仕・防衛奉仕・学問奉仕という三つの〝等しく本源的な義務〟への訴求にある。というのは、ひとたび〝精神の世界《ディー・ガイスティゲ・ヴェルト》〟がドイツ民族の内なる〝大地と血の力〟から再びその力強さを得さえすれば、この〝精神の世界〟は新たな偉大さを獲得することができるからである。ここにおいて、ハイデガーが〝ギリシアにおける起源〟とのあいだに見出そうとした奇妙な類似点が明らかになる。というのも古典古代のギリシアに関してハイデガーが最も高く評価したのは、その文化的偉大さがポリスの具体的な生に根ざしていたという事実だからである。

実際、『ドイツ大学の自己主張』という表向きの標題は、その目的を国家社会主義革命の目的に一致させることを大学に要求するという政治的プログラムを隠蔽する隠れ蓑であった。こうしたハイデガーの結論は、一九三三年六月三〇日の講演『新しい帝国における大学』において極めてはっきりと読みとることができる。新しく設けられた労働キャンプのおかげで、大学が「これまで専ら大学だけがなしうると信じられていた教育課題を減免された」ことを讃えた後、ハイデガーは続けて総長就任演説の中心的な議論を再提起している。すなわち「大学は……再び民族共同体の中に組み入れられ、国家と結びつけられねばならない」[70]（強調、原文のまま）。

総長就任演説で示された根本的な社会変革という国家社会主義のプログラムに対するハイデガーの加担は、彼が総長在職中に書いた数多くの政治的な論文や演説だけでなく、就任以後の総長としての行動にも見出すことができる。この点において、彼が本気で新体制の政策を支持していたことについては、疑問の余地はほとんどない。あるとき彼が言ったところによれば「国家社会主義の革命は、我らがドイツの現存在の全体的変革をもたらした。……命題や〝観念〟が君たちの存在の規範であってはならない。総統《フューラー》のみが、今日のドイツ、そして未来のドイツの現実であり、その掟である」[71]。この発言について、彼の元学生であるヘルベルト・マルクーゼは後に次のように述べている。このような見解は「実際のところ、そのような〔命題や〝観念〟としての〕哲学に対する裏切りであり、哲学が代表している全てのものに対する裏切りである」(72)。かつての師のこのような見解に関して、マルクーゼが何よりも不可解だと思ったのは次のことであった。すなわち何故、この西洋哲学の比類無き解釈者が、国家社会主義運動などというものをこの知的伝統の積極的な完成形態とみなすにいたったのかということである。

新体制を擁護する彼の数多くの演説――その文体を分析すれば、こうした演説がハイデガー自身の実存論的カテゴリーと当時広まっていた国家社会主義の隠語との驚くべき混交をどのぐらい示しているかということが明らかになるだろう――において、特に顕著なのは、総長就任演説以降〝労働奉仕〟の利点が繰り返し強調されていることである。このテーマには二つの演説がまるまる割かれているし、このテーマに言及している演説は他にもいくつかある。我々は、ここにもユンガーの影響、つまり来るべき労働者国家《アルバイターシュタート》というユンガーの国家理論の影響は明らかであるということ、そしてこれこそが新しい社会のスポークスマンとして彼が推進しようとしたリアリティであったということ、この二点を十分に正当な結論として導き出すことができるだろう。

たとえば『労働奉仕への呼びかけ』という演説において、ハイデガーは、活動としての労働から生じる「厳しさと大地への近さの経験」を高く評価している。彼の最大の関心は、いわゆる〝精神的な仕事《ガイステイゲ・アルバイト》〟の一面性を克服することであった。彼の見解によれば、独立した〝知的な生産者〟階層という意味での〝知的な仕事〟は、将来〝完全に消滅〟する。ハイデガーは次のように続けている。

いわゆる〝精神的な仕事〟は、それが〝高尚な精神的事柄〟に関わっているからという理由で、精神的なものとはならない。それが精神的なものとなるのは、次のような理由による。すなわちその精神性は、それが、まさに仕事として、人々の歴史的現存在の一部である困窮《ノート》の中にさらに深く入り込んでおり、かつより直接的に——つまりより意識的に——人間という現存在の厳しさと危険にさらされているという理由によるのである。

ただ一つ、ドイツ的な〝生活身分《レーベンスシュタント》〟だけが存在する。それは民族に根を下ろしており、民族に支えられ、国家の歴史的意志に自由に服従してきた労働身分である。この身分の特徴は、国家社会主義労働者党の運動の中であらかじめ形成されつつある。(73)（強調、全て原文のまま）

あるいは彼が後の演説で述べているように、「我々にとって〝仕事〟とは、個人や集団や国家の責任に支えられ、従ってこの意味において民族に対する奉仕となるところの統制された活動の総称である。……土木作業員《エルトアルバイター》の仕事は、学者の活動と同じく精神的である(74)」。また『労働奉仕と大学』において、この論点は極めて明確に提示されている。

民族共同体を直接的に実現するための新しい制度が労働キャンプの中に具体化されつつある。将来、ドイツの若者たちは労働の知によって統治されるだろう。そしてこの労働の知において、民族はその力を集中して、厳しさとその実存を体験し、その意志の勢力を保持し、多面的な能力の価値を新たに学ぼうと努める。……〔労働〕キャンプと学校は決然たる意志をもって相互的に協力し、我らが民族の教育的な力を結集して、民族国家が断固として自己の命運に従って行動できるような、土台のしっかりした新しい結合へと導いていくであろう。(75)

一九三三―三四年のハイデガーの公的な発言に一貫して見られる労働奉仕をめぐる議論の内容は、単なる新体制のイデオロギー的番犬を懐柔するための政治的な服従などということにとどまってはいない。むしろハイデガーには、労働奉仕が大学のカリキュラムとドイツの一般的な生活の両方において必須の義務となることを望むような彼自身の内的な哲学的理由――いわば〝知的に基礎づけられた反主知主義〟とでも呼べるもの――があったのである。

一九三〇年代初頭に、形而上学の歴史を〝衰退史〟として再概念化した際に、ハイデガーは、学問《ヴィッセンシャフト》そのものが二五〇〇年にわたる存在からの棄却の運命の渦中にあるという確信を抱くに至った。大学での研究において支配的である学問の分業体制は、長く続いてきたジレンマの、現代的な付帯現象にすぎなかったのである。学問は、このジレンマの中心的な内容を分析し、再構成することができるかもしれない。しかし本質の理解、つまりソクラテス以前の哲学者において現われていたような〝アレーテイアとしての真理〟についての本源的な思考の正しい把握にたどり着くことは、学問には到底不可能なのである。〝困窮〟はいたるところにおいて明白であった。しかし、近代生活という状況の中で方向づけられた当時の改革のプログラムは全て、結局のところ、問題そのものの一部でしかなかったのである。

ダイナミックな近代国家は新しい〝労働者〟という社会類型を基礎にすべきだ、というユンガーの見解の中に、ハイデガーは、ブルジョア社会の多様な嫌悪すべき対立——国家と市民社会の対立、労使の対立、そして最後に知的労働と肉体労働の対立——を克服するために必要な根本的代案があると考えた。ハイデガーの〝反主知主義〟の基礎は、〝労働奉仕〟の制度化を通じて〝学問〟を労働者の仕事やその世界と再統合したいという彼自身の欲求であった。民族共同体として組織された〝全体的国家〟だけが、こうした対立を解消しうる——そしてこれこそが、まさに国家社会主義の提唱する解決策そのものではなかったろうか。ナチの陣営からは、救いがたいまでに堕落しきっているとハイデガー自身も考えていた近代生活の様々な面に対する批判——たとえば、血と大地の力とのつながりを失ってしまった〝不毛〟な文化的・知的生活に対する非難——がこだましていた。復興した世俗的な神話——半ばニーチェ風で、英雄的かつ汎ドイツ的な異教主義——は、ハイデガーにとって、瀕死状態にあったキリスト教文化に代わる、信頼すべき選択肢と映ったにちがいない。またハイデガーは、ナチのように人種性を強調することはなかったかもしれないが、ドイツとドイツ人が世界史において特別な位置を占めている——ドイツとドイツ人には実現すべき〝命運〟がある――という確信は持っていた。たとえば、西洋の国々の文明とは対照的な、ドイツの文化だけに〝ギリシア的起源〟を真に復興する見込みがあると考えられていた。ドイツの言語や文化と古代ギリシアのそれとの特別な親和性に対するハイデガーの確信は、一八世紀末以来、数多くの彼の同国人たちのあいだに広まっていた思想であった。こうした観点から見ると、一九三〇年代にハイデガーが国家社会主義に〝参加〟した背景に内的な概念的論理があったことは疑いようがなくなる。

さらに加えて、ハイデガーが労働奉仕の利点を極めて重視したことは、ナチの社会改革プログラムの決定的に重要な側面、とりわけドイツ社会の強制的同質化計画と一致していた。全体的に統合された社会を実現するためには是非とも社会的な対立を解消しなければならないが、そうした社会的な対立の最も重大な原因は、労働者階級と特権階級の対立であった。そして、ナチスは国家社会主義ドイツ労働者党を名乗ってはいたものの、当然のごとく、労働者階級の支持を確保するための試みにおいては、左翼政党からの抵抗を頻繁に受けていた。たとえば新体制下において〝労働奉仕〟という考えは、大衆社会化を推進する手段として、主に若者や失業者のために初期の段階から制度として導入された。ハイデガーが言及している(また彼はしばしばその組織にも一役買っている)[76]準軍事的な〝労働キャンプ〟は、単に職業訓練と公共事業の計画を組み合わせたものではなかった。それは社会の成員を国家社会主義の教えに従って〝再教育〟するための重要な手段だった。さらに、その本質的な機能の一つは、様々な社会集団や階級に属するドイツ人相互の差異を均一化することであり、これによってナチの同質で統合された民族という目標の追求が社会的な格差という問題で頓挫する可能性を減らすことができるのであった(77)。

同様に〝知的〟労働と〝肉体〟労働の対立を解消するべきだというハイデガーの強い訴え(無論、これは皮肉なことにマルクス主義の社会変革プログラムにとっても、その中心的な内容だったわけだが)もまた、全体的に統合された社会という国家社会主義のプログラムとの関連で捉えなければ十分に理解することはできない。さらに、こうしたハイデガーの主張は、知識人は大衆から遊離しているという、ヒットラーその人が『我が闘争《マイン・カムプフ》』や他の様々なところで度々表明していた見解との、不気味な共通点をさらけ出している(78)。

従来、ハイデガーのナチズムへの関与は、彼の基本的な哲学的態度とはほとんど関係のない誤解ないしは錯誤であるということがしばしば言われてきた。しかしフランツェンが見るように、

> そうした誤解ないし錯誤というのは、国家社会主義イデオロギーとハイデガー哲学とのあいだに、明示的にであれ暗示的にであれ、こうした〝共鳴〟があったからこそ可能になったのである。……国家社会主義が実際よりも偉大な思想運動であるなどという幻想の虜にハイデガーがなりえたのは、彼の思想――『存在と時間』およびそれ以降の彼の〝存在の歴史〟をめぐる探求――における、かくも多くの〝深みの次元〟が国家社会主義の世界観のそれと関係していたからにほかならない(79)。

第四章　「国家社会主義の内的真理と偉大さ」

政治的な問題に触れることなく読むことができるようなハイデガーの著作は一つもない。……ハイデガーの著作――とりわけ一九三三年以降のもの、といってもそれらに限定されないが――は、彼自身が自らの思想と敢えて結びつけようとしたあの政治運動に慎重に注意を払いながら再度読み返されるべきである。私の考えでは、この努力を怠るならば、結局は彼をまったく理解しないことになるであろう。

トマス・シーハン「ハイデガーとナチス」

本来性の政治

ハイデガーが総長の職にあったのは、わずかに一年間である。後になってから彼は、自らの辞任を抵抗という英雄的な行為として描こうと努めるであろう。(1) しかしながら、新しい帝国《ライヒ》の〝桂冠哲学者〟になろうという壮大な野心は潰えざるをえないということがハイデガーにもとうとう判ってきたためである、というのが本当のところのようである。こうして彼は、一九三四年の四月に政治の舞台から静かに身を退くための口実として、大学行政をめぐる意見の対立をにわかにもちだした。(2) 学問の世界における彼の威信が、短いあいだではあれナチスにとって利用する価値があったことは明らかである。しかし、ハイデガー自身がすぐに気づいたように、この体制は存在の命運に関して哲学的に啓蒙することなどにはほとんど関心をもたなかった。ハンナ・アレントは、政治的な栄光を求め、そして幻滅したハイデガーという伝説に恰好の銘文を提供してくれている。彼女は述べている。

あらゆる高級な知的活動が新しい大衆運動の指導者たちによって常に迫害されてきたことには、彼らが自分の理解できないものには何でも反感を持つという自然の性向以上の理由がある。全体主義の支配は、いかなる生の領域においても自由な発想や完全に予測することの不可能な活動を許さないのである。権力を掌握した全体主義が、体制に共感を抱いていようといまいと、すべての第一級の才能の持ち主を、知性と創造性を欠いているために確実に忠誠を誓うことが保証済みの変人や愚者にとって替えることは、不可避なのである。(3)

けれども、国家社会主義革命へのハイデガーの熱狂ぶりはいましばらく続いた。一九三六年にレーヴィットと交わした会話のなかで、彼はまたも自らの確信を披露している。「国家社会主義はドイツにとって正しい道でした。我々はもっともっと〝耐え忍ぶ〟べきだったのです」(4)。その上、公刊されたこの時期の彼の講義ノートは、当時のドイツがたどりつつあった道を肯定するかのような言葉に溢れている。確かに、一九三三年の総長就任演説や同じ年になされた諸々の政治的発言を彩っている〝国民的覚醒〟への手放しの熱狂ぶりは、その後の政治的な意見表明のなかでは影をひそめてはいる。しかし、国家社会主義運動に〝哲学的な方向性〟を提供する責任を負っているとみなされていた散文的で俗悪な思潮(たとえば、しばしばハイデガー自身の哲学を攻撃したローゼンベルク‐クリーク一派)から距離をとろうとしたときでさえ、彼はこの運動ときっぱりと縁を切ったわけではなかったのである。

例をあげよう。一九三六年の『哲学への寄与』においてハイデガーは、〝世界観《ヴェルトアンシャウウング》‐思考〟と〝ニヒリズム〟の危険に対して鋭い論戦を挑んだ[5]すぐ後で、現代世界におけるニヒリズムの真の後継者は〝キリスト教〟と〝ボルシェヴィズム〟であって——その上、両者の対立は表面上のものにすぎない——国家社会主義ではないことを明らかにしている[6]。一九三〇年代、四〇年代の彼の歴史的‐哲学的思索のなかで〝世界観‐哲学者〟——国家社会主義の〝偽りの友人〟——が正当に批判されているにもかかわらず、ハイデガー自身はけっして民族的《フェルキッシュ》思想の概念と基礎を放棄しようとはしないであろう。それどころか、彼の考えではそうした概念を考察のより基底的・本質的な次元と結びつけることこそが必要なのである。従って、ハイデガーにとって「民族的なるもの《ダス・フォルクハフテ》は本質的な通路である。……〝民族的原理〟が何か決定的なものとして修得され、歴史的〝現存在《ダーザイン》〟にとって重要な役割を演じるようになれば、存在の最高の段階が獲得されるであろう」[7]。永遠に重要なことは——〝現実の〟国家社会主義に対する彼の批判の主眼はこの点にある——〝民族《フォルク》〟と〝哲学〟の正しい関係が樹立されることである。換言すれば、民族そのものがより高い、存在論的な自己理解によって――存在史的命令《ザインスゲシヒトリッヒエ・アウフトラーク》によって――指導されるべきである。このことを、ハイデガーは〝存在の真理の保護〟として規定している。[8]

総長職を辞した後のハイデガーの政治的判断を理解する上で鍵となるべきは、〝国家社会主義の内的真理と偉大さ〟と〝国家社会主義の哲学として現在流行している著作〟とを区別することである。彼は、『形而上学入門』(一九三五年)の結論部分で両者を対置している。[9] つまりハイデガーは、この運動を〝見せかけ〟と〝本質〟の弁証法という視点から眺めるようになったのであり、その真の本質はこの哲学者自身がもっともよく見抜くことができるのである。可能性としては、この運動はニーチェの予告した〝西洋ニヒリズムのラディカルな克服〟への展望を含んではいる。実際には、その究極的な哲学的〝真理と偉大さ〟は、この運動に便乗したり賛同するふりをした輩によって歪曲されてしまった。ハイデガーの哲学上の対立者(E・クリーク、A・ボイムラー、A・ローゼンベルク)の主張は、この運動にはらまれた偉大さを下卑た日常世界へと引きずりおろして損なってしまう危険がある。

一九三六年に彼が次のように主張したときにも、同様にこの運動の見せかけと本質が暗黙のうちに区別されている。「ヒットラーとムッソリーニという二人の人間は、それぞれまったく異なる流儀でニヒリズムに対抗する運動を惹き起こしたが、両者はともにニーチェから学んでいる。しかしながら、ニーチェの本来の形而上学的圏域はまだ実現されてはいない」[10]。この言明から再確認されるハイデガーの確信とは、一九二〇年代から三〇年代初めにかけて生じたファシズム運動は、ニーチェによってつとに診断されていたヨーロッパのニヒリズムの闇に抗する唯一の、真の歴史的選択肢(〝対抗運動〟)であるということである。だが、彼らがニーチェから十分に学んだかどうかは、まったく明らかではない。というのも、本当に時代を画するようなニヒリズムの克服を具体化する〝真正な形而上学的圏域〟が、まず実現されねばならないからである。

　ハイデガーが戦後もなお(ほとんど確実に死に至るまで)、ニヒリズムの〝対抗運動〟としての国家社会主義の独創的かつ歴史的な可能性と現実におけるその堕落という区別に固執していたことは、『総長職 一九三三年―三四年』において彼が不用意にも次のように認めていることから明らかである。「私は、権力を掌握したこの運動の中に、民族を内的に統合し再生させる可能性と、民族が歴史的《ゲシヒトリッヒ》-西洋的《アーベントレンディッシェン》命運を見出す可能性を認めたのです[11]」。同様に、一九六六年の時点でも『シュピーゲル』誌とのインタヴューの中で、総長就任演説を締めくくる〝「国民の」覚醒という偉大さと栄光〟への賛歌について質問されたハイデガーは、率直にこう告白している。「そうです。私はそのことを確信していました[12]」。

　こうした考察から示唆されるように、三〇年代半ばにハイデガーがたどった哲学的な道筋は、一九三三年春に総長職に就いて以来彼の心を占めていた政治的関心の光に照らしてのみ十分に理解できる。従って、ペゲラーが指摘しているように、「ハイデガーを一方的に裁くことだけに満足することなく、しかしまた追随することなく彼から何かを学ぼうとする者は誰でも、三〇年代になるとハイデガーが政治的文脈の中で存在の真理を追い求めるために自ら進んで決断したことを承知しておく必要がある」(13)（強調、ウォーリン）。一九三〇年代半ばの彼は、存在の問い《ザインスフラーゲ》が同時代の一連の政治的問題および要求と本質的な連関を有していると考えるに至り、その結果、〝存在の政治〟を究明することの正当性を主張したのである。

　前章で示唆しておいたように、ハイデガーは政治の意味を〝停留期《エポッヘ》〟という独特の次元で理解している。それは、彼が歴史を本質的に〝存在の歴史《ザインスゲシヒテ》〟として理解していることと切り離しえない。この点が決定的に重要であるがゆえに、現代ヨーロッパの現存在を蝕んでいる存在忘却《ザインスフェアゲッセンハイト》が克服されるか否かこそが、政治においても究極的に問題とされねばならない。この主題に比べれば、他のあらゆる政治的問題などはとるに足らない。それは、本質的に〝局部的な〟、それゆえに非本来的な政治的地平の内部にとどまっている。しかしながら、現代の歴史上の事件を存在の歴史といった蜃気楼のごとき観点から理解しようと企てるために、ハイデガーが政治を判断する能力には全く致命的な欠陥が生じてしまう。このような観点に立っているために、彼は国家社会主義の政治的性格をヘルダーリンの語ったあの〝救済する力〟の潜在的な具体化であると誤解してしまう。そればかりか、〝国家社会主義の内的真理と偉大さ〟は、ニヒリズムへの〝対抗運動〟という地位にあるという確信に終生固執することになるであろう。

　だが、総長辞職後のハイデガーの哲学が彼の政治的関心の光に照らしてのみ理解できるように、彼の政治的な理念はその哲学と切り離して理解することはできない。一九二九年から三二年にかけて生じた彼の哲学的〝転回《ケーレ》〟は、この時期に加速される。徐々にではあるが、もはや〝人間的存在〃あるいは現存在は、〃存在〃と〃存在物〃との永遠の〃出会い〃（性起《ダス・エアアイグニス》）の重要な担い手ではなくなる。代わって、存在そのものが徐々に自律的に存在物の運命を定める条件を規定するようになる――とりわけ現存在にとって。すでに『真理の本質について』（一九三〇年）の中で、ハイデガーは次のように警告を発している。「人間は……主体としてあらゆる存在物の尺度になろうとすればするほど、ますます道を誤る[14]」。

しかしながら、一九三〇年代半ばのハイデガーの思想の中に現われた最も重要なカテゴリー上の革新――そしてこの時期の彼の政治思想を理解する上で不可欠な概念――は、〃作品〃である。〃作品〃は、存在物と存在、有限なものと真理のあいだの決定的に重要な出会いに対して場所を提供し、〃明け透き《リヒトウング》〃を促す。『存在と時間』において最初に提出された〃存在の意味〃に関する問いは、まだ人間の主観性の解釈能力と結びついているように見えたが、今やこの問いは〃存在の真理〃に関する問いに席を譲る。そして現存在よりもむしろ〃作品〃こそが、存在物と真理のあいだの現われと隠蔽の戯れを媒介する特権的な地位として際立ってくるのである。

この時期にハイデガーは、存在と存在物の出会いにとって特権的な地位を占める〃作品〃として、とりわけ三つの類型を挙げている。すなわち、芸術-作品《クンスト-ヴェルク》、思考-作品《デンク-ヴェルク》、最後に――我々の考察の目的にとってとりわけ重要な――国家-作品《シュターツ-ヴェルク》。

作品の概念は、ハイデガーの〃宇宙論〃として語られうるものに基づいている。つまり存在と存在物の出会いが生起する現象領域を画定する〃世界〃と〃大地〃のあいだの闘争的な関係である。

一般的に言えば(こういう語の意味についてのハイデガーの説明は多義的になりがちなのであるが)、大地は隠蔽を意味するとともに、〝保護〟という要素も含んでいる。他方、〝世界〟は不覆蔵態を生ぜしめるために、〝大地〟というすべてを包みこむ背景の上に空間を刻まねばならない。大地は無尽蔵であり、広大であり、個体化を拒絶する。ハイデガー自身は明言することを避けてはいるが、彼はしばしば大地を存在そのものと同義に用いているように思われる。彼が〝大地〟を、存在の本性に関するソクラテス以前の思索にとって基礎的な概念であるギリシア語の〝自然《ピュシス》〟と結びつけているという事実からも、こうした解釈は許されるであろう。

木と草、鷲と牛、蛇とこおろぎは、各々の際立った形態へと入ることによってはじめてあるがままの姿で現われるようになる。このようにあらゆるものがその本来の姿で現われ際立つことを、初期のギリシア人は自然《ピュシス》と呼んだのである。それはまた、人間が自己の住処を基づかせ置き入れるところのものを、明け透かせ照らし出す。我々は、この基づかせるところのものを大地と名づける。この言葉で語られているものは、どこかに堆積した土塊という観念とも惑星という単なる天文学上の観念とも結びつけられるべきではない。大地とは、現われるものすべてを、現われることにおいてそっと戻し入れ保護する場所である。現われるものの中で、大地は保護するものとして現前している。(15)

大地と対をなす観念が世界である。大地とは違って、世界はすでに『存在と時間』の現存在-分析の中で目立った位置を占めていた。そこでは、世界は、現存在の〝状況全体性《べヴァントニスガンツハイト》〟——たとえば現存在が手許存在物を実践的に取り扱うこと——に対応する環境世界の性格を規定する概念である。[16] 従って『存在と時間』では、世界は現存在中心の〝実存論的地図〟とでもいったものを探索するための媒介変数をなしていた。ところが、今やハイデガーは、転回後に変貌した世界概念から可能な限り人間学的な痕跡を消去しようと努力を傾ける。世界を〝所有〟するのはもはや現存在ではない。そうではなくて、世界は作品が不覆蔵態をもたらす作用を媒介にして——匿名的に——樹立されるのである。

世界と大地との関係は、ハイデガーによれば内的な葛藤もしくは闘争である。それゆえに、「作品が作品であることは、世界と大地のあいだの争いという闘争のうちに存している」[17]。作品によって樹立された世界の空け開きは、大地の名づけえない覆蔵する抱擁へと滑り落ちる脅威に常にさらされているように見える。しかしながら、世界と大地の闘争《ポレモス》をこのように描いたからといって、ハイデガーはいずれかに肩入れしようというわけではない。なぜならば、この二つの力の存在論的な闘争は、ハイデガーの見るところでは疑いなく実り豊かな緊張をもたらすからである。実際、それは最も実り豊かな緊張である。というのは、もっぱらこの葛藤のおかげで——作品そのものの開示する力を媒介として——存在と存在物の戯れる出会いが生起するからである。「作品であることは世界を創建することを意味する」とハイデガーは指摘している。「世界は、けっして我々の前に置かれて眺められるような対象ではない。世界はいつも非対象的であり、生と死、祝福と呪詛の狭間で我々が存在へともたらされる限りで、我々は世界に従属しているのだ[18]」。世界は、不断に浮動する非有限的な存在論的参照枠組であり、それを基礎にして存在についての我々の経験が得られるのである。

〝ハイデガーの宇宙論〟――大地・世界・作品の相互関係――について長々と注釈を加えたために、政治思想家としてのハイデガーという主題から大きく逸脱してしまったように思われるかもしれない。だが実際には、こうしてわれわれはこの主題の入口へと導かれたのである。問題とされるべきは、一九三五年頃のハイデガーが、政治的な生と存在の運命と〝民族の歴史的命運〟の関係をいかに再定式化したのかという点である。〝作品〟について語るときに、ハイデガーは芸術のための芸術〔というロマン主義的な芸術観〕にも、〔美学という〕講壇哲学にも触れてはいない。むしろ作品の究極目的は、それが芸術‐作品であれ、思考‐作品であれ、あるいは国家‐作品であれ、民族の歴史的命運を規定することにある。あらゆる作品は、この意味で本質的に政治的な機能を有していると言える。ヘルダーリンと関連させながら、ハイデガーは述べている。「詩は歴史を支える基礎である。それゆえに、詩は単なる文化の表層でもなければ、断じて〝文化的心情〟の〝表現〟でもない」(強調、ウォーリン)。そうではなくて、詩とは〝民族の声〟なのである[19]。ある民族の作品はその歴史性を樹立する。この歴史性こそが、民族が存在との本来的な関係の下にあるか、非本来的な関係の下にあるかを最終的に決定する。ハイデガーの見解によれば、作品は世界を創建し、作品によって樹立された世界は、「歴史的民族の命運の中で断固として下された本質的決断の……自らを空け開く明け透きの場」となる。こうして、作品によって創造された空間あるいは明け透きの場所を通して、「民族ははじめて自らの命運を成就するために自己自身へと立ち返るのである」[20]。

〝歴史的民族の命運〟というカテゴリーを存在の歴史に関する自らの理論の中核に据えた結果、ハイデガーは『存在と時間』で展開された疑似‐独我論的・キルケゴール的な主観性理論を最終的に清算することになる。存在の問いは徹頭徹尾歴史化されたばかりでなく、今やこの問いを措定すること自体が、集合化された主観——歴史的に位置づけられた民族——が存在の呼び声を気遣う能力と切り離せなくなる。保守革命派の近代批判がハイデガーに与えた影響や、〝詩人と思索家〟[21]の民族としてドイツは本性的に優越していると彼が長いこと確信していたという事実を考慮するならば、〝国家社会主義の内的真理と偉大さ〟を理論的に正当化しようとする彼の努力は、その生涯にたまたま生じた間違いどころではなく、彼の思想の本質に根ざしていたことは明らかである。『形而上学入門』に含まれた無数の歴史的‐哲学的考察を見れば、この存在の歴史に関する民族志向的な理解がいかに不吉な政治的結論へと帰結するかは十分に証明されている。ハイデガーにとって〝存在忘却〟について思索することは、今日の歴史的世界の普遍的な困窮の原因を尋ねることであると同時に、世界から本質が奪われ、現代人が根本的な〝棄却状態〟に置かれていることにとりわけ責任を有している勢力は誰か、を見きわめることでもある。従って、存在の問いは、正しく措定されるならば、スコラ談義の域を脱して歴史的に究明されねばならない。「この[存在の真理に関する」予備的な問いは、そしてこの問いに伴う形而上学の根本的な問いは、徹頭徹尾歴史的な問いである。……哲学は、精神のあらゆる作品と同様に、時間の中で自己を認識する限りにおいてのみ歴史的である[22]」(強調、ウォーリン)。何故ならば、正しく理解されるならば、この問いは理論的に怠惰な空文句であるどころか、〝西洋世界の精神的運命[23]〟に対して語りかけているからである。

しかしながら、この〝精神的運命〟が今日置かれている歴史的な状況は、どう見てもこれ以上悪くなりそうもない。ハイデガーは、こういった状況を次のように描いている。「世界全体の精神的没落は、諸民族がこの没落を目撃するための最後の一滴の精神的エネルギーすら失う危険にさらされるまでに進行している。……」。存在の歴史という観点に立てば、我々の運命はあまりに悲惨な状況に至っている――「世界の暗黒化、神々の逃走、大地の破壊、人間の大衆への転化、あらゆる自由で創造的なものに対する憎悪と疑念」――そこでは〝オプティミズム〟や〝ペシミズム〟といった伝統的なカテゴリーすら適用しえないほどである[24]。そこでハイデガーは、今日のヨーロッパが直面しているジレンマの彼なりの地政学的な見取り図を提出する。つまり、形而上学とドイツに伝統的な現実政治的思考とを想像力の中で結合してみせるのである。

破滅的な盲目に陥ったヨーロッパは、常に自らの喉元に刃を突きつけられており、今日では一方にロシア、他方にアメリカという巨大な万力の下で身をよじらせている。形而上学的に眺めるならば、ロシアとアメリカのあいだには相違はない。両者ともにテクノロジーに狂奔する寒々とした光景を呈しており、平均化された人間が無限に組織化されていく場となっている。……［それゆえに］地球は、その隅々に至るまでテクノロジーによって征服され、経済的搾取にさらされることになってしまった(25)。

だが、それでもハイデガーはヘルダーリンの格率を信じている――「危険のいや増すところ、救済する力もまた育つ(26)」。それゆえに、ドイツ――〝真中に位置する民族〟であり、〝諸民族の中で最も形而上学的な民族〟――が、存在の本源的な力との真正な、時期的《エポカル》〔停留期的〕‐歴史的な関係を回復しうる限りは、すべてが失われたわけではない。

我々は万力に捉えられている。真中に位置するわが民族は、それだけに最も強い力を加えられる。わが民族は最も多くの民族に囲まれており、それゆえに最も危険にさらされている。にもかかわらず、わが民族は最も形而上学的な民族である。我々はこの使命を確信しているが、わが民族がこの使命を引き受けて運命と戦うことができるとすれば、この使命を果たすための反響を、そして反響の可能性を自らの内部で創造し、自らの伝統を創造的に視野に収めることができたときだけであろう。こうしたすべてが意味しているのは、この民族は歴史的な民族として運動し、そのことによって西洋の歴史を未来の〝生起〟の彼方へと、存在の力の本源的な領域の中へともたらすということである。ヨーロッパに関わる重大な決断《エントシャイドゥンク》が絶滅をもたらすべきではないとすれば、その決断は真中から歴史的に発展する新たな精神的エネルギーをもって下されなければならない。[27](「自らの内部で」を除く強調、ウォーリン)

ハイデガーがドイツを〝真中に位置する〟民族として描いていることは、特別に独創的な——もしくは形而上学的な——着想というわけではない。それは、第一次大戦の頃に流行したドイツの新《ネオ》ナショナリズムの政治思想によく見られた要素を想起させる。この要素の当時の最も典型的な定式化は、大きな影響を与えたフリードリッヒ・ナウマンの著作『中欧《ミッテルオイローパ》』に見られる。一九一五年に書かれたこの作品では、地政学的な立場からオーストリア‐ハンガリー帝国とドイツ帝国の優位が正当化されていた(ハイデガーは、『シュピーゲル』誌とのインタヴューの中で、一九三〇年代初めのドイツ政治への彼の理解に重要な基礎を提供したものとして、ナウマンの〝民族的〟かつ〝社会的〟態度に言及しているという事実は、看過しえないところであろう)[28]。しかし、中欧という観念そのものは、ドイツの特殊な道《ゾンダーヴェーグ》をめぐるビスマルク時代の論争にまで遡る。それは、ドイツ国家の形成は西欧(イギリスおよびフランス)とも東欧(ロシア)とも異なる特殊な道を選ぶべきである、という立場である。そして、いくつかの点で、この考え方には文化《クルトウーア》/文明《ツイヴイリザツイオーン》という、とりわけ政治的な含蓄を持つ極端な二分法が含まれていた。主としてそれは、「刷新されたドイツの東方への進出欲《ドランク・ナッハ・オステン》の正当化に役立つ限りで拡張主義であり、実際、帝国主義的な側面を有する」[29]保守主義的理念であった。だが、それはまた、いっそう過激な前ファシズム的側面も有していた。たとえば、国家社会主義イデオロギーの最重要な直接的先駆者の一人であり、戦闘的なドイツ民族主義と反ユダヤ主義の唱道者であったパウル・ド・ラガルドの作品の中では、中欧観念は、ドイツがヨーロッパのヘゲモニーを握るべきであるという主張の正当化として用いられていた(30)。その結果、第一次大戦後には、この観念はラディカルな保守革命派の理念へと装いを改めて、ドイツの拡張主義者たちの描く地域構想の代名詞となったのである。

ハイデガーがこの言葉をほのめかしているという事実がことのほか興味深いのは、そこに以下の二つの理念を結合しようという彼の企てが窺われるからである。一方には、中欧という保守革命派の理念――それは、このときにはすでに生存圏《レーベンスラウム》というドイツの主張を正当化する国家社会主義イデオロギーの好戦的な大合唱の中にしっかりと組みこまれていた。他方には、存在の歴史に関するハイデガー自身の形而上学的理念――それは、存在の政治《ザインスポリティーク》という、言ってみれば胡散臭い概念へと帰結する。

ハイデガーは、存在の歴史の政治は必然的に民族の革命的指導（ナチスの外交政策は、結局〝真中に位置して脅威にさらされている民族〟であるドイツという思想によって補強された）へと逢着するという信念を容易に弁証することができた。というのも、〝国家社会主義の内的真理と偉大さ〟とそれを阻む現今の情勢という先述した対照に、彼は基づいているからである。彼は、この一見奇異な主張の意味するところを、〔一九三五年度夏学期の〕講義を一九五三年に公刊する際に付加した説明を通して明確にしようとした（皮肉にも、それはハイデガーの信用回復にはまったく役立たなかったのであるが）。彼の補足によれば、国家社会主義の〝内的真理と偉大さ〟とは〝惑星的テクノロジーと近代的人間の出会い〟を示唆しているのである。この主張を通してハイデガーが言わんとするところは、国家社会主義の〝内的（すなわち哲学的）真理〟は、存在の歴史という観点から眺めるならば、〝惑星的テクノロジー〟のジレンマを形而上学的‐歴史的に超越する契機となる可能性を秘めている点にあるということである。とりわけエルンスト・ユンガーの予言的な著作の中ですでに輪郭が与えられていた〝超越〟という展望が、そこには反映されている。形而上学的な観点から眺めれば、ロシアとアメリカは同じである――両国は「同様にテクノロジーに狂奔する寒々とした光景を呈し、平均的人間の際限のない組織化の巷と化している」――だが、ドイツだけは存在の思索とのより本源的な関係を保っているがゆえに――ハイデガーにとってドイツの精神的優越性は、ドイツの詩人や思索家の比類のない偉大さの中に、そしてまさにドイツ語という言語の構造そのものの中に明瞭に現われている――ヨーロッパの運命を不断の精神的な没落という亡霊から救済する可能性を有しているのである。こうして、ある注釈家の言によれば、「ヒットラーは存在の側に立っているのであるから、哲学は彼に与しなければならない[31]」とハイデガーは信じたのである。

存在の哲学者ハイデガーを国家社会主義の大義へとことさらに魅きつけたものは、何であったのか。現実の歴史的運動としての国家社会主義のどこに〝哲学的な約束〟があるというのか。言い換えるならば、〝実際に展開している〟この運動の様々な要素の中の何をもって、ハイデガーはそこにヨーロッパのニヒリズムのジレンマを打開する反対運動としての巨大な形而上学的可能性が与えられていると確信したのであろうか。

国家社会主義の美徳の多くは、ハイデガーによって無から部分的に引き出された。そうした側面は、国家社会主義が積極的に唱道したものよりも、むしろそれが否定しようとしたものに属している。そうした構成要素の中には、民主主義的な制度や政党(国家社会主義は伝統的な意味での政党ではなく〝運動〟であることを標榜していた)、〝知性の重視〟、ブルジョア的平等主義、美的モダニズム、〝コスモポリタニズム〟に対する軽蔑が含まれている。要するに、ハイデガーの思いこみによれば、多くの点でこの運動は、彼が完全に一心同体と化していた保守革命派の西洋近代批判の正当な政治的後継者なのである。

けれども、ハイデガーがこの運動に熱狂したもう一つの無視しえない要素は、彼がカリスマ的指導性の典型的な具現者としてヒットラーに個人的に魅了されていたことである。一九三三年六月にハイデガーとヤスパースのあいだで交わされた会話は、この点で単なる一挿話として片づけられない重要性をもっているように思われる。「ヒットラーのような無教養な人物がドイツを統治することができると、貴方は思われるのですか」という後者の問いかけに対して、ハイデガーはこう答えている。「教養などは問題ではありません。彼のあの素晴らしい手を御覧になって下さい(32)」。この言葉の意味は、存在の政治という枠組の中で理解されるときに明瞭になる。実存論的な資質は知的なそれよりも重要なのである。ハイデガーがたまたま会話の中で述べた言葉に過大な理論的意味を負わせることは、公平とは言えないかもしれない。だが、ハイデガーの答えはとるに足らないものではない。それどころか、そこには政治的判断を下す際に〃非合理的な〃実存論的基準を持ち込むことに伴う陥穽が、ものの見事に示されているのである。

ハイデガーは、五カ月後にも今度は公の席で同様の見解を披瀝することになる。国際連盟からのドイツの脱退に関してヒットラーが(何と事後になって)突然に国民投票を提案すると、彼は賛成投票をするように学生に向かって、次のように訴えたのである。「教説や〃観念〃を諸君の存在の規範にしてはならない。総統《フューラー》だけが、ドイツの現実とドイツの法の現在であり未来なのだ」[33]。ハイデガーの論理に従えば、国家社会主義運動の偉大さは、与えられた一群の知的な戒律もしくは〃観念〃に最終的に還元しえない。それは、〃イデオロギー的〃というよりはむしろ実存論的であり、単独者として歴史的に実存する現存在としての総統の本来性に根拠を置いているのである。この意味で、ハイデガーがカール・シュミットの宣言に賛同したであろうことは疑いない。シュミットはこう言ったのである。「本日[一九三三年一月三〇日]、〃ヘーゲルは死んだ〃と言うべきである」――ヘーゲル、すなわち普遍的な原理と規範に完全に基づいた法治国家《レヒツシュタート》ドイツという理念[34]。ハイデガーがヒットラーを支持したのは、単なるその場限りの政治的意見の表明どころではなく、存在の政治の要求する定言命法に哲学的に規定されたがゆえのことである。〃教説と観念《レールゼッツェ・ウント・イデーン》〃に対する侮蔑の念の陰には、プラトンから新カント派にいたる伝統的な哲学理論への批判が隠されている。それらは一掃され、ドイツの〃新たな始まり〃という栄光に満ちた約束がそれに続くべきである、とハイデガーは信じている。だからこそハイデガーはヒットラーその人に期待したのである。何故ならば、彼こそは時代遅れの信念の重しから解放された〝新しい人間〟、ドイツ革命が成功した暁には繁栄するに違いない社会類型を具現しているからである。ヒットラーは、骨董品となった教義や観念のためにではなく、新しい本来性の政治のために立ち上がったのだ(35)。マックス・ミュラーの見解からも、それは確かな事実である。「ハイデガーは、党ではなく個人とその政治指導、つまり〝運動〟に希望を抱いていた(36)」。その上、ハイデガーがヒットラー体制を〝本来性〟の実現として描いたとき、そこにはこの体制そのものの政治的自己理解との深い、哲学的に基礎づけられた親和性が露呈している。A・P・スターンが我々に想い起こさせてくれるように、「ヒットラーの独創性は、個人的‐実存的価値と社会的‐政治的価値という通常考えられている機能分担を巧妙に破壊したことにある。ヒットラーの発見したことは……驚くほど単純である。個人として本来的であるという観念を公的領域に導入して、それこそが政治の主要な価値であり任務である、と宣言したのである(37)」(強調、ウォーリン)。

〝本来性の政治〟――ハイデガーはこの言葉そのものを用いてはいないが、それは彼が第三帝国に期待した政治の形而上学的変容を正確に捉えている。『存在と時間』で提出されたカテゴリーで言い換えるならば、国家社会主義への志向は、ドイツが民族として存在するために最も適切な可能性に基づく〝本来的決断〟以外の何物でもない、と彼は考えていた。それは〝実存論的決断〟であるから(「今後はどんな些細な事柄にも決断することが必要である」とすでに引用した総長就任演説の中でも彼は同様に述べるであろう)、ドイツは自らを選択しつつあるのだ――それ自身の実存論的な基礎と未来を主張し、歴史性の本来的な様態を選び取りつつ。『存在と時間』におけると同様に、ハイデガーは各々の個別的現存在に固有の特殊性を正当化しようとしているが、今度彼が裏書きしようとしているのは、民族としてのドイツという現存在の実存論的特殊性である。この実存論的志向性という観点からのみ――〝本来性の政治〟の光に照らしてのみ――国家社会主義のために行動することは「自己自身を欲する[38]〔意志する〕」という問題である、とハイデガーが繰り返し主張したこと(たとえば総長就任演説)の意味が明らかになるのである。同様に、一九三三年一一月一〇日に行われた国民投票への参加を訴える演説において、彼は次のように主張するであろう。総統は国民に投票の機会を与えることによって、「彼らが民族全体として自己の現存在を欲する〔意志する〕のか否かに関して、あらゆるものの中で最も自由な決断を直接的に下す可能性[39]」(強調、ウォーリン)を与えているのである。国家社会主義に協力する過程を通して、実際にハイデガーは『存在と時間』第二編で展開した一連のカテゴリー――覚悟性、存在‐への‐可能性、歴史性、そして就中、本来性――を同時代の歴史的状況へと適用していったのである。

実存哲学がヒットラーの帝国のイデオロギーに知的責任を負っていることを誇張して述べることは、もちろん思慮に欠けている。確かにこのイデオロギーのいくつかの側面(最も注目すべきは〝人種主義的発想〟であるが)は、一見すれば実存哲学の教説とは対立するように思われるかもしれない。同時に、第三帝国の内部でイデオロギーが果たした役割について、また〝ナチ・イデオロギー〟として括りうるような体系的な政治的教義を本当に確定することが可能かについても、国家社会主義に関する文献の中で延々と議論されてきた[40]。

たとえば、フランツ・ノイマンが『ビヒモス』で論じているように、国家社会主義というイデオロギーは概して一貫性に欠け、御都合主義的であり、この体制の初期の段階でイデオロギーが演じた役割はすべて、時間の経過の中でみるみるうちに重要性を失っていったのである。しかし、同時にノイマンが示唆しているように、首尾一貫したヴィジョンを欠いているために、全体主義国家が目標として掲げたものや現実に行ったことを正当化する論理を提供しえないこのイデオロギーに代わって、それを提供したのが、われわれがこれまで論じてきた独特な〝実存哲学的前提〟であることが多かったのである。この点に関連してノイマンは、ハイデガーの思想を典型として引用する。ナチの帝国主義的・地政学的な教説の起源について長々と論じた後で、彼は以下のような見解を示す。

> ［大ドイツ《グロスドイッチェ》］帝国《ライヒ》を正当化するものとして何が残されているであろうか。人種主義でもなく、神聖ローマ帝国の理念でもなく、もちろん人民主権や自決権といった類の民主主義的戯言でもない。帝国そのものだけが残されている。それが自らを正当化する。この議論の哲学的な根拠は、ハイデガーの実存哲学の中に見出しうる。政治の領域へと移されると、実存主義は権力と力こそ真であると論じる。権力は、さらなる権力を求めるための十分な理論的基礎になる。ドイツは中央に位置している。ドイツはまさに最強の国家となるべき途上にある。従って、ドイ

ツが新秩序を建設することは正当化される。〔一九三八年の著作『帝国と病めるヨーロッパ文化』の著者であるクリストフ・〕シュテディングについて、ある辛辣な批評家はこう指摘している。「ハイデガーの許ではまだ有意義であった超越論的独我論の残りかすから、彼の弟子は民族の独我論を作り出す(41)」。

芸術の存在論的使命

ハイデガーは、同時代の世界の政治的な大博打を〝存在の歴史〟という純粋に哲学的な視点から解釈しようと企てた挙句に、他のいくつかの点でも繰り返し歪曲や判断の誤りを犯すことになる。たとえば芸術と文化に関する彼の見解を取りあげよう。芸術が本来的であるためには、存在と存在物の出会いに参画していなければならない。「作品は独自のやり方で存在物の存在を開示する」とハイデガーは指摘する。「芸術とは自らを作品へともたらした真理である(42)」。だが、本来の〝作品〟として芸術と哲学の両者が有する主たる機能が、ハイデガーが性起《エアアイグニス》と呼ぶ存在的《オントー》‐存在論的《オントロジカル》出会いを容易にすることにあるならば、この文化的表現の二形式のあいだの相違は忘れ去られる危険がある。結局のところ、美的領域の独自性を主張する立場は、存在論的思考の優位の下に、つまり真理を現われさせるという目的のために、犠牲にされてしまう。その上、芸術的活動の自律性もまた、芸術は民族の歴史的な生との関わりの中で〝創建するという役割〟を果たすという主張の前に、いっそう相対化されてしまう。実際、ハイデガーはこうした考えを一九三四―三五年冬学期のヘルダーリン講義の中で表明している。「根本的気分《グルントシュティンムンク》、つまり民族の現存在の真理は、詩人によって本源的に創建される[43]」。

こうして、近代芸術全般は〝破壊的である〟という理由で、ハイデガーによって無視されてしまう。そこでは、存在への関係と民族の歴史的な生への関係がともに欠如している[44]。もちろん、この二つの次元は最終的には統一的に連関する。〝文化〟という近代的な概念は、すでに見たように単なる嘲笑の対象になる。それは、実存論的‐歴史的な土着性を欠いた怠惰な〝上部構造〟にすぎない。ハイデガーの言い方に従えば、「文学や美術を愛好する連中のとる態度は、知性へとねじ曲げられた精神が単に近年になって生み出した帰結であり、その変容にすぎない[45]」。別の箇所では、〝コスモポリタニズム〟の精神に対して浅薄とも映る攻撃が加えられるであろう。「真正な作品はすべて、故郷の土壌に根ざしてこそ開花するのではないか[46]」。近代の美学に向けられた彼の批判は、その本質において芸術のための芸術という態度に対してニーチェが加えた批判と一致する。それは、頽廃的かつニヒリスティックであり、精神の衰退が見せるロマン主義以降の表現である。実のところ、ニーチェ自身が同様のことを余人の真似しえない率直さをもって語っているのだ。「芸術のための芸術――沼地で絶望して震えている蛙が聞かせる名人芸的な鳴き声[47]」。

近代的美についてのウェーバーの古典的な説明に従うならば、西洋近代の文化は、私化され、自己の内部に閉塞した芸術を生み出した。こうして、「究極的かつ至高の価値は公的生活から退いてしまう」。ウェーバーは続ける。「我々の偉大な芸術が、親しみやすくはあっても記念碑的でないのは偶然ではない」。今日では「予言的な気息《プノイマ》をもって鼓動しているものは、ただごくごく少数の人間からなる極めて親密な集団の中に……それもかすか《ピアニッシモ》に存在しているにすぎない。そういったものは、かつては巨大な共同体の中を松明の火のように、その全体を結びつけながら燃え拡がったものである」[48]。ハイデガーが洗練された内面性の作り出すこうした弱々しい文化の側に立つことはないであろう。この点で――そして政治的にも――彼の立場は断固たる反近代である。詩は再び叙事詩になる必要があり、民族の歴史性を支配し規定すべきである、と彼は考える。こうして、ヘルダーリンが〝ドイツの命運〟の詩人であると宣言される。ホメロスが〝ギリシアの吟遊詩人〟であり、ギリシア草創期の〝本来的な再生者〟であるのと同様に、彼は〝民族の声〟である。そして同じ新《ネオ》ナショナリズムの偏狭な精神をもってハイデガーは、ヘラクレイトスの名を〝西洋的‐ゲルマン的現存在の根源的な力《ウァマハト》〟の象徴として喚起するであろう[49]。

従って、一般的に芸術が作品として存在との本質的な関係を再び樹立する使命を帯びているとすれば、それは記念碑的でなければならない。それは歴史的偉大さとの関係を再び発見すべきである。それゆえにこそ国家社会主義の新しい記念碑的な側面がハイデガーを圧倒的に魅了したことは、疑いない。

ハイデガーは、ギリシア神殿を引き合いに出しながら、芸術の持っている世界‐創造的で歴史‐創建的な使命を明らかにしようとする。確かにそれは、彼の目的に恰好の例である。というのは、芸術の中で建築だけが本質的に公的な性格を備えており、人間のあらゆる社会的な相互行為がその内で生じる空間的座標を設定するからである。「そこに聳え立つ神殿は、事物にその姿を、人間に自らの相貌をはじめて与える」とハイデガーは指摘している。彼は続けて述べる。

そこに聳え立つことで、建築物は上空を荒れ狂う嵐に抗して土台を守り、そのことによってはじめて嵐そのものの荒々しさを現われさせる。岩石の光沢と輝きは太陽の恵みによってのみ光り出していることは明らかであるが、にもかかわらず光に対して日の光を、空の広大さを、夜の闇をもたらす。神殿が屹立することによってはじめて大気の見えざる空間が見え始めるのだ。……神殿 - 作品が、はじめてそれ自身の周囲に、誕生と死、破滅と祝福、勝利と恥辱、存続と没落がその内部で人間にとって運命の姿を獲得する諸連関や諸関係の総体をとりまとめ寄せ集めるのである。(50)

この文章が、ハイデガーの厖大な作品群《ウーヴル》の中でも最も抒情的で説得力溢れるものであることは、確かである。建築物がもたらす公的空間の秩序化が、我々の世界経験の超越論的な前提条件ともいうべきものを形成することを、彼の文章は確信をもって描き出している。神殿は、人間の作り出す一種の記念碑的プリズムとして作用し、そのプリズムを通して、繰り返される人間相互の生活も人間を囲む自然界との接触も秩序づけられ、経験される。それは、〝作品〟として、時間の流れの中ではかなく過ぎ去っていくものに大地の保護し覆蔵する力を与える。「作品が作品であることは、世界と大地のあいだで争いが戦わされることの内に存する」[51]とハイデガーは考えている。建築物のこの空間が貧しくなるにつれて、我々と世界との関係も貧しくなる。これが依然として我々に意味深長に語りかけてくるハイデガーの近代批判の一側面であることは、間違いないところである。[52]

「諸作品のための作品」としての国家

ハイデガーは、倫理学や美学を構築しようとはしなかったのと同様に、政治哲学そのものを展開しようとはけっして企てなかった。学問における伝統的な分業に反対する彼の立場は、この点で哲学の通常の部門区分にも同様に拡大されている。ハイデガーの考えでは、伝統的な哲学分野の区分は、いかんともしがたいまでに存在神学的な前提に侵されている――たとえば、主観と客観という近代哲学上の区別は、存在物を〝目前存在〟のモデルに従って理解している。倫理学・美学・認識論といった区別が当然かつ正当であるという考え方そのものが、すでにこうした問題はまず存在との関係の下で考察されるよりも、存在物に即して――従って、何か目前にあるものに即して――判断されるべきであるということを前提にしている。ハイデガーにとって哲学することすべてが犯している原罪とは、存在とのこの本源的な関係を忘却していることである。この忘却の究極的な帰結がニヒリズムである。「存在を忘却し、存在物のみに関心を向けること――それはニヒリズムである」[53]。こうして、彼は〝価値‐哲学〟と呼ばれるものを執拗に批判する。新しい倫理学、新しい文化哲学、新しい政治理論の創造によって世界が再生することはありえない。すべてが語られ、すべてが為されたところで、こういうすべての新しい学問は本質的には何物も変えることはない。そうではなく、現代人の生の中で存在が余りにも忘却されているという事実を熟思することによってのみ、人間の力の展開するこうした領域の各々が再びそれぞれの存在論的意義を獲得することができるのである。

しかしながら、ハイデガーの業績の中で政治理論が展開されていないからといって、彼の思索に体系的な政治哲学的考察がまったく欠如しているということにはならない。一九三〇年代半ばの彼の講義や著作において〝民族の歴史的な生〟というカテゴリーが徐々に重要な役割を演じるようになるという事実は、人間が近い将来、存在に近接する関係へと入っていくか否かという問題が、少なくとも部分的には新しい政治的秩序の出現と連関していることを暗黙のうちに示唆している。換言すれば、ハイデガーが抱懐している哲学的諸問題の解決の帰趨は、ひとえに政治的な土台もしくは枠組の構築にかかっているのである。政治は世界を存在の問いの措定に好ましい状況へと本質的に改変する。この意味で、一九二九年にハイデガーが直面した人格的／知的危機——偶然にも歴史上の世界恐慌と時を同じくして生じた彼の個人的危機——がもたらした帰結の一つは、存在の問題が歴史の理解と現実に切り離しがたく結びついていることを彼が認識したことであったように思われる。この事実によって、彼がこの時期に保守革命派の近代批判に心を奪われたことも説明できる。

彼は、日常性という非本来的な構造が遍く支配しており、歴史上現在は普遍的な〝困窮〟と〝苦難〟の時代であるという理解に到達したからこそ、存在の問題の新たな提起というあらゆる真摯な企てのために戦うことを決意したように見える。[54] こうした確信から現実を眺めた彼は、今や決定的な歴史的転換点に到達しつつあるといっそう信じるようになった。この転換点は、疑似‐黙示録的・ニーチェ的な形姿をもって新しい時代あるいは全体的没落の開示を告げているように見えるのである。

ハイデガーの著作における政治哲学的考察は、第一に歴史的‐存在論的な真理の永遠の担い手として国家を正当化するという形をとる。つまり、国家は存在物の不覆蔵態における不可欠なメタ存在論的役割を演じるのである。何故メタ存在論的なのか。国家という〝作品〟は、存在を明け透かせるという、それに続くあらゆる営みの本質的な前提条件、不可欠なものとして現われるからである。それゆえに、ハイデガーはあたかも国家の存在が他のあらゆる作品――詩、建築物、さらには哲学といった作品――の存在よりも、いっそう〝本源的《ウアシュプルングリッヒ》〟であるかのようにしばしば語っている。

〝作品〟という概念こそが、国家の存在論的な役割に関するハイデガーの理論を理解するために不可欠な鍵である。より限定的に言うならば、存在物の存在の空け開きをはじめて可能にする〝明け透き《リヒトウング》〟、一種の超越論的‐存在論的な開示を樹立するものとしての作品という概念である。〝明け透き〟は、存在物の不覆蔵態の本質的な前提条件として、存在物からなる現実の世界に対して、つまり存在物の世界そのものとの関連でいわば存在論的優越性を有している。だからこそ、ハイデガーは以下の文章において、明け透きを存在と存在物の出会いのための一種の形而上学的基礎として描いているのである。「存在物全体の真只中に開けた場所が生起する。明け透き、光の当たった場所が生じる。存在するもの、存在物との関連で考えるならば、この明け透きは存在物よりもはるかに存在する」。彼は続ける。「存在するものは、この明け透きの中で照らし出されたものの内部に立つとき、その中で際立つときにのみ、存在物として存在しうる。我々人間が我々自身ではないこうした存在物に到達するには、そして我々自身もそうである存在へと接近するには、専らこの明け透きによって承認され保護されることが必要である」[55](強調、ウォーリン)。

明け透きは、ハイデガーにとって本源的な真理、つまり真理へのあらゆる個別的な要求が可能となるための前提条件であり、もし開けた場所がまず〝明け透く〟ことがなければ当該の存在物について何も語ることができない。そういう存在物は、明け透きによって光に照らされている限りで本質的に我々に近づくことが可能になる。この意味でも、真理命題は、不覆蔵態という根源的な活動としての明け透きに従属する副次的命題である。ある命題が定式化され、事態が表象されることが可能となるためには、それに先立って存在物が〝明け透き〟の中に置かれなければならない。

〝明け透き〟は芸術作品によって生み出される。例を挙げるならば、〝作品〟としてのギリシア神殿によって、その周囲に開けた場所が樹立されるのである。しかし、それはまた他の種類の作品によっても生み出される。「真理によって空け開かれた存在物の中に真理が自らを樹立するための本質的な方法の一つは、真理が自らを作品へと据えることである。真理が生起する別の方法は、政治的国家を創建する行為である」[56]（強調、ウォーリン）。この主張をもって我々は、ハイデガーの政治哲学そのものの入口に到達したのである――真理を作品へと据える上で国家が果たすべき役割。国家は不覆蔵態としての作品に参画する――今のところまだその方法は画定されてはいないが。国家はまた一種の作品であり、隠蔽された闇から開けた場所を救出し、真理の現われる輝きをまずもたらす明け透きを可能にするのである。

　だが、ハイデガーが〝作品〟としての国家について語るとき、一体何が意味されているのか。〝〔国家という〕作品の中で真理を作品へと据える〟ということで彼が言わんとするところは、詩・建築物・哲学といった作品を例として参照するならば、容易に理解される。しかしながら、同様に政治生活を規定しようとする彼の企ての含蓄しているものは、直ちに明瞭になるとはとても言えない。

　再度ギリシア神殿の例を参照することは、この関連で理解の助けになるかもしれない。それが樹立する世界は、ある種の明け透きであった。言い換えれば、それは、存在物の覆蔵態と不覆蔵態――神々と死すべきもの、天と地[57]――がそうしたものとして生起する空間的諸関係の網の目を創建する、あるいは作品へと据える。この一瞬の〝生起《イベント》〟――存在と存在物の出会い――の基礎もしくは存在論的な前提条件として、不覆蔵態の作品である神殿は、いわば存在論的優先を主張しているように思われる。〝生起〟そのものは、神殿によって明け透きが樹立されなければ生じない。神殿は、この出会いにとって本源的に不可欠なものとして立っていなければならない。

しかし、このように神殿を存在と存在物の存在論的な出会いのために据えられたものとして特徴づけようとも、一息つく間もなく、いっそう根本的な問題が待ち受けている。では、神殿自体の〝存在論的基礎〟をなすものは何なのか。実際に神殿に先行し、それが存在を開示する活動をさらに基礎づけるような実体(〝存在〟)は、一体存在するのか。存在は、〝明け透き〟に関する、すでに論じたようなハイデガーの分析によれば、神殿自体よりも上位の存在論的価値を明らかに有しているのではないであろうか。この実体は、見出されようと、自己を〝覆蔵〟しようと、言ってみれば〝明け透きのための明け透き〟を構成すると言えよう。

我々が探求している存在物は、無論のこと国家である。あるいは、ハイデガーが現代の歴史的な文脈の下で息吹きを与えようとしている〝ギリシア草創期〟のカテゴリーに即して言うならば、ポリスである。国家は、存在をもたらすあらゆる作品、あらゆる不覆蔵態、あらゆる人間と世界との関係にとって歴史的な前提条件である。国家は、真理を作品へと据える上で常に不可欠な前提条件であり、あらゆる存在物に即した存在論的出会いが可能になるための不可欠な本源的土台である。国家は、存在と存在物についての人間の経験を画定する基礎的な存在論的‐歴史的枠組である。アリストテレスがよく承知していたように、ポリスは、なるほど時間的には後から成立したものではあるが、論理的には常に個々の市民や彼らの制度(宗教・芸術・商業等)や家政活動に先行している。[58] それゆえに、国家は諸作品のための作品なのである。国家は「真理を作品へと据える」活動そのものであり、それが自からそれ以外のすべての個別的な真理作品を可能にする。国家とは、真理とのあらゆる関係が生起するための超越論的‐実存論的な枠組である[59]。

これこそが、まさに一九三〇年代半ばのハイデガーが明らかにしようとした不覆蔵態・作品・政治のあいだの関係である。「不覆蔵態は、作品によって成就されるときにのみ生起する。詩という言葉の作品、神殿や彫像という石の作品、思索という言葉の作品、そしてこれらすべてが基礎づけられ保存される歴史的な場所としてのポリスという作品」[60]。ポリスは他のすべての作品が〝基礎づけられ保存される〟歴史的な場であるからこそ、断固として自らの存在論的優位を主張しているように思われる[61]。それは、他のあらゆる作品――詩的・芸術的・哲学的――が生起する上での明け透きを提供する本源的な作品である[62]。

以下の文章では、他のあらゆる社会的・文化的活動を基礎づける歴史的な土台もしくは根拠としてのポリス／国家という概念が、より詳細に説明されている。

人間という現存在の根拠かつ居場所であり、すべての〔人間と存在物のあいだの〕関係性が交叉する一点が、ポリスである。ポリスは、通常は都市あるいは都市国家と訳されている。これでは十分な意味が捉えられていない。むしろポリスとは、歴史的現存在がその内部で、そしてそれに所属するものとして存在するところの場所あるいは現〔そこ〕を意味している。ポリスは歴史的な場所つまり現〔そこ〕であり、その中で、そこから、そのために歴史は生起《ハプンズ》する。歴史のこの場所と居場所に、神々、神殿、神官、祭祀、競技、詩人、思索家、統治者、長老会議、市民集会、軍隊、艦隊が属している。これらはすべて、最初からポリスに属しているのでもなければ、政治家や元帥と関わって国務となるために政治的になるわけでもない。そうではなく、(たとえば)真に詩人である詩人だけが、真に神官である神官だけが、真に統治者である統治者だけが、政治的であり、つまり歴史の場に属しているのである。(63) (最初の強調のみ、ウォーリン)

右の引用文で提示されているハイデガーの国家主義的な政治概念には、多くの危険がはらまれている。このポリス／国家の理論の有するとりわけ政治的な危険性は、そこに全体主義的なものが潜んでいることである。国家――そしてその存在理由である〝歴史的民族の命運〟――が、〝諸作品のための作品〟として並ぶもののない存在論的優越性を付与されるならば、生の他の領域(社会的・文化的・宗教的)の自律性と統一性は消滅してしまう。それは強制的同質化《グライヒシャルトゥング》を蒙り、政治的な領域に直接的に従属させられることになる。ギリシア人は、直接デモクラシーという制度によってこの潜在的な危険性を回避することができた。この媒介項によって、政治的空間は最大限の多数者に開かれていたのである。しかし、現代に汎ゲルマン的な古代のポリスの〝取り戻し〟をはかるハイデガーの試みは、実際には逆の事態を招来してしまう。彼の唱える二〇世紀のポリス／国家は指導者原理《フューラープリンツィップ》と緊密に結合しているために、それは指導者国家《フューラーシュタート》つまり新しい形態の政治的専制へと転化してしまい、そこでの政治的空間は総統《フューラー》その人と彼の取り巻き連中の世界へと縮小してしまうのである。(64) 先程の引用が示すように、ハイデガーにとって指導者国家という概念は、もし〝真に統治者である統治者だけ〟が指導している限りは何ら問題はない。換言すれば、統治者は〝本来的〟でなければならず、ペテン師であってはならないのである。これから見るように、ハイデガーは自分が指導者原理を唱道したことを哲学的に基礎づけるために、世界‐史的な〝指導者‐創造者〟の理論を展開する。

カールステン・ハリーズの「政治思想家としてのハイデガー」には、ハイデガーの政治哲学に対する類似の反論が数多く述べられている。

不幸にも、この計画［芸術作品に関する分析を国家へと拡大しようとするハイデガーの計画］は、近代の国家概念の拒絶と連結している。それはまた、近代における倫理と政治、私と公の分離の拒絶と連結している。こうした分離とハイデガーの本来性概念が要求する統一性や自己統合とを調和させることは、困難である。ギリシア悲劇を創造的に復活させようとするニーチェの希望を想起しながら、ハイデガーはギリシアのポリスの〝取り戻し〟――この語の彼なりの意味における――としての国家、つまり人間にそのエートスと真正な共同体の成員という場所を割り当てる国家を要求する。政治的なるものと社会的なるものとの融合あるいは混同と結びついたこのロマン主義的な国家概念こそが、問われねばならない。ポリスのイメージの下に現代国家を再構成しようとする企ては、全体主義へと傾斜するであろう。(65)

ハイデガーの政治理論が直面するもう一つの主要なジレンマは、国家の活動を哲学的目標の実現に厳格に従属させようとする際の方法に存する。ハイデガーの構想では、政治生活は本質的にあらゆる固有の内容を剝奪される。そうした内容は、国家の任務であるもっと高尚な哲学的使命、つまり存在と存在物との出会いという真理を作品へと据えることに関して国家が果たすべき役割の前では、色あせ無意味となってしまう。政治に固有の性質を帯びさせていると考えられる多様な政治活動、たとえば、投票、演説、集会、公開の討論といったものに関わる如何なる言及も、この理論からは引き出せない。こうした事柄への配慮などは、デモクラシー一般、とりわけ現代デモクラシーを嫌悪するハイデガーによって完全に無視されざるをえない。

その上、ハリーズが指摘するように、〝作品〟としての国家というハイデガーの理論は、芸術作品に関する理論を模範にして作られている。従って、すでに見たように、ハイデガーの考えでは芸術作品も国家も「真理を作品へと据えること」の例なのである。国家は本質的に巨大な芸術作品となる。芸術作品として、それは真理の啓示に参画するが、ただし、はるかに巨大な規模で、そしていっそう根源的な形で参画するのである。何故ならば、それは、他のすべての下位作品が各々にあらかじめ割り当てられた役割を演じつつ構成する全体芸術作品《ゲザムトクンストヴェルク》だからである。しかしながら、政治的判断を美的判断との類似性によって根拠づけようというのは、極めて脆弱な考え方である。なるほど、我々は、芸術作品は存在物の真理ないし本質を現われさせるというハイデガーの主張を受け容れることができるし、歓迎さえするかもしれない（ハイデガーはこう言っている。「[芸術]作品は……たまたまあるとき目の前にあった何か特定のものを複製したものではない。逆に、それはこのものの一般的本質を複製したものである」(66)〔強調、ウォーリン〕）。しかしながら、美的 - 形而上学的な基準を政治生活固有の領域に適用しようという企てには、疑問を呈しないわけにはいかない。実際、〝真理を現われさせること〟を芸術作品や哲学作品について語るのと同様に、政治の存在理由として語ることに意味があるのだろうか。むしろ政治とは、人間の集団としての計画や制度、そして法が分節化され、議論され、同意を獲得する人間の相互行為の非形而上学的な領域ではないのか。その上、政治に〝形而上学的結果〟を期待するのは、ある意味で危険ではないだろうか。というのも、人間の複数性・差異性・多様性の領域に関わる政治にあっては、哲学的真理のようなより厳密な基準は副次的な役割にあまんじるべきだからである。それゆえに、政治を徹底的に真理に委ねるという復古主義的な企ては、実のところ政治をある種の全体主義的拘束の下に置くことになるのではないか。たとえハイデガーの真理概念（すぐ後で我々はこの概念の検討へと向かうが）が、こうした懸念を払拭するほど十分に寛容で多元的なものであろうと、政治生活の主要なカテゴリーは、真理ではなく正義であるべきではないのか。ハイデガーは、長いこと〝価値 - 哲学〟に抱いていた偏見のためにこうした問題と真剣に取り組むことができなかったことは、疑いない。だからこそ彼は、政治的判断のカテゴリーとして存在と並んで正義を位置づけようとはしなかったのである。以上に論じてきたすべての例から判るように、ハイデガーの政治哲学には過度に存在論的考察が浸透しているために、人間活動の独立した一領域としての政治に内在する論理は、結局のところ圧殺されてしまったのである。

真理と迷誤の等本源性

ハイデガーが政治的判断に関して無能力であったのは、真理を基礎づけるという芸術作品の機能との類比の下に国家(〝国家‐作品〟)を構想したことに起因しているが、政治的判断のこの無能力はまた、彼の哲学そのものの内的なダイナミズムをより根本的かつ潜在的に弱める原因にもなっている。つまりそこには、真理と非真理を区別できないという深刻な理論的欠陥がはらまれているのである。両者を区別するという哲学の最も重要な任務をハイデガーが承知の上で意図的に無視するのも、けっして偶然ではない。むしろそれは、真理命題に関する理論が前提にしている表象機能に対して、彼が向ける批判の本質に関わっている。真理は陳述された命題の確定的な内容によって表象されうるという観念――プラトンのイデア論にまで遡ると考えられている真理像――は、ハイデガーにとってはいわば形而上学による〔真理の〕冒瀆であり、西洋哲学の〝堕罪〟、つまりギリシア哲学におけるアレーテイアという、真理についてのより〝根源的な〟理想に対して犯された罪である。そこでハイデガーは、真理についてのより〝本源的な〟教説を発掘しようとする。それはもっと存在論と共鳴し合った真理概念であり、それに依拠すれば存在の問いと真にあるがままの存在物の両者は、〝人間〟により歪曲され、文法と統辞法にかなった陳述の中でたちどころに隠蔽されることなく、かえってより蒼古の無垢な姿で輝き出ることが可能である。

哲学へのこの突撃は、(すでに示したように)〝不覆蔵態〟というハイデガーの真理概念を導きとして勝利へと到達するはずである。ところが、結局のところ我々は、むしろ全面的敗北の方が部分的勝利よりも失うものが少ないのではないかという思いに捉われざるをえない。なぜならば、命題的な真理を性急に否定したために、今度は真理／非真理という二分法が完全に拒否されてしまうからである。その純粋な帰結として、ハイデガーは、ドイツの国家社会主義が犯した大虐殺と帝国主義という二〇世紀の〝絶対的な歴史的悪〟に対して、知的に(そして道徳的に)無防備な立場へと自らを追いやってしまった。ハイデガーは、この悪を前にして単に無防備であっただけではなく、この運動のおぞましい真実が白日の下にさらされてからも、依然としてその真の〝内的可能性〟を盲目的に擁護し続けたのである。

一体、いかにしてこのような首をかしげたくなるような混乱——真理を非真理から区別できないこと——が、現実にハイデガーの思想の中に生じたのであろうか。我々がすでに検討したように、ハイデガーは〝明け透き〟が命題的真理よりも認識論的に〝本源的〟であることを論証しようとした。存在物は、哲学的判断の対象として措定される以前に、まず空け開きの中に立ち、〝開示〟されねばならない。しかしながら、このように真理をまず何よりも〝開示〟の活動として概念化しようと試みた結果、真理と非真理の相違は判然としがたいまでに消去されてしまう。

放下《ゲラッセンハイト》という後期哲学の教説を初めて公式化した文章の中で、ハイデガーはこう述べている。「空け開かれた場所で開示されたものにとっての自由は、存在物をしてあるがままの存在物たらしめる。自由は今や存在物を存在させることとして現われる」(67)(強調、ウォーリン)。「存在物をしてあるがままの存在物たらしめる」ためのこの大いなる哲学的決意(一種の哲学的な覚悟性《エントシュロッセンハイト》)は、その前提として「存在物の存在そのもの」により忠実であることを要求する。こうして、それは存在の問いに答えるための重要な第一歩となる。他方、プラトンから発する哲学の流れの中では、存在物の存在は様々な哲学的〝第一原理〟の影響の下で歪められ、本質的に隠蔽され覆蔵されている――〝イデア〟〝コギト〟〝実体〟〝モナド〟〝超越論的主観〟〝精神〟等々。しかしながら(そして以下の点は、ハイデガーによって決定的に認められている)、存在物を存在させることは常に存在物を特定の在り方で存在させることである限り――言い換えるならば、存在させることは常にそれ自体が地平的あるいは選択的であるがゆえに――存在物を開示することそのものが、また存在物を隠蔽してしまう。従って、あらゆる不覆蔵の活動は同時に覆蔵の活動である。ハイデガー自身は、この考え方を次のように表現している。「存在させることは、常に存在物をそれに関わる特定の在り方で存在させることであり、そのようにしてそれを不覆蔵態へともたらすことであるというまさにその理由から、それは全体として存在物を覆蔵するのである」(68)(強調、ウォーリン)。この主張をもってハイデガーが示唆しようとしているのは、根本的には本質的な覆蔵と非本質的なそれという二種類の覆蔵があるということのように思われる。我々の存在物理解における誤った哲学的諸概念(先に列挙したばかりのもの）を採用する結果生じる〝隠蔽〟は、後者に属している。他方、本質的な覆蔵は、我々が現象学的に存在物を存在させるときに生じる不可避的に偏頗で不完全な方法に関連している。ハイデガーは、このような覆蔵を存在の核心に横たわる秘密《ゲハイムニス》とみなし、崇めてさえいる。〝秘密〟が忘却されるや、「世界は目論見や計画によって埋め尽くされ、存在全体が忘却される」(69)とハイデガーは述べている。

だが、不覆蔵態へと向かう我々のたゆまない努力の核心には、それと並行して覆蔵の働きが存在するというハイデガーの示唆がもたらす真にラディカルな洞察とは、非真理——覆蔵という形をとった——は真理と不可分であるという考えである。従って、ハイデガーが指摘するように、「非真理は真理の本質から導かれる」——換言すれば、非真理は〝迷誤《イルニス》〟と考えられるのである。あるいは同様の文脈で彼が述べるように、「迷誤と覆蔵されたものは真理の本源的本質に属しているのである」(70)。

ハイデガーは、真理と迷誤の等本源性という思想を『芸術作品の起源』において再度力説している。そこでは、同じ理論が〝世界〟と〝大地〟の関係という観点から語られている。光をもたらすと同時に保護するものでもある大地と世界のあいだの闘争は、両者のいずれも優越することのできない永遠の〝本源的〟闘争である。この本源的な存在論的対立を、ハイデガー自身は以下のように描いている。「明け透きは、拒絶と包み隠しという二重の形でたえず覆蔵される可能性にさらされている。……真理、つまり不覆蔵態の本質は、拒否によって徹底的に支配されている。……二重の覆蔵という形をとるこの拒否は、不覆蔵態という真理の本質に属している。真理はその本質からして非真理である」(71)（最後の文章の強調のみ、ウォーリン）。

命題的真理という伝統的な哲学の理想に対するハイデガーの存在論的批判がいかに実り豊かなものであろうとも、それは結局〝真理〟と〝迷誤〟を区別できないという結果に陥ってしまう。実際、ハイデガーは、存在の歴史という立場から余りにもラディカルに哲学的な真理の問題を問い直そうとした挙句に、真理と迷誤を切り離せないことは明らかに形而上学の長所であると考えるに到ってしまう。しかしながら、現実にはまさにこの根本的な知的区別を消去し無意味なものにする彼の自己満足こそが、政治的判断において彼が途方もない誤りを犯してしまった原因なのである。ニーチェの超人が伝統的な道徳における善悪の区別の〝彼岸〟に位置しているように、ハイデガーの政治的判断は――より偉大な形而上学的深淵さのゆえに――近代の政治的・知的判断のあらゆる慣習的な基準を傲慢にも無視して差しつかえないのである。

最終的にハイデガーの真理観は、『存在と時間』における人間活動に対する決断主義的なアプローチがはらんでいる問題と同様に、判断基準の欠如という問題に逢着してしまう。一見したところでは、ハイデガーは、不覆蔵態は単に真理の存在論的な前提条件であると主張しているだけである――そしてこの点に限定すれば、この主張は確かに納得できる有意義な洞察である。だが、実際問題としては、この真理の本質は労働や世界等によって開かれてきた現象学的地平の内部で生じる不覆蔵態と覆蔵態の弁証法の下で把握される。〝転回〟後に急進化した彼の徹底的な反主観主義は、最後は不毛な実証主義ともいうべきものへと帰着する。つまり対象(存在物)は、もはや〝判断〟されえないのであり(なぜならば、それは対象を主観的な判断基準に、もっと悪いことには〝価値〟に従属させてしまうことだからである)、ただ〝空け開かれる〟あるいは〝現われさせられる〟だけである。にもかかわらず、ひとたび真理と迷誤を分かつ線が消されてしまえば、本来的な現われと非本来的な現われという区別も本質的に雲散霧消してしまう。両者は、独特のやり方で迷誤の前に犠牲にされてしまうのである。想像するに、ハイデガーは、どんなに些細なものであっても、真の開示行為と真ならざるそれとを区別することで自らの真理観を救出しうると考えている。その場合、真の開示とは、存在物を〝本質的に〟つまり〝それ自体〟の姿でありありと現われさせることであろう。しかし、彼の著作の中ではそうした真正な現われと真正ならざるそれという区別は、前面に押し出されてはいない。その代わりに、迷誤は、逆説的にもそれ自体で有効であり、それゆえに真理と〝等本源的〟である不覆蔵態の在り方とみなされている。繰り返すならば、ハイデガーは、不覆蔵態は存在物の一種の特権的な、もしくは範例的な開示を意味していると主張したがっているように見える。そこで今度は真理の判断の方が、開示のこの範例的な在り方に依拠して下されることが可能なのである。ところが、実際にはそうしたことは主張されてはいない。その代わりに我々に残されているものは、淡々とした実証主義的な〝贈与〟であり、〝直接に現われた存在物〟であり、〝空け開きそのもの〟である。

この点で存在の歴史に関するハイデガーの理論は、フッサール的な真理概念と古代ギリシア的なそれの両者よりも後退している。というのは、両者は存在物の〝贈与〟そのものにではなく、贈与の超世界的ないしは優越的な様態の中に存しているからである。[72] 伝統的な賓辞的考察のすべてを完全に排斥しようとして、彼が真理の〝場所論〟に固執した結果――明け透き、または空け開きを〝非真理〟としての真理が現われる十分な条件として規定すること――、ハイデガーは判断能力の極度の欠如へと追いやられる。哲学的に納得させられたこの洞察力の放棄こそが、彼をして国家社会主義の知的・政治的な本質を致命的に見誤らせたものであった。

政治・真理・迷誤の関係についてハイデガーは不吉な誤解を犯したという、これまで論じてきた問題の多くは、ハイデガー研究者ヴェルナー・マルクスによってすでに鋭く総括されているところである。

> ハイデガーは、草創期のポリス［つまり真にギリシア的なポリス］という制度を、アレーテイアという根本概念の下に、人間が暴力的に巻きこまれる真理の生起《オカーレンス》と考えた。同様に、〝国家社会主義国家の成立という根本的性起《イベント》〟の中に、彼は芸術作品についての論文（一九三五年）で〝真理が現成する《ディー・ヴァールハイト・ヴェスト》〟道の一つとして明白に特徴づけた〝国家創設行為〟、つまり国家の〝本源的な〟基礎づけを見た。〝我々ドイツ人の現存在の全体的な変容〟をもたらす〝国家社会主義革命〟は暴力的にのみ起こりうるということ、そしてそこには迷誤や仮象と並んで悪が忍びこんでいるということは、こうしてハイデガーにとっては〝真理の生起〟という思想から単

純に導かれる事態であったろう。彼にとってそれは、単に存在の明け透きにおける善と悪の等位性の結果にすぎなかったろう。それゆえに、国家の定礎者たちが悪を指令したところで、〔ハイデガーは〕〝道徳的な考慮〟に基づいてそれを罪であるとは考えなかったろう。この思想家と国家社会主義との関係、それに関連する彼の言葉・文章・行為の真意を解明するという人を戸惑わせ苦しめる問題と取り組むにあたって、以上の点を考慮する必要がある。そうすれば、国家社会主義革命の暴力と悪に関して彼は〝間違えただけである〟という、よく聞かれる見解には、疑問を呈さざるをえない。むしろ逆に、彼はアプリオリにそれを正しいと評価していたに違いない。なぜならば、彼はそれを〝真理の生起〟とみなしていたからである。

　こうした点を考慮することは、ハイデガーの真理概念の極端に危険な性格に光を当てる上で、とりわけ必要である。そこからいやおうなく次のような疑問が生じるであろう。すなわち、〝秘密〟のみならず迷誤や仮象や悪をも真理の生起の内部における平等な仲間であると彼が考えたとき、一体ハイデガーは現実に立脚して事態を正しく把握していたのであろうか[73]。

　こうして、マルクスによれば、ハイデガーの真理概念の〝危険な性格〟は、彼が〝迷誤や仮象や悪〟は真理の等位的契機であると頑固に主張したことから引き出される[74]。この真理観のジレンマは、それが本質的に誤っていることの証明不可能性を帯びている点にある。というのも、迷誤と真理はハイデガーにとって等しく性起《エアアイグニス》の構成要素であるから、両者を区別するための判断基準が与えられていないからである。〃秘密〃としての存在の歴史へと接近する特権的な立場を占める哲学者その人だけが、真理と迷誤の本来的な現われと非本来的なそれとを区別することができる。従って、哲学者は〃存在を司どる高位聖職者〃となり、彼の説くところが正しいかどうかを合理的な議論の力によって吟味する必要はもはやない。それどころか、存在の密儀の〃主宰者〃という地位にあるだけで、あらゆる疑問や疑惑を退けるに十分である（ただし、何が起ころうとも救われることのないような不信心者の場合は例外である）。一九二九年にダヴォスの地でカッシーラーと論争してから後は、存在物に関する知識をもたらすのみで存在については何も知らない社会科学や自然科学の果実を、ハイデガーは傲然として無視するようになっていた。そんなものは、真に有意義で、現代の危機の根源に触れるようなことを何も我々に教えてくれない。それどころか、それらが提供する様々な知識は、〃存在物〃からなる地上界から摘み取られただけの果実である限り、劣ったニヒリスティックなものである——この言葉は後期ハイデガーにおいては自分の思想と異なるあらゆる思想を指すものとなる。しかし、レーヴィットが考察するように、

　世界を構成する、自然界に存在するもの全体についての哲学的な省察は……〃科学を無視するならば〃空虚なものにならざるをえない。容易に言えることであり、またそれが救いでもあるのだが、もし哲学が蓋然的で反駁可能な事柄を越えて思索すべきであり、にもかかわらず〃本質的な思索〃の領域はあらゆる検証と反駁を凌駕しているべきであるならば、そのとき哲

学は、真理でも蓋然性でもなく、むしろ統御しえない主張や確信を扱わねばならないことになるであろう。(75)

ハイデガーは、存在忘却に陥った哲学の歴史を、そしてなによりも現代という時代を飽くことなく告発し続ける。しかし、主客を逆転させることは簡単である。彼自身の哲学的傑作は、理性《ロゴス》忘却《フェアゲッツセンハイト》の記念碑的な具体例にしばしば危険なまでに接近しているように思われるのである。

指導者 - 創造者の精神的貴族制——存在論的命令としての暴力

存在の神秘に接近するための特権的な地位を占めている哲学者の自己理解こそが決定的に重要であるとすれば、一九三〇年代半ばにハイデガーが詩人・思索家・政治家からなるエリート集団——本来的な〝指導者 - 類型〟に属する人間たちの集団——という観念を定式化しようと努めたのも、けっして単なる偶然ではない。彼らは、存在のより間近に位置しており、啓蒙されざる多数者を存在の〝近さ《ネーエ》〟へと導くという歴史的責任を負っている。それゆえに、指導者原理——本来的な指導の実存論的理論として機能を回復した——は、政治・哲学・詩的創造が歴史的に現実化される方法についてのハイデガーの思想にとって、本質的な基礎として役立つ。最良のニーチェ的流儀をもって、現代という乏しい時代をおおうニヒリズムは、ハイデガーが〝偉大な創造者たち《ディー・グロッセン・シャッフェンデ》〟と呼ぶ創造的エリートたちの偶像破壊的な行為を通して超克されることが可能となる。存在の命運は、本来的な本性と非本来的な本性というアプリオリな区別から帰結するこの優越者たちの集団の手に委ねられるのである。

ニーチェは、ニヒリズムへの対抗者である〝超人〟に関する理論を『力への意志』の中の以下の一節で展開している。

人間の経済的消費がいっそう進むにつれて、そして利害やサーヴィスの〝機械装置〟がますます緊密になるにつれて、それに反対する運動が不可避になることを示す必要がある。私は、これを人間の過剰な奢侈がもたらす分泌液と呼ぼう。それは、平均的人間の住まう世界とは異質な状況下に成長して、自己を保存するより強力な種、より高級な種を育むことを目的としている。この種を表示する私の概念、私の比喩こそが、周知のように〝超人〟である。……人間が何らかの有用性へと矮小化され順応させられることに対抗して、逆の運動が必要になる――〔断片化された自我を〕統合し、総計し、自己是認する人間を産出すること。このような存在にとっては、この人間の機械への転化は、自己のより高次の存在様式を発明するための基礎となる前提条件である。(76)

この指導者‐類型の人間の新たな支配者カーストに関するニーチェの教説を〝作品〟の理論と結

合し展開するところに、ハイデガー流の指導者論が作り出される。このカーストは創造者の貴族制という形をとる、というのが彼の考えである。彼らは〝本源的闘争〟、存在をめぐる闘争における戦士である。

この葛藤こそが、従来は聞かれることも、語られることも、思索されることもなかったものをはじめて照らし出し展開する。その際、この闘争は、創造者・詩人・思索家・政治家によって支えられる。圧倒的な混沌に抗して彼らは作品という柵を設け、その内部にこうして空け開かれた世界を封じこめる。根源的な力であるピュシスがはじめて姿を現わすのは、作品と共にである。……この、世界を‐作り出すことが、本来的な意味での歴史である。(77)

詩人・思索家・政治家からなるハイデガー的な指導者‐貴族制によって樹立される作品は、顕著な歴史的機能を果たす。それは、本源的・ヘラクレイトス的闘争《ポレモス》を作品という安定した形の下に時間的静止へともたらし、こうして民族の歴史的命運を基礎づける。指導者カーストの役割は不可欠である。何故ならば、ハイデガーの疑似ニーチェ的な認識論によれば、存在の秘密は英雄的な少数者に対してのみ敢えて自らを現わすであろうからである。「真なるものはすべての人間にとってではなく、ただ強い者にとってのみ存在する」(78)。「今日ではギリシアのポリスをめぐって余りにも混乱が生じている」とハイデガーは指摘する。というのも、ギリシアのポリスをデモクラシーの観念の歴史的な起源であるなどと考えているからである。ところが、それとは逆にハイデガーが政治的な実体としてポリスを賞賛する理由はただ一つである。そこでは、〝位階と支配〟が優位を占めていたからである。そして彼は、この同じ指導者原理の痕跡を現代の政治的な文脈の下に蘇らせることを欲しているのである。[79]

しかし、ニーチェの超人が、平均的人間を〝より高次の存在様式を発明するための基礎〟として利用することを正当化されているのと同様に、ハイデガーの指導者‐創造者の場合もまた、高い位階の者には特権が与えられている。彼らは〝暴力《ゲヴァルト》‐行為者《テーテイゲ》〟であって、「創造者・行為者として傑出した歴史的存在になるために、権力を行使する」。彼らは、文明の生み出した偉大な、しかし誤解された天才であり、法の上に、そして法の外に立っている。そもそも彼らが、まずはじめに法に存在を与えたのである。「歴史的な場所で傑出した者として、彼らは〔ポリスの内部にあると〕同時にポリスの外に(apolis)ある。彼らは、都市も場所も持たず、孤独なよそ者であり、異邦人であり……掟も限界も知らず、構造も秩序も知らない。何故ならば、彼ら自身が創造者としてまずこれらすべてを作り出すべきだからである」[80](強調、ウォーリン)。指導者‐創造者は、いわば法‐創造的暴力を具現している。彼らは、究極的には法を足下に踏みにじることを自身で正当化できるエリートである。〝暴力を行使する者〟という彼らの地位は、けっして彼らの存在のどうでもよいような非本質的側面ではない。ハイデガーに従えば、専らこうした暴力のおかげで慣習や日常性の力が作る固い殻が破られ、本来的に創造的な自然が真に自己を主張することが可能になり、さもなければ隠されていた存在の本源的な力が迸り出ることができるのである。「詩を語ること、思索に耽ること、建物を築くこと、そして国家を創設する行為、これらの暴力は……馴らし秩序づける力であり、そのおかげで存在するものは、人間が関わるにつれてあるがままに自らを開くのである(81)」。

　こうして、ハイデガーの形而上学的な構想の中で、暴力は存在論的命令という性格を帯びる。それは、その支配下で存在を問うことが妨げられている日常的瑣事の力と戦う指導者‐エリートが所有する本質的な手段である。しかしながら、このような暴力の哲学的賛美を通して見紛うべくもなく明らかになってくるものは、ハイデガーの暴力‐行為者——言ってみれば、〝存在の突撃隊〟——と〝突撃と闘争《シュトゥルム・ウント・カムプフ》〟という国家社会主義のレトリックとのあいだの親和性である。哲学的にどれほどの本質的な意義を有していようとも、〝ポリスの外に〟あって〝上位規範をもたない〟創造的エリートという理論を前にした我々は、それがナチスの指導者原理と非合法的やり口を宴の後になってから意匠をこらした、しかし荒っぽい形で正当化するものであることに、衝撃を覚えないわけにはいかない。ハイデガーの指導者国家という、いかなる道徳的・法的拘束をも免れた、そして栄光に包まれた国家のイメージは、支配エリートの全体主義的な主張を熱烈に支持する。高尚な形而上学的用語をもって議論したところで、彼の所説はいとも易々と利用されてしまう。事実、〝〔真に指導者に価する〕指導者だけが〟指導せねばならないというハイデガーの限定にもかかわらず、彼の所説は権威主義的な恣意的支配への白紙委任状《カルト・ブランシュ》に等しい。創造的エリートが〝正義〟を独占することを主張することは、彼らが固有のカリスマ的‐実存論的な優越性を有することを認めることであり、彼らは〝法を足下に踏みにじること〟を自己正当化できるのであるから、彼らの権威の源泉は本質的に決断に基づいている。存在論的に指導者と追従者を区別する独特の理論は、それ以外のありとあらゆる邪悪な帰結をもたらす深淵である。

指導者‐創造者の活動を通常の人間的な次元で判断することはできない、とハイデガーは繰り返し強調している——創造的エリートを論じる中でおそらく最も強調されている点であり、それによると、彼らは神々の事柄と人間の事柄とを媒介するという崇高な使命を負った一群の〝半神たち〟なのである。半神としての指導者‐創造者は、ニーチェの超人にも匹敵する地位を占めている。一方で、彼らは日常的な人間の営みの世界から超越している。他方で、彼らには神々そのものに備わる神的優越性が欠如している。ハイデガーが描くように、彼らは〝超人《ユーバーメンシェン》〟かつ〝神々の直参《ウンターゲッター》〟という資格を与えられている。「半神——神々そのものではなく、神々に直接連なる存在であり、人間的な生の彼岸で指導すべき立場にあることは、もちろんである。超人ではあるが、偉大な神々には服している——神々の直参」。[82] こうして、当時のドイツの政治状況(一九三四—三五年)を示唆しながら、ハイデガーは半神という理論をいかに具体的に歴史に適用するかを明らかにする。「真の指導者《フューラー》だけがその存在をもって半神たちの領域を指し示す。指導者《フューラーザイン》であることは運命であり、それゆえに究極的存在である」。[83]

ハイデガーが半神や指導者というこの超人間的な前衛《アヴァンギャルド》に繰り返し言及するからといって、それはけっして彼の哲学そのものから脇道にそれることを意味しない。それどころか、それは彼の哲学を実現するための歴史的条件の輪郭を描く上で役に立つのである。彼の哲学的計画全体の基底に横たわる〝実存論的な〟動機に照らすならば、その計画が歴史的に実現可能か否かという問題が彼の関心の外にあったとはとても考えられない。存在の問いが特別である理由は、それが伝統的な大学という環境に住む書斎哲学者によって〝答えられる〟こと——あるいは〝問われる〟ことすら——ができないという点にある。むしろ逆に、この問いの本質は、ハイデガーにとってすぐれて時代に規定された歴史的なものである。この問いを措定すること自体が、民族とその歴史とのあいだの具体的な関係に依存していると同時に、最終的には存在のより根源的な理解への新しい関係を再構築しうるかどうかという問題に依存している。本来的な自然本性と非本来的なそれとのあいだに、また指導する者と指導される者とのあいだにアプリオリな区別が設けられ、それが生活世界に関する彼の存在論を支配しているために、この切実な哲学的要求が歴史的にかなえられるという希望は、ハイデガーのいわゆる〝偉大な創造者〟、つまり暴力的かつ創造的なエリートが出現するかどうかにかかっていた。彼らは、旧約聖書に描かれた予言者のように人々を形而上学的救済の道へと導くことができるであろう。その結果、ハイデガーにとって「国家の本来的観念は必然的に反自由主義的でなければならない。それは……超人という新しいタイプの人間が到来するための基礎を固めるような新しい支配者カーストを要求する」[84]。もちろん、仮にこれが実現したとしても、〝多数者〟は非本来的な存在のままに惰眠を貪り、自らの前に広がる偉大な歴史への展望を捉え損なうといった真の危険が存在する。そのときこそ、ハイデガー自身の哲学において示されたように、指導者原理は単なる副次的消耗品であるどころか、〃存在の歴史〃として歴史が本来的な展開を見るために不可欠な鍵という役割を演じるのである。なぜならば、歴史的民族が形而上学的(存在史的《ザインスゲシヒトリッヒ》)使命を果たす上で触媒として作用する、そして儀式を主宰すべき(〃真の〃)詩人・哲学者・政治家が存在しなければ、民族と〃(存在の)本質〃との関係は歴史的な輝きを失う危険にさらされているからである。そのことは、存在の力から棄却《フェアラッセンハイト》されるという運命を招来する。巨大な歴史的闘争の下に置かれ乾坤一擲の賭けの渦中にあるハイデガーは、この過程の暴力的な本質を、指導者層を〃暴力-行為者〃として正当化してまで強調する必要性を感じていた。こうした理由から、ヘラクレイトスの断片五三を読解する際に暴力(それと並んで〃闘争〃〃不和〃〃葛藤〃)は存在の産婆であると解釈されることになったのである。「存在の圧倒的な力に対峙する暴力は、もし存在がその本質においてピュシスとして、現われる力として支配しているならば、存在の前に玉砕せねばならない。……それゆえに、暴力を行使する者は優しさも妥協も知らない。……その者にとって破滅は、力の充溢の最も深い、最も広い表明である[85]」。

しかし、存在の政治という包括的な歴史的構図の中で、先兵である本来的な創造者が演じるべき役割に関して最も明確な説明は、ハイデガーが一九三四—三五年の冬学期に行ったヘルダーリン講義で提示されている。彼の説明に耳を傾けよう。

諸民族の歴史的現存在——その出現、開花、没落——は、詩に起源を持っている。そこから、哲学という本来的な知も生まれる。そして、この両者から民族《フォルク》としての民族の覚醒が生じるのは、国家を通してである――政治、従って諸民族の根源的・歴史的時代とは、詩人、思索家、国家創設者《シュターツシェプファー》、つまり民族の歴史的現存在を本来的に基礎づけ樹立する者の時代である。彼らは本来的創造者である。……存在物の存在は、思索家によって存在として理解され、秩序づけられ、それゆえに最初に現われさせられる。こうして理解された存在が、存在するものの究極的な真剣さの中に――つまり決定的な歴史的真理の中に――置かれることによって、民族は民族としてそれ自身へともたらされる。こうしたことは、国家の本質にふさわしい国家が国家創設者によって創造されることを通して生じる。(86)(最初の強調のみ、ウォーリン)

存在の政治――存在の歴史という観点から見た、創造者と民族と国家を結合する関係の理論――というハイデガーの教説を好意的に理解すれば、この哲学者が唱えていることは、単に詩と哲学と政治家の態度という三つの〝より高次の権力〟に基づく国家の自己決定という理論にすぎない。こう理解すれば、本質的にそれに反対する理由はない。しかしながら、実際にはハイデガーの理論の歴史的・概念的基礎がもっと複雑であることは確かである。それは、〝中欧の盟主〟という帝国主義的ドイツ像を含む、(原《プロト》ファシズム的な)保守革命派の近代批判を彼が受容したという事実と不可分である。それはまた、全体主義的な国家権力に対抗すると目されるあらゆる制度について彼が体系的に否定的判断を下したという事実や、その本質においてナチスの指導者原理そのものと切り離せない、権威や位階制や特権階級という理想を彼が賛美したという事実とも不可分である。彼の哲学を構成するこうした側面を、逆に一九三〇年代ドイツの民族革命の推移を支持する目的でこの哲学者自身が行った無数の考察や折にふれもらした言葉を背景にして眺め直してみると、我々はそこに浮かび上がってくる一人の人間そして哲学者の横顔を、とても無邪気であるとは形容できない。哲学と政治は偶然に、あるいは非本質的に結びついているわけではない。それどころか、これまで彼の理論を再構成することで示そうと努めてきたように、両者は密接につながっているのである。

それゆえに、この哲学者の心中で、再び存在を回復しようとする彼の企てとドイツ国家社会主義とのあいだに深い連関が存在することは疑いない——たとえ現実に移されるや、この運動がとり始めた姿を知ってから、彼が徐々に失望を抱き始めたとしても。〝真中に位置する民族〟としてドイツが担っている究極的な歴史的使命に寄せる彼の信頼が、少なくとも一九四〇年代半ばまで揺るぎないものであったことは、一九四二—四三年の冬学期の彼の講義に散見する驚くべき考察から明らかである。この時期は、第二次大戦の戦局における決定的な転換点であったが、そうした事実はハイデガー自身の政治的感性にはほとんど影響をおよぼしてはいないように見える。それどころか、一九四二年の夏に至っても、彼が〝国家社会主義の歴史的独自性《ゲシヒトリッヒエン・アインツィヒカイト》〟を執拗にほのめかしていることには、呆れるばかりである[87]。同様に、次学期のパルメニデス講義ではこう述べられる。「従って、重要なのは以下のことを認識することである。すなわち、勝利が到来したときには、この歴史的民族［ドイツのこと］はすでに勝利をおさめていたのであり、けっして敗れることはないのだ

(schon gesiegt hat und unbesiegbar ist)。何故ならば、この民族は詩人と哲学者の民族であり、そのことはこの民族の本質に属しているからである。この本質から逸脱して、そのためにそれを誤解するという恐ろしい結果に——というのも、そうした脅威に常にさらされているからである——陥らない限り、そうなのである」(88)。同年のヘラクレイトス講義でも、彼は——逆の方向へと向かいつつあることが歴史的に如実なものとなっていたにもかかわらず——再び血迷ったとしか思えない確信を披瀝している。ドイツとドイツ人は、迫りくる破局という運命から西洋を救いうる唯一の力であるというのである。「ドイツ人が、そしてドイツ人だけが西洋の歴史を救済しうるのである」と彼は宣言している。「この惑星は炎に包まれている。人間の本質の関節が外れてしまった。世界‐史的な考察はドイツ人にのみ可能である——もし彼らが〝ドイツ的なもの《ダス・ドイッチェ》〟を発見し、保持するならば(89)」。

こうした文章が綴られているあいだに、ドイツ軍はスターリングラードを目前にして潰滅し、また〝ユダヤ人問題〟に対するヒットラーの最終的解決《エントレーズング》なるもののおぞましい本性がもはや疑いえないものになっていた。ドイツに住む全ユダヤ人が強制的に連行されていたし、強制収容所の実態は、すでに市民のあいだで周知のものとなっていた。世界が炎に包まれるというハイデガーの予言は、ほかならぬドイツによって実現された——とりわけハイデガーがかつて熱烈に、全身全霊をもって支持していた政治運動によって——ということ、それゆえにドイツは破局の〝救済者〟ではなく、むしろその〝張本人〟であるということは、この哲学者の歴史理解の能力を越えているように思わ

総長就任演説の直後、幻滅したかつての弟子は、堕ちた師についてこう書くことになるであろう。

れる――それもはるかに。

実存主義は、その政治理論が実現された瞬間に崩壊してしまう。それが熱望した全体的‐権威主義的国家は、実存主義の真理のすべてを裏切ってしまう。実存主義は、精神史上独特の自己卑下と結びついた崩壊を伴っている。それは、サテュロス劇としての自らの歴史を極限にまで歩んでしまう。それは西洋の合理主義と観念論への華々しい論難から哲学的に出発したが、その目的は、こうした知的遺産のために歴史的に凝固してしまった個人の存在を救済することにあった。そしてそれは、自らの起源を根本的に否定することで哲学的に終焉を迎えることになる。理性に対する闘争は、それを支配権力の腕の中へと盲目的に駆り立てる。権力に奉仕し、権力に守られる中で、それはかつては西洋の思考の絶頂として讃えていたあの偉大な哲学を裏切ってしまうのである。(90)

第五章　テクノロジー、反ヒューマニズム、そして実践理性の腐蝕

ハイデガーの著作の中には政治哲学の入りこむ空間がない。明らかにその理由は、そのための空間が神々によって、具体的にはギリシアの神々によって占められていることにある。

レオ・シュトラウス「厳密な学としての哲学と政治哲学」

真理の問題を〝存在の空け開き〟の問題にとって替えようとする者は誰でも、実践という理性的概念のすべてが前提にしている〝批判的責任〟という理念を滅ぼしてしまう。

エルンスト・トゥーゲントハット『フッサールとハイデガーにおける真理概念』

ハイデガーは自由とは何かを知らない。

カール・ヤスパース『マルティン・ハイデガーに関する覚書』

ニーチェ再考

中期ハイデガー――大雑把に言って、『形而上学とは何か』(一九二九年)から『芸術作品の起源』(一九三五―三六年)に至る時期――を特徴づけるのは、現存在中心的な実存哲学から存在の歴史に関する独立した理論へと力点が大きく移行したことである。そのために、この時期には〝現存在《ダーザイン》〟の語はしばしば〝現《ダー》-存在《ザイン》〟といった具合にハイフンでつながれて表現される――このことでハイ

デガーが示したいのは、この語は自律的に実存する実体ではなく、何よりも〝存在〟の〝現〔そこ、つまり現われる場所〕〟として理解されるということである。『形而上学入門』においてピュシスが論じられていることも、ハイデガーの新しい態度を示す徴候である。ピュシスは、前ソクラテス期の哲学者たちが描いたように、ハイデガー自身の存在《ザイン》というカテゴリーを予告する自己現実化という現象として理解される。このように理解されたピュシスは、形而上学的な本源性を有しており、その前では現存在自身の瑣末な〝世俗的〟関心などは色あせて無意味なものになってしまうように思われる。

しかしながら、この中期の思想は、初期の著作との突然の、そして全体的な断絶を表わしているというよりは、過渡的なものであるというのが本当のところである。〝後期〟の要素と〝初期〟のそれとは、矛盾しながらも実り豊かな形で絡み合っている。一方で、存在の問題は、『真理の本質について』や『形而上学入門』といった著作の中でそれ自体として提出されている。他方で、存在の歴史におけるドイツの特権的な役割に関するハイデガーの政治的省察と指導者‐創造者の貴族制という彼の理論の両者が示唆しているのは、現存在は単にアプリオリな形而上学的〝命運〟の受動的容器であるよりも、存在の力に対する自らの〝運命的な〟関係に能動的に働きかけ、それを形作る能力を有しているということである。

この、いわゆる過渡期に決定的に革新されたもう一つのカテゴリーが、〝作品〟という概念である。それは、ハイデガーの政治思想に関するアレクサンダー・シュヴァンの重要な研究の焦点である。[1] この概念は、多くの点でこの時期のハイデガーが没頭した哲学的問題の紋章として役に立つ。〝作品〟は、存在の超越性と現存在の内在性とのあいだの理想的な媒介項として作用する。それは両者の歴史的な混淆の場、〝性起《エアアイグニス》〟の理想的な場所となり、それゆえに存在の真理が現われる上で本来的な枠組となるのである。しかしながら、ドイツ古典哲学が採用する〝主観的精神〟という観念をハイデガーが避けているところから見ると、作品とは――芸術・哲学・政治のいずれにおいても――人間による自律的な形成の所産ではなく、作品そのものの呼びかけに現存在が関心を持って応じた結果であるように思われる。従って、作品の作者である現存在は、受動的な〝存在の産婆〟として奉仕しているのである。ハイデガーの説明によれば、「偉大な作品にあっては……作品そのものに比較すれば芸術家はとるに足らない存在であり、作品が姿を現わす創造の過程の中で自らを破壊していく通路とほとんど同じである[2]」。

ところが、第四章で長々と論じてきた過渡的な〝中期〟は、一九三六年に突然終わりを迎える。この年から始まるハイデガーの集中的なニーチェ研究をもって、『形而上学とは何か』で最初に示唆された存在史的《ザインスゲシヒトリッヒエ》転回は劇的な完成を見ることになるのである。存在と現存在の関係をめぐるこの哲学者の新たな概念化は、余りに極端であるために、ハイデガーの思想における転回《ケーレ》とは〝転回〟というよりも〝逆転〟と理解すべきほどである。この最終局面に到って、中期の存在／現存在の関係を特徴づける多くの曖昧さは、一見消滅したかのようである。[3] 存在の歴史に些かでも影響を及ぼしうるような、あるいはそれを変化させうるような現存在の能力は、ほとんど否定される。代わって人間は、絶対的な〝意味喪失《ジンロージッヒカイト》〟と〝存在からの棄却《ザインスフェアラッセンハイト》〟という運命に一方的に委ねられているように見える。ハイデガーがそれを〝存在の命運《ザインスゲシック》〟と特徴づけているからには、この運命はまったく容赦のないものに思われる。この〝命運〟を前にしては、かつてハイデガーが絶大な信頼を寄せていた本来的指導者‐創造者の貴族制といえども、頽落した日常性の世界に安住している輩と同様に、なすすべを知らないことは明らかである。

しかしながら、こうした後期ハイデガーの形而上学的判断は、純粋な哲学的見地からのみ下されたわけではなく、ドイツの国家革命の挫折という実際に彼が目撃した歴史的事実に関わっている。それゆえに、ハイデガーの転回は、哲学に内在する動機と外的・歴史的に条件づけられた動機の両者を暴露しているのであり、転回の少なくとも一部は、国家社会主義者であった自らの過去と折り合いをつけようというハイデガーの企図に照らして理解されるべきである。だが、存在の歴史という後期の教説を、彼自身が国家社会主義に関与し、そして挫折したという事実の屈折した哲学的理由づけとしていざ解釈する段になると、結局のところこの企ては根本的に不満足なものであることが判明する。こうして、後期ハイデガーの思想と行動は、政治的な生の窮境――政治的な生の複雑さを、一九三〇年はじめのこの哲学者はぶざまなまでに見損なってしまったのであるが――からの意識的な隠遁によって特徴づけられる一方、彼が実践する逃避という戦略そのものが、逆に彼の立場を哲学的にも、伝記的にも雄弁に物語っているのである。

一九三六年から一九四一年までの五年間というもの、ハイデガーはニーチェの作品に憑かれていた。この間に彼は、ニーチェの哲学の様々な側面を四度の講義で論じ、ニーチェの業績を存在の歴史の文脈に位置づけようと、他に少なくとも六回の講義を行い、また論文にも取り上げた。こうした成果がまとめられた二巻本のニーチェ研究が一九六一年に公刊されたが、それは優に一一〇〇頁を越えるものである。

ニーチェの哲学だけが今日の歴史的な状況の本質について傑出した洞察を提示している、とハイデガーは確信した。『力への意志』の著者は、的確にもこの状況を〝ニヒリスティックな〟それと診断した。「ヨーロッパのニヒリズム」と題された講義の中で、ハイデガーは『力への意志』開巻の頁に記されたニーチェによる有名なニヒリズムの定義を引用し、それに賛意を表わしている。「ニヒリズムとは何を意味するのか。至高の価値が失墜すること。目的が欠如している。〝何故に〟に対する答えがない[4]」。その上でニーチェは、この定義に続く分析の中で世紀末《ファン・ド・シエクル》ヨーロッパをおおう世界‐倦怠を光彩陸離たる筆緻で描き出していく。

もちろん、他にも多くの同時代の思想家が〝至高のヨーロッパ的価値〟の凋落について熟考し、嘆いている。長いあいだ伝統主義の防波堤であること、そして西洋の声望を守る忠実な兵士であることを誇りにしてきたドイツにあっては、宗教に支えられた伝統的な世界秩序から近代の世俗化された〝社会〟への一見不可避的な移行は、格別に驚きに価するように思われた。しかし、ニーチェが時代に下した診断は、一味違った透徹した独特のものであった。他の思想家が、ニヒリズムの〝原因〟を、時間の流れの中で尊重されてきたヨーロッパ的な理性や信仰や道徳などの解体に求めるべきであると考えたのに対して、ニーチェは、問題全体をいっそう押し進めることを目論んだのである。ニヒリズムの到来に責任を負うべきは、こういう価値そのものの没落ではない。そうではなくて、こうした価値そのものが、その本質において元来ニヒリスティックなのである。従って、それが現在解体しつつあること自体が、その本来の性質と可能性の反映にすぎない。ヨーロッパ近代の運命に関するニーチェ自身の炯眼な診断――それは一八八〇年代に書かれた彼の著作のほとんどすべてに散見する――は、伝統的に受け継がれてきたプラトン主義的‐キリスト教的な形而上学的世界観に備わる〝生‐否定的な〟性格に対する彼の批判と何よりも関連しているはずである。ニーチェによれば、この世界観が〝生〟に対して抱く憎悪は、それが最も賞賛する価値――プラトンのイデア論、キリスト教の救済説、カントの道徳的主体概念――が、いずれも彼岸の超感性的な領域に根拠を置いているという事実によって表明されている。それゆえに、〝この世界〟への関心は、それとは逆に貶められる――それは不純なものとして中傷されるのである。

　ハイデガーは、一九三〇年代後半の講義の中でニーチェをいっそう高く評価しようと試みる。ヨーロッパ近代の苦悩を洞察しえたニーチェは、〝永劫回帰〟〝超人〟〝力への意志〟といった教説を提唱することで自ら〝ヨーロッパ・ニヒリズムの自己克服〟の予言者たらんとした。ところが、ハイデガーは、ニーチェを自分の流儀で解釈する。つまりニーチェは、こういう理想をポスト形而上学的な意味あいで提唱しながら、実際にはニーチェこそが最後の形而上学者なのである。ニーチェ哲学の真実の姿は、それ自体がいわば転倒されたプラトン主義である点に示されている。プラトン主義的‐キリスト教的伝統は、超感性的な領域をあらゆる存在の源泉かつ根拠として措定するが、ニーチェはこの伝統を克服しようとして、結局は彼の哲学的論敵の形而上学的位階の転倒に成功しただけである。その結果、〝感覚的なもの〟〝生〟〝美的仮象〟が今度は新しい哲学的原理《アルカイ》になる。(5) しかし、ニーチェによる〝価値の転倒〟は、それが克服しようとするあのプラトン主義の呪縛の下に依然としてとどまっている。それはただ、超感性的・形而上学的真理の領域に、それと競合する、しかし同様に形而上学的な感性的真理をとって替わらせることに成功したにすぎない。そこで、「ヨーロッパのニヒリズム」においてハイデガーが論じるように、

> だが、存在物全体の解釈が、そもそものはじめからそれを〝越えて〟措定された超越者に由来しえないとすれば、そのときには新しい価値やその尺度は、存在物そのものの領域から引き出しうるのみである。……もし形而上学の本質が存在《ダス・ザイエンデ》物全体の真理を基礎づけることにあるとすれば、そのときあらゆる価値の転倒は、新しい価値づけのための原理を基礎づけるものとしてそれ自体が形而上学である。存在物全体の根本的な性格としてニーチェが認識し措定するものは、〝力への意志〟と彼が呼ぶものである。(6)

こうして、ハイデガーの見るところではニーチェにとって躓きの石となったのは、彼以前のすべての形而上学を滅ぼしたと考えられてきたものに等しい。すなわち、存在と存在物に関わる差異を

認識することができないということ、換言すれば、存在と存在物を区別することに失敗するということである。伝統的な形而上学に対する批判がいかに犀利なものであろうとも、結局ニーチェは先人たちと同じ罠にはまってしまった。ニーチェもまた、最後には特別に規定された〝存在物〟に特別の地位を付与することを決意して、この実体を〝存在物全体〟を理解するための根本的あるいは形而上学的な出発点に据えてしまう。[7] そのために彼の思想は依然として形而上学に完全に依存している。何故ならば、ハイデガーが指摘するように、〝形而上学〟の顕著な特質とは、〝存在物の全体を存在に優先するものとして考えること〟にあるからである。[8] その結果、存在の問い《ザインスフラーゲ》そのものはけっしてニーチェによって措定されない。ハイデガーは、〝力への意志〟というニーチェの〝特権的な存在物〟に焦点を定めている。それは、それ自体が自己措定的主観性という近代の立脚点の壮大な膨張物にほかならない。ニーチェの場合、唯一の相違は、たまたま彼は自分の第一原理を超感性的な非物体的実在界ではなく、感性的存在物からなる此岸的領域から抽き出すことを思いついたという点である。

　しかし、一九三〇年代後半にハイデガーがニーチェの精神《ガイスト》(それは〝精神〟であると同時に〝亡霊〟でもあるのだが)について集中的に熟考したことが本質的に重要なのは、この対決の末に〝存在の歴史〟に関する彼自身の理論が、彼の後期哲学全体をやがて規定することになる方向へと決定的に変容し始めるからである。[9] とりわけニーチェの〝形而上学的－人間学的〟思考の欠陥を衝くことによって、あらゆる人間的な意志と努力に関わりなく〝現成する《ヴェースト》〟存在という、当時ハイデガーが抱懐しつつあった思想を強固なものにすることができたのである。真にニーチェ的な精神に溢れていた一九三〇年代前半のハイデガーは、〝超人〟の理想がニヒリズムの本来的な克服への展望を具体化してくれると信じていたかもしれない（そしてこれこそが、ハイデガーが国家社会主義を支持するために指導者原理《フューラープリンツィップ》を唱道した意図を理解させてくれる）。だが、この時期の後半には、彼はニーチェ批判を通して対極的な立場へと移行することになる。ニーチェの超人を典型とするような、人間的な〝意志への意志〟の神格化は、ヨーロッパのニヒリズムの克服を意味しない。むしろそれはニヒリズムの絶頂を示している。以前のハイデガーは、ニーチェをニーチェ自身の思想的自己理解に即して読んでいた――すなわち、ヨーロッパの哲学的伝統の破壊者にして反キリストたるニーチェ。しかし、今後ハイデガーは、ニーチェの教説をこの伝統の不可避的な到達点とみなすようになる。より具体的に言えば、彼はニーチェの〝力への意志〟説を西洋の〝意志の形而上学〟の崇拝に等しいと考えるのである。[10] その結果、皮肉にもハイデガーの目にはニーチェは最後のデカルト主義者と映る。〝力への意志〟〝超人〟〝金髪の野獣〟等の概念は、〝対象〟（〝物〟〝存在物〟）を主観的な支配と操作の単なる〝素材〟へと還元してしまう、そして対象と対置されたあのデカルト的主体《ズブイエクトウム》の途方もない賛美にほかならない。ハイデガー自身の指摘を引用するならば、「存在するあらゆるもの、そしてそのあるがままの姿を〝人間の所有物と制作物〟へと変えてしまうニーチェの教説は、デカルトの教説の最終的な展開をもたらすだけである。そこでは、真理は人間的主観の自己確実性の中で基礎づけられる[11]」。

その上、このデカルト的／ニーチェ的な〝意志への意志〟――冷酷で情容赦のない――の壮大な侵略計画こそが、ハイデガーに従えば近代の〝本質〟を基礎づけている――この本質は、それが存在忘却《ザインスフェアゲッセンハイト》の極限《ヌ・プリュ・ユルトラ》を示している点で〝ニヒリスティック〟であることを最終的に露呈する。この〝本質的〟次元をひとたび哲学的に把握しさえすれば、近代の歴史の歩みを理解することは容易である。そこでハイデガーは、『世界像の時代』(一九三八年)において次のように指摘している。「形而上学は時代を基礎づけ……この時代を特徴づけるあらゆる現象を完璧に支配している」[12]。それゆえに、彼以前のヘーゲルにおけると同様に、ハイデガーにとっても哲学の歴史は歴史の哲学となるのである。

　こうして、ハイデガーの転回《ケーレ》の〝反動的な〟性格を十分に理解するためには、一九三五年以降に彼がニーチェの〝意志の形而上学〟と断固として対決したという事実を参照することが絶対に必要なのである。それは、自らの思想に残存する一切の主観的‐人間学的な痕跡を一掃することに狂奔し、逆に〝放下〟〝断念〟〝秘密の空け開き〟といった静寂主義的な概念を強調するハイデガーの態度へとつながっている[13]。転回以前のハイデガーの概念枠組に内在する哲学的主意主義――たとえば、〝覚悟性〟〝本来的な存在可能性〟〝偉大な創造者〟としての詩人・哲学者・政治家といった思想をめぐる議論――は、劇的なまでに後退する。それに対応して、人間の使命という概念が練り直される。今や人間は〝存在の牧者《ヒルト・デス・ザインス》〟となるのである。その結果、ハイデガーがとりわけ賞賛に価するものとして特筆するのは、従順かつ恭慎な人間という美徳である。というのは、こうした態度は、我々が〝存在の秘密〟に〝聴従〟する上で最も望ましいからである。

以上のようにハイデガーのニーチェ批判を再構成する試みが正しいとすれば、そして実際、転回以降この哲学者は人間の活動可能性を全面的に否定しているとすれば、そのとき次のような問題が真剣に取りあげられねばならない。すなわち、実践哲学の概念を救い出す上で後期ハイデガーの中に何らかの展望が残されているであろうか。

否定の戦略としての存在の命運

一九三〇年代後半の歴史的文脈を無視しては、ということはこの時期のハイデガー自身の極度の政治的な幻滅を考慮に入れなくては、彼の〝ニーチェ熱〟は説明できない。一九三三年の総長就任演説をナチス体制の〝栄光と偉大さ〟への頌辞をもって締めくくり、次いでこの運動の成功を保証するために組織の長としても知識人としても能力の限りを尽くした著名な哲学者ハイデガーではあるが、その後にこの運動がたどった歴史の歩みには、裏切られたという痛切な思いを禁じえなかったに違いない。この哲学者の政治思想にとりわけ関心を寄せる我々にとっては、決定的な問題は以下の通りである。すなわち、この政治的な幻滅は、いかなる点で後期ハイデガーの哲学的構想の重要な要素を構成しているのか。この政治的な不幸から彼が引き出したと思われる結論は、哲学的に実り豊かなものであったのか。それともその結論は、所詮は彼が最初に犯した過ちのいわば辻つま合わせとして、自伝的事実の上でも理論的にも捏造された一連の否定を導くための道具でしかなかったのではないか。

おそらく、今世紀中葉の世界的激動に対するハイデガーの哲学的な応答の記録として最良の作品は、『形而上学の克服』である。これは、彼が集中的にニーチェに取り組んでいた時期と重なる一九三六年から一九四六年のあいだに、命題の形で書き綴られた一連のニーチェ風の覚書である[14]。現代世界の状況――〝世界の夜の深更〟[15]――をめぐる考察の出発点としてハイデガーの手で選択されたテキストが、今度もまた一九三九―四〇年度冬学期の演習で講じられたエルンスト・ユンガーの『労働者《デア・アルバイター》』であることは、けっして偶然ではない[16]。

『形而上学の克服』でハイデガーは、近代人を労働人《ホモ・ラボランス》として特徴づけるユンガーの立場をまったく留保なしに受け容れる。それは、〝労働する動物〟であり、遍く支配している出口なき〝総動員〟過程にしっかりと組み込まれた代替可能な歯車である。実際、ユンガーが忠実に描き出しているのは、〝労働する存在〟としての近代人が「大地の荒廃した砂漠を彷徨するべく有罪宣告を受ける」[17]に至った道程である。一九三二年のユンガーの予言的な著作は、単に描写が正確であるということに尽きるものではない。労働者の〝形態《ゲシュタルト》〟に関する彼の定式は、本質的ないしは形而上学的次元における近代世界の堕落をも同様に正確に捉えている。ハイデガーが説明するように、「今や労働は(エルンスト・ユンガー『労働者』一九三二年、参照)、存在するものすべてを無条件に対象化するという、意志への意志の働きが示す形而上学的段階に達している[18]」(強調、ウォーリン)。ニーチェ講義の中で重要な位置を占めている〝意志への意志〟というカテゴリーは、ハイデガーにとって近代世界のデカルト的／ニーチェ的な〝主観性の形而上学〟の崇拝を指している。こうした理解の下では、ユンガーの描いた労働者世界《アルバイターヴェルト》――いわば〝全面的な物象化〟の時代[19]――は、プラトンに起源を持ち、ニーチェの力への意志や超人の概念で絶頂を迎える形而上学的世界観の歴史的な完成を示している。この世界観に立てば、対象あるいは物は、自己措定的主観性の意志の命令に強制的に服従させられている場合だけ、〝有意義〟となる。それは、(『真理の本質について』の中でハイデガーがはじめて用いた言葉によれば)存在物を存在させることを拒否する世界である。この世界は放下《グラッセンハイト》を知らない。それは、傲慢にも存在の呼び声を一蹴する。〝存在するものすべての無条件的な物象化〟として、近代世界は主観的な自己主張の混乱した論理の帰結である。これに続く全面的荒廃――ハイデガーに従えば、〝今世紀の世界史的出来事《イベンツ》〔性起〕〟――の様子を、この哲学者は次のように描き出している。

> 存在物の真理の没落は、必然的に、そして実際に形而上学の完成として性起《エアアイグネット・ジッヒ》する。
> この没落《ウンターガング》は、形而上学によって特徴づけられる世界の衰退を通して、同時に形而上学に由来する大地の荒廃を通して性起する。
> 衰退と荒廃は、形而上学的人間である理性的動物《アニマル・ラツィオナーレ》が労働する動物として勝利するときに、性起する。

存在が、その最初の真理として性起することが可能になる前に、つまり意志としての真理が打倒されねばならなくなる前に、世界は衰退を余儀なくされ、大地は荒廃へと追いやられ、人間は単なる労働へと駆り立てられることが必要である。この没落の後、長い期間を経て突然に起源の滞留が生起する。没落の中であらゆるものが、つまり形而上学の真理の全体における存在物が、終焉へと近づく。

没落はすでに性起している。この性起《オカーレンス》の結果が、今世紀の世界史的出来事〔性起〕である。それは、すでに終焉を迎えたものがたどる過程にすぎない。その過程は、形而上学の最終局面に向けて歴史的 - 技術的に定められている。……労働する動物は、自らが生み出しためまいのするような渦巻きへと呑みこまれ、粉々に砕け散り、空虚な無へと自らを滅ぼしていく。[20]

近代の時代精神《ツァイトガイスト》に対する後期ハイデガーの批判の要諦は、右の引用文に如実に示されている。彼の観点は、どう見ても黙示録的である。普遍的な没落と荒廃の過程の第一の〝動因〟が〝形而上学〟であることは明白だが（「没落は形而上学の完成として性起する」）、後期ハイデガーの世界観を構成する他の主要な要素——〝意志〟〝テクノロジー〟、労働する動物としての理性的動物——も、同時に登場している。さらに、千年王国主義的なほのめかしも特徴的である。たとえば、現在の没落が〝存在の本源的な真理〟への回帰へと方向を転じるときが、間近に迫っている。あるいは、この本源的な真理が再び獲得される前に、「世界は衰退を余儀なくされ、大地は荒廃へと追いやられる必要がある」。だが、ハイデガーの描く危機が、彼の主張するように形而上学的起源を有しているのかどうか、より一般的に言えば、このハイデガーの常套句——形而上学の完成《フォレンドウング》——は、彼の意図したほどの説得力を備えているかどうか、は真剣に検討すべき二つの問題である。

『世界像の時代』(一九三八年)の中でハイデガーは、『総動員』でユンガーの採用した戦略——「時節到来と判断したら、断固として〝総動員〟の号令をかけること」——を、単なるテクノロジーの肯定よりも「比較にならないほど本質的な態度」として、やはり賞賛している(21)。しかし、『形而上学の克服』をめぐる我々の議論から明らかなように、ユンガーの理論に関する転回以降のハイデガーの解釈は、一九三〇年代はじめの彼にとってこれらの観念が有していた意義とは正反対の結論へと到達する。当時のハイデガーは、以下の点を確信していた。すなわち、ユンガーの教説は〝新時代〟の到来を予告している、近代のブルジョア的な生のニヒリズムに対するユンガーの批判は、ニーチェの著作を真に受け継ぐものである、その上、労働者世界というユンガーの未来像は、活気に乏しいブルジョア的な日常世界に積極的に代わりうるものであり、長期にわたるヨーロッパのニヒリズムの支配を本来的に克服するものである(〝労働奉仕〟を賞賛するハイデガーの数々の演説を想起するだけで、この点は納得がいくはずである)、と。ハイデガーがついに国家社会主義に自己の運命を委ねたのも、少なくとも一部は、〝労働者‐兵士〟と〝兵士‐労働者〟という新しい英雄的な種族に対するユンガーの理論的崇拝に基礎を置いていた。

だが、ドイツの民族革命の成功とともに評価は一変する——成功の結果、ハイデガーに明らかになったのは、この運動も所詮は〝権力政治〟の一側面にすぎず、存在の真理に無関心である点でこれもまた本質的に〝ニヒリスティック〟であるということであった。そこでハイデガーは、ユンガーによって描かれた労働者世界に対する考えを改めてしまうのである。皮肉なことに、彼は依然としてユンガーの一九三二年の著作を、今日のシュペングラー的な荒廃と没落の状況を解読するために不可欠な鍵として扱っていた。この著作の予言的‐描写的な力は、彼の目には些かも減じてはいなかった。そうでなければ、ハイデガーはこの著作のためにわざわざもう一つの演習をあてることなどしなかったであろう（一九五五年のユンガー六〇歳の誕生日を祝う記念論文集に、彼が長大な論文『存在の問いへ』を寄稿したという事実については、言うまでもない）。しかし、今やハイデガーにとって明らかになったのは、ユンガーの描く労働者世界は形而上学の克服《ユーバーヴィンドゥング》などを予告してはいないということであった。それどころか、それは形而上学の完成と完全な存在からの棄却の時代の到来を告げていた。そういうわけで、ユンガーの洞察を誤りへと導いてしまったのは、その記述された内容ではなく、彼がそこに付与した価値上の意義づけなのである。

　しかしながら、後期ハイデガーのユンガー再読は、ユンガーのすべてを否定するという結果に終わったわけではなかった。というのは、『形而上学の克服』からの引用が示すように、ユンガーによって描かれた労働者世界――〝存在するものすべての無条件的な対象化〟から帰結する〝大地の荒廃〟は、それ自体が〝完成〟へともたらされた存在物の存在の〝形而上学的な〟理解の所産であるということ――は、存在とのあいだにより本源的な関係を回復するために必要な前提条件である、と彼は依然として信じていたからである。何故ならば、労働人による大地の荒廃が全体的になるような事態がひとたび生じるだけで、二五〇〇年にわたる形而上学的思考の愚かさが白日の下にさらされるであろうからである。存在物の対象化がひとたび〝完成〟に至るや、プラトンから始まる形而上学支配の長い夜が哀れな終焉を迎える好機が到来するであろう。ただそのときにのみ、形而上学的思考が惹起した〝存在忘却〟は、ハイデガーが端的に〝思索《デンケン》〟と呼ぶ本源的な思考にとって代わられるであろう。ハイデガーによれば、それはあたかもテクノロジーの狂乱という全面的なニヒリズムが、全面的な救済という自らの対立物を客観的に生み出すかの如くである。[22] あるいは、ハイデガーが非常に好んで引用するヘルダーリンの文章の一節を引くならば、「危険が存在するところ、救済する力もまた育まれる」。

　我々の見解では、ハイデガーの転回は、一九三〇年代の終わりには言ってみれば円環を閉じるに至り、彼の哲学の展開過程のこの決定的瞬間に、同時に彼がニーチェとユンガーという保守革命派の世代の双子の偶像の再考察へと向かったことは、けっして偶然ではない。何故ならば、一九三〇年代はじめのハイデガーは、何よりも彼らの影響の下に確信を持ってドイツ国家革命の道を肯定したからである。この点を考慮すれば、この時期の最後の数年間に彼が憑かれたようにニーチェに没頭したことの背後にある動機は、明瞭である。つまり、ハイデガーの心中ではニーチェに関する研究は、自己批判の包括的で情熱的な実践そのものなのである。[23] そこから生まれた著作は、一九三三—三四年に彼を〝とんでもない愚行《グローセ・ドゥムハイト》〟（と後に彼自身語るであろう）へと導いてしまった、彼自身の思想内部の要素を突き抜けようとするこの哲学者その人の企てを意味している。ハイデガー自らが、一九六六年の『シュピーゲル』誌とのインタヴューでそのことを十二分に認めている。このインタヴューの中で彼ははっきりと、一連のニーチェ講義は彼なりの〝国家社会主義との対決〟であると語っているのである。[24]

「ニーチェが私を破滅させた!」とは、後年ハイデガーがしばしば嘆いた言葉である。[25] 今から振り返れば、この謎めいた言葉の意味を極めて正確に知ることができる。というのも、ハイデガーは、一九三三年の「国民の覚醒」を〝力への意志〟〝自己克服〟〝超人〟といったニーチェの教説と関連させて読みこんでしまったがゆえに、国家社会主義は西洋的な人間性とドイツを〝救済する力〟を秘めた、そしてニーチェのツァラトゥストラが予言したニヒリズムへの本来的対抗運動である、という熱烈な確信を抱いてしまったからである。[26] それゆえに、ニーチェと(そしてそれほどではないにしてもユンガーと)取り組むことは、自己批判と自己再生の苦しい作業であったと考えるべきである。それは、一九三〇年代はじめに自らが演じた致命的な政治的愚行に責任あるその哲学的影響を、自己の思想から放逐しようというハイデガーの企てを表現している。その〝積極的な〟帰結が、存在の問いを〝純化〟し、再定式化することであり、あらゆる形而上学的残滓を一掃して存在へと接近することであった。それ以降はじめて彼は、本質的に存在の思索を開始することになろう。おそらく『ヒューマニズムに関する書簡』(一九四六年)が、この新たな〝ポスト形而上学的〟アプローチを一番よく示す例である。

しかしながら、後期の哲学があらゆる形而上学的な装いを脱ぎ捨てているからといって、ハイデガーが我々に提示したその結果がもっぱら建設的であるとは断じて言えない。実際には今世紀の主要な歴史的出来事〔性起〕に関するハイデガーの理解――すでに示そうと試みたように、こうした出来事は彼の転回以降の後期哲学を鍛え上げる熔鉱炉の役割を果たした――は、まったくもって謎に包まれたままである。言ってみれば、彼の後期哲学にも相変わらず誤解がつきまとうことになるのである。しかし、彼の思考におけるこのいい加減さは、この哲学者のちょっとした〝間違い〟でもなければ、〝判断の誤り〟でもない。それは重大な意味を持っているのである。自らの後期哲学から〝主観性の形而上学〟の痕跡を最後の一片まで抹消すれば、自らが犯したいまわしい〝政治的な過ち〟を償うことになるとハイデガーは信じている。なぜならば、この過ちに責任を負うべきは、それが彼に及ぼした影響だからである。また、彼の見解によれば、好戦的な国家社会主義者たちによって世界が猛火に包まれてしまったのも、とどのつまりは形而上学に原因がある。『形而上学の克服』からの引用文が示しているように、世界の破局は、究極的には〝形而上学の完成〟として説明可能である。こうした出来事の〝本質的な〟責任は、ほぼ二五〇〇年にわたって西洋的人間性を支配してきた形而上学的なパラダイムを生み出した大哲学者たち――プラトン、デカルト、ニーチェ――に帰せられるべきである。二〇世紀中葉の悲劇的な出来事は、結局は存在忘却のとりわけ苛酷な一例にすぎない。歴史の進行過程に責任を有しているのは、実生活を営んでいる個々の男や女ではない。そうではなくて、歴史は存在の命運(Seins-geschick)の所産である。それは、存在の力によって〝贈られる〟〔geschickt〕のである。そしてこの世界史上の出来事の本質的な進路を真に洞察する力を備えた唯一の人間が、南西ドイツのバーデン州出身の一人の謙虚な哲学者というわけである。「この哲学者は分別をわきまえている。彼は国家社会主義革命の形而上学的地位を知っている。……彼だけが、ニヒリズムを超克して真理を作品へと据えるという形而上学的 - 歴史的な意味で、この革命が何をもたらすかを知っているのである」(27)。

ハイデガーの政治的判断力は、世界史的な出来事を考察する上で稀有なポスト形而上学的観点に立脚するがゆえに、たちどころに深刻な衰弱を蒙ることになる――それを完全に喪失するというわけではないが。〝存在の命運〟というカテゴリーは、すべてを説明しうるが何も理解させてはくれない哲学的な常套句になる。歴史に関するハイデガーの説明は、すべての猫を灰色に見せてしまうヘーゲル的闇夜と化する。蜃気楼のごとき彼のカテゴリー上の枠組は、すべてを水平化してしまい、それを通して見られた個々の歴史的な出来事は、一切の特殊性を消去され、そのために理解できないものになってしまう。彼の下した結論に反駁しようとしても、非本来的な思考に囚われた此岸的世界から引き出された議論にすぎないというアプリオリな反論の前に、斥けられる。こうして、ハイデガー自身の立場と矛盾する恐れのある〝経験的な〟事実に基づいて議論しようというあらゆる努力は、すでに出来上がっている結論の前に無視される。ちょっとしたあてこすりも、まったく許されない。たとえば、一九二〇年代には独創的な哲学を説いたと言ったところで、所詮は近代哲学の中で忘れられていた具体的実存の問題を声高に繰り返しているだけの思想家だから、こんな間違いを犯すのだ、とか。あるいは、偉大な業績をなし遂げたと言われてはいるが、単に〝歴史〟の次元を――〝歴史性〟などといった〔目新しい〕カテゴリーを用いて――近代哲学の言説の中に再度導入しただけのことだ、とか。

実際、二〇世紀の政治生活の本質的な事実を理解できないことを、ハイデガーは何度も暴露している。それはフランツェンの指摘する通りである。「後期ハイデガーの哲学にあっては……ある意味で完璧なまでに具体的な歴史に目がふさがれている(28)」。おそらくこのジレンマがどこよりも明白になるのは、彼が二〇世紀のイデオロギーをすべて等し並に扱っているという事実である。ファシズムも共産主義もデモクラシーもすべて、呪うべき〝意志への意志〟の徴候として一括りにされている。それゆえに、この〝意志〟の〝普遍的支配〟という仮定に基づいて、ハイデガーは現今の歴史的な状況に関する以下のような歴史的考察を提示している〔一九四五年〕。

今日ではあらゆるものが、たとえそれが共産主義、ファシズム、世界デモクラシーといったいかなる名で呼ばれようとも、この現実〔つまり〝力への意志の普遍的支配〟〕の下に服している。

力への意志という現実に照らして、私は早くも当時〔一九三九―四〇年〕、すでに存在とは何かを洞察していた。力への意志というこの現実は、〝神は死んだ〟というニーチェの命題によって表現されうる。……それが意味しているのは、超感性的世界、より具体的にはキリスト教の神の世界が、歴史の起動因としての力を失ってしまったということである。……もしそうでないとしたら、第一次大戦は生じたであろうか。さらに問うならば、もしそうでないとしたら、第二次大戦は起こったであろうか。[29]

近代の歴史的な生の進行について、このように形而上学の装いをこらした、説明にもならない説明を与えたまさにその結果として――自らの哲学から一切の形而上学的な残滓を払拭することをあれほど強調したハイデガーのような思想家の場合、このことはとりわけ重大である――存在の歴史というハイデガー的な観念の弱点が最も明瞭になる。右引用文に関してトマス・シーハンが述べていることに、我々は全面的に同意することができるであろう。「[この]言明は、その説明が説得力をもっている点でも、また見事な歴史的・政治的叡知を示している点でも、世界は原罪の下に囚われているという主張に匹敵する。アダムとイヴが恩寵を享受した状態から転落することがなければ、第一次大戦も第二次大戦も勃発しなかったであろうことは、確かなのだから」。[30]

同様に、ハイデガーは一九五四年のテキストの中で、第二次大戦の結果は世界の行く末を〝本質的には〟何ら変えなかった、と言明している。ヨーロッパのファシスト独裁に対する連合軍の勝利は、ハイデガーの強い関心事でもあった西洋の文化的な遺産の保存にとって実際には有益であったなどと、彼はまったく考えなかった。事実、彼が熟考の末にこの戦争の帰結――特権的な〝真中に位置する民族〟が二つに分裂してしまったという結果――に関して下した評価は、否定的なもので

ある。彼の考察に従うならば、

第二次大戦は現実に何を決断したのか——我が祖国が蒙った恐るべき数々の帰結、とりわけまっぷたつに分裂したという事実については、言わないでおこう。この決断という言葉を強い意味にとるならば、つまり決断とは専ら地球上の人間の本質的な運命に関わるものであるとすれば、この世界大戦は何も決断しなかった。ようやく少し明瞭に見えてきたものといえば、何も決断されずに残っているという事実だけである。[31]

〝存在の命運〟や〝意志への意志〟といった概念に〔歴史を〕説明するための真の意義を付与しようとする後期ハイデガーの企ては、それが哲学的なカテゴリーとして間違っていることを別にして、伝記的には非常に意味深長である。こういう概念が哲学的に不可欠であると信じるハイデガーの誠実さに疑いはないが、彼自身が心理的平衡を保つ上でそれが演じた役割にも注意が向けられるべきである。というのも、こう考えられるからである。すなわち、こうした哲学的な議論のやり方——形而上学的な抽象を施した上で説明すること——は、自身が犯した政治的判断の誤りすべてからハイデガーその人を個人的に免責する上で好都合なのではないか。何故ならば、仮にドイツの破局の根本的な原因はドイツ国民の行動にも、アドルフ・ヒットラーの振舞いにも、ましてやフライブルク在住の田舎哲学者の演じたとるに足らない役割などにも求められるべきではなく、代わって存在、の歴史の神秘的な命運にこそ求められるべきであるとすれば——その途端に個人や集団の責任を問うことは、都合よく無期延期《アド・カレンドラス・グラエカース》ということになってしまうからである。より大きな、非人間的で形而上学的な力が咎められるべきであるとすれば、ドイツが他のヨーロッパ諸国民に加えた筆舌に尽くしがたい犯罪の責任は、〝個人〟にも〝国民〟にも問題とはならない。その上、ハイデガーは、この力が我々にも及んでいると主張することで、我々をも巻きこんでいる。実際、他のヨーロッパ諸国民（それと並んでアメリカ）は、同様に近代の〝テクノロジー〟という形の形而上学の支配に屈しているがゆえに、二〇世紀ヨーロッパ史のたどった破滅への道に対して共通の責任を負うべきなのである。

　また、ハイデガーが歴史を説明するための道具として存在の命運などという茫漠とした概念に依拠したのは、本当に彼自身の哲学的な傲慢からなのかを、真剣に問題とすべきである。(32) というのは、こう考えられるからである。つまり、この理論は、国家社会主義の演じた愚行の直接的・歴史的責任のすべてから、彼自身とドイツ（特権的な〝真中に位置する民族〟）の両者を解放するという素晴らしい利点を備えてはいないであろうか。自らの政治的な失策が歴史の上に本物の激震をもたらしたことが彼に明らかになるにつれて、この謎めいた哲学的な立場を採用することは些細なことではなく、面目をつぶさないための手立てとして、また一種の理論的口実として心理的に必要な物になっていった、とは考えられないであろうか。何故ならば、政治に関して迂闊にも犯したこの失敗——一級の歴史的・理論的な判断の誤り——は、彼の輝かしい哲学的業績にとって永遠の汚点となる恐れがあるのではないか。しかもハイデガーが公式に自らの過ちを認めていたならば、哲学者としての自己理解のすべても瓦解していたであろう。というのも、彼は自らを存在の真理に仲介なしに接近する特権的な教説を保持する哲学者として描いていたからである(33)。こうして、存在の真理という理論は、ハイデガーその人の否定の戦略において本質的な役割を演じるに至るのである。

この戦略を示す明白な証拠をもう一つ、『思索の経験から』(一九五四年)に収められた彼の傲慢なニーチェばりの箴言を紹介しよう。「大いに思索する者は、大いに誤りを犯さねばならない(34)」。これは、真理の本質的な契機としての〝迷誤《イルニス》〟という彼の理論から引き出される主張である。しかし、〝迷誤〟は存在の歴史において必然的な役割を演じるという考えを持ち出せば、何でも許されることになってしまう――同様に、何でも正当化されうる。こうして、レーヴィットが見抜いたように、存在の命運の必然的一部としての迷誤という理論によって、ハイデガーは一九三三年の〝誤った判断〟の後知恵《エクス・ポスト・ファクト》的な〝哲学的基礎づけと正当化〟を堂々と行うことができるのである。

> 存在物の中に自らを開示するまさにその瞬間に、存在は自らを覆蔵し、こうして我々を欺いてしまう。だが、それにもかかわらず、〝迷誤〟は実際に真理の本質に属している！　このことは、歴史上の事柄においても、そして何よりもそこにおいてこそ真実なのである。歴史上の事柄の〝本質的な領域〟は、迷誤の領域である。……[それゆえに]歴史において生起する事柄を誤って解釈したからといって、その原因は、個人的に帰責されるべき一人の人間の判断の誤

りにではなく、存在の命運《ツーフォルゲ・アイネス・ザインスゲシックス》にこそ〝必然的に〟求められるのである。(35)

ヴィクトル・ファリアスの『ハイデガーとナチズム』のフランスへの登場によって拍車を掛けられた形で、多くの錚々たるフランス知識人たち——モーリス・ブランショ、エマニュエル・レヴィナス、フィリップ・ラクー＝ラバルト——が、ホロコーストの犠牲者に謝罪の言葉を述べることを拒絶したという、この哲学者の弁明の余地なき態度、いわゆる〝ハイデガー問題〟の最も困惑させる部分をめぐって考察するようになっている。(36)しかし、転回以降のハイデガーの世界観を再構成することに努めてきた我々から見れば、この拒絶が単なる些細な過ちで済まされないものであることは明白である。何人かのハイデガー主義者の主張——彼らの主張をもってしても、彼らの師の裏表ある態度が否定されるわけではないのであるが——は、断じて認められない。彼らによれば、〝沈黙〟は滅亡した人々との連帯を示すハイデガー流の表現であり、それというのも犯された罪は、〝言葉をもっては表現しえない〟性格のものだからである、ということになる。だが、けっしてそうではない。何故ならば、ハイデガーの沈黙は、彼のポスト形而上学的・哲学的な反ヒューマニズムと完全に一致しているからである。この考え方に立てば、歴史的な出来事の展開に責任を有しているのは、個々の男女の意識的な行為ではなく、〝存在の命運〟である。彼の理論的な立場を厳格に貫くならば、国家社会主義の犠牲者に対する悔悛や懺悔は、まったく皮相的な振舞いであったろう。おそらくドイツの過去の罪を直視しながら、なお〝本質的思索〟が道徳的な破産宣告を免れようとすれば、このように哲学的に武装した沈黙を守る以外に手はなかったであろう。歴史的責任という問題を体系的に否定することで、〝本質的思索〟は〝犠牲者〟と〝加害者〟という区別を消し去ることすら可能にしたのである。[37]

他律性の哲学

先に示唆したように、後期ハイデガーの本質的思索は、〝実践理性の腐蝕〟を促進する。なぜならば、転回以降の哲学が示しているように、存在と現存在の関係を、彼自身の初期の思想にはらまれていた主意主義的な要素とまったく逆の方向に理解してしまうならば、〝有意味な人間活動〟という観念そのものが無意味で空虚なものに見えてくるからである。初期ハイデガーが現存在を〝覚悟性《エントシュロッセンハイト》〟へと駆り立てようと目論んでいたとすれば、後期ハイデガーの思想は時に人間の受動性と非活動性(放下)の端的な正当化と映る——それは、存在《ザイン》と人間《メンシュ》とのあいだの均衡が前者へと大きく傾いたかと思わせるほどである。その結果、後期ハイデガーにおける実践理性に対する攻撃は、二重の戦線を展開することになった。一方で、存在の概念が肥大化すると同時に、他方で、それに対応して人間の理性と意志の能力の価値が低下する。後期の著作では、存在は何物にも優越する万能の力を有する〝第一の不動の動者〟ともいうべき性格を帯び、その現前がとりもなおさず低次の人間的事象の世界における出来事の決定的かつ最終的な審級となる。別世界に君臨しているがゆえに、この力は人間理性の審判の彼方へと退き、人間の貧弱な描写能力を寄せつけない。「あらゆる存在物――従って、あらゆる人間――を凌駕するのみならず、不可知の神のごとくに存在しはするが、その真理の中に時に現われ時に隠れるといった具合に〝現成する〟存在を、個々の存在物と同じように説明することは不可能である。そうではなく、それはただ〝喚起〟することができるだけである(38)」。

カール・ヤスパースによれば、ハイデガーの思考の道筋は「本質的に自由ではなく、有無を言わさぬものであり、交わりを欠いている《コムニカツィオーンロース》(39)」。この評価は、何よりもまず後期哲学における存在と人間的な実存との関係の解明に妥当するであろう。「だが、存在――存在とは何か」と、ハイデガーは『ヒューマニズム書簡』において問いかけている。「それはそれ自身である」と彼は答えているが、この言廻しは聖書に出てくる神の言葉「われは在りて在る者なり」を想起させる。この言葉の同義反復的な規定そのものが、あたかも自らの哲学の深遠さを余すところなく示すかのようである。『存在と時間』においてはまだハイデガーはこう主張することができた。「現存在――すなわち存在を理解する存在物の可能性――が存在する限りで、存在は〝ある〟」。ところが、『形而上学とは何か』第四版(一九四三年)以降になると、次のような主張に出会うことになる。「存在は実際に存在物なくしても現成するが、存在物は存在なくしてはけっして存在しえない(40)」(強調、ハイデガー)。こうして、存在の歴史に関する後期理論の中で存在と現存在の依存関係は逆転するのである。『存在と時間』の実存論的‐解釈学的な出発点がこのように逆転してしまえば、果たして存在――今や自足的・自己同一的本源性とみなされている――は、〝現成〟かつ〝現前〟するために何らかの形で、そして些かでも現存在に受容される必要がある、とは全く考えられない。

　現存在を犠牲にして存在を神格化したために、ハイデガーの後期哲学は理論的企図としての信用を失墜させかねない矛盾に逢着する。ハイデガーが幾度か語るところによれば、存在忘却が〝命運〟になったのは、現存在が自らに執着して、〝自己主張〟（〝意志への意志〟）に過度に囚われていることの論理的な帰結にすぎない。その結果として、存在の問いが措定されることはけっしてない。同様に彼がしばしば論じているように、我々が存在から棄却されたのも、その理由は三人の〝本質的な哲学者〟――プラトン、デカルト、ニーチェ――が犯した一連のカテゴリー的誤謬に直接求められる。しかしながら、いずれの場合も、現存在の〝振舞い〟と人類が耐え忍ぶべき特別な〝存在の命運〟とのあいだには、直接的な必然的連関があるように思われる。

　にもかかわらず、別の箇所ではハイデガーは、存在の〝主宰《ヴァルテン》〟は、人間が意志したりしなかったりするものとはいかなる関係もない自己措定的な力であるかのように論じている。そこで、たとえばニーチェ講義の中でハイデガーは、こう主張している。「ニヒリズムの本質は全く人間的な事柄ではなく、存在そのものの事柄である」[41]（強調、ウォーリン）。〝存在から棄却されること〟が人間の営みと何ら本質的な関係を持たないことも、また明らかである。むしろそれは、「存在が自らを覆蔵する」[42]という事実の単純な結果である。実際、「存在の歴史は人間や人類の歴史でもなければ、存在物と存在とのあいだの人間的な関係の歴史でもない。存在の歴史は存在自体であり、ただ存在、のみである」[43]（強調、ウォーリン）。あるいは、『形而上学の克服』の結論部分でハイデガーは、彼に特徴的な権威的口調でこう宣告している。「単なる活動は世界の状況を変えはしないであろう。何故ならば、〃能動性《ヴィルクザームカイト》〃と〃作用《ヴィルケン》〃としての存在は、すべての存在物を性起の前に封殺してしまうからである」[44]。また、『ヒューマニズム書簡』に戻るならば、〃人間〃と〃存在〃の関係についての我々の疑問に対して、彼は以下のような明快な文章をもって答えている。「存在物は現われているのか否か、またどのように現われているのか、神と神々、歴史と自然とは存在の光の中へと進み入り、現前し、そして去って行くのか否か、またどのようにしてそうであるのか。こうした疑問に対して人間は答えるべき立場にない。存在物の到来は存在の命運の中にある。だが、人間にとってこのような命運に対応する自らの本質にふさわしいものを発見することは、やはり重要である。……人間は存在の牧者である」[45]（強調、ウォーリン）。

『存在と時間』では現存在は極端に独我論的な規定を与えられており、その論理的な帰結として現存在を一連の間主観的に志向された世界‐連関と目標へと再統合するという建設的な企てが提示されていた。しかし、今やハイデガーは、哲学的にそれとは正反対の立場へと飛躍してしまう。以前ならば真理と連関した不覆蔵態を構成するはずであったもの――真理の理解を自らの本質とするものとしての現存在――が、今度は完全に構成されるものになってしまう。自らの思考に残る〃主観性の哲学〃の最後の痕跡までも消し去ろうと絶望的な努力を傾けた挙句に、全能のメタ主体という特質を存在に付与することでようやくそれに〃成功した〃とは、何とも皮肉な結果である。[46] その上、存在の歴史という理論自体が、何故に存在は自らの〝忘却《フェアゲッセンハイト》〟を意志することに関心を持つのかという、もう一つの解答不可能な疑問を内包しているのである。

ハイデガーにとって第一義的に重要なのは、「人間は〝存在の隣人〟である――従って、人間の隣人ではない[47]」ということである。それゆえに、エマニュエル・レヴィナスが指摘するように、ハイデガーの思想が倫理的に貧困である理由も、そこに他者という不可欠の重しが欠けているという事実に求められる。これなくしては、人間的な事柄の本質に関するすべての思考は、道徳的無意味性というニヒリズムの深淵へと墜落する危険にさらされているのである[48]。〝存在〟〝ピュシス〟〝命運〟を、人間という可感的存在物との此岸的・内 - 世界的な出会いに優位する特権的な地位にまで祭り上げることによって――換言すれば、倫理に対して存在論を徹底的に優越させることによって――ハイデガー哲学が現実に対して示した道徳性の欠如は、すでに理論的に準備されていたように思われる。人間的な生活世界の間主観的性格を〝非本来的生〟の単なる温床として否定的に評価する傾向は、確かに『存在と時間』から受け継がれている。しかし、こうした実践的評価は、転回以降のハイデガーの思想の中で急進化される。そこでは、本来的な存在可能性を選び取るためのあらゆる展望は、ニヒリズムと存在からの棄却という〝世界の闇夜〟によってアプリオリに遮断されている。同様に、言語の間主観的性格――人間の連帯と相互承認を構築する上で言語が果たす役割――は、ハイデガーの関心の外の問題になってしまう。代わって言語は、彼によって〝存在の真理の住居〟と定義されて、存在の歴史の神秘劇の中で一定の役割を演じる限りでのみ重要視されることになる。[49]

それゆえに、ハイデガーが存在を人間の理解から独立した流儀で〝現前する〟自己同一的実体として特徴づけている限りは、このカテゴリー全体が不可知となる危険がある。〝存在〟が、ハイデガーの明らかにしたように絶対的かつ神秘的な超越者であるならば、それが〝我々にとって〟如何に正当な理論的概念として主張されうるかは、定かではない。それどころか、カントが第一批判で〝物自体〟に対してとった態度にならって、彼は次のことを認めた方がよいだろう。つまり、超越者としての存在は、人間的な経験の構成する有意味な一側面として扱うことはできない、と。

後期ハイデガーの深刻な反ヒューマニズムに接していると、ヤスパースが〝本質的に自由ではなく、有無を言わせない〟と評した思考の習慣を、彼が本当に克服しえたかどうかを本気で尋ねたい気持ちに襲われる。ヤスパースはこう述べている。「ハイデガーの語り口や行動様式は、国家社会主義の特徴と一定の親和性を有している。彼の〝過ち〟を理解するためには、まず後者の検討から始めるべきである[50]」。何故ならば、存在の本源的な力の神秘的現前を前にして現存在が置かれた寄る辺なき境遇は、全体主義体制下に民族共同体《フォルクスゲマインシャフト》の集合的命運に個人が自虐的に呑みこまれていく様を大いに想起させるからである。後期ハイデガーにあっては、存在の歴史の圧倒的な命運の前に現存在はひたすら平身低頭することによってのみ、存在の真理は守られるという思想に、高い地位に就いた彼自身の尊大な態度の反映を見ることができる。その上、存在の崇高な力の偶然的下賜たる真理を受け取る現存在の能力そのものが、究極的には存在自体の気まぐれに依存する事柄である。存在の歴史の死の舞踏に現存在が影響を及ぼす可能性などは、無視してもさしつかえない。何故ならば、それはありえないことだからである。レーヴィットが示唆しているように、後期ハイデガーにとって存在は自己措定的な〝存在自体〟として特徴づけられているために、「思考し認識する現存在は、存在が〝現〔そこ〕〟にあり、〝明け透かされる〟上で、一体本質的な役割を担っているのかという問いへと、我々は投げ返されてしまうのである」[51]。

現存在は、もはや自分自身の運命に責任を負ってはいない。それどころか、現存在は、自らが重要な絆で結ばれた存在の呼び声に対して、受動的に服従する態度を身につけなければならない。こうして、現存在は無名の、より高い力の専制的な支配に身を委ねよ、という彼の著しく権威主義的な要求からしても、ヒットラーの指導者国家《フューラーシュタート》の精神にかつての下僕の著作の影がいつまでも揺曳しているのも、故なしとはしないのである。存在の歴史という有無を言わせぬ教義の断固たる反ヒューマニズムは、少なくとも部分的には政治的に大きな意味を持ったのではないか。自律的主体性という啓蒙主義的な理想に浴びせられた絶え間ない論難は、より本源的で何物にも服さない命運の名の下に、ワイマール自由主義に対するドイツ自身の闘争を再度樹立しようという願望を無意識のうちに示しているのではないか。ハイデガーの後期哲学は決定的な意味で〝矯正しがたい罪を負っており〟、結局のところそれは他律性の哲学と呼ばれるにふさわしいのではないか――突撃《シュトゥルム》と闘争《カムプフ》というスローガンによって最終的に見事な成功をおさめたあの〝総動員〟の政治が、このことを如実に物語っている。事実、カール＝ハインツ・ハーグが『新存在論批判』において到達した結論がそうである。「体系としての存在論に対応する世界は全体主義的世界であり、存在論はその社会組織を模倣し、その形而上学的ヒエラルヒーを賛美する」[52]。同様の精神に立ってハーバーマスは、後期ハイデガーにおける存在・命運・権威の関係を、以下のように描いている。

存在は、それを客観的に把握する確定的な陳述から身を隠し、間接的な言説のみに取り囲まれ、〝沈黙のうちに提示される〟のであるから、存在の命運は見出されないままである。にもかかわらず、存在に関する言語的表現は、たとえ命題としては空疎であっても、運命の甘受を要求するという発語内的な意味を持っている。オーラを発する、しかし曖昧模糊とした権威にわけも判らないままに容易に服従してしまうという発語媒介的な効果にこそ、その実践的‐政治的な側面が見出せるのである。後期ハイデガーのレトリックは、テキストそのものが内容ある命題を語っていないという事実を埋め合わせるに十分である。読者は、レトリックの力によって疑似‐神聖な権力に服従すべく調律され、方向づけられるのである[53]。

後期ハイデガーの作品における権威と服従の賛美は、すでに見たようにハーグとハーバーマスによって指摘されたところであるが、哲学者ハンス・ブルーメンベルクも同様に手厳しい批判の矢を放っている。〝近代の正当性〟を擁護しようという力業と関連させながらブルーメンベルクは、存在の歴史というハイデガーの理論を近代の継承されてきた規範的可能性の背後へと退行するものとみなしている。近代は、批判精神、人間の自律的な洞察力、諸々の事件が織り成す世界の運動を内在的に分析しようとする欲求を重視する。存在の比類ない優越性を主張する後期ハイデガーの作品は、神の代用物《エアザッツ》に訴えることを意味している。しかも、この神は、近代人の傲慢な自己主張に対して復讐をもって応じるという特質を備えている。その最終的な帰結は、中世存在論の世俗化された再演である。ブルーメンベルクの言葉を引こう。

　この［近代という］時代は、絶対的な〝事実〟として――より適切に言うならば、一つの〝資料〟として――現われる。明快に区分されたこの時代は、あらゆる論理の外にあって迷誤の状態に適応させられている。そして支配せんとする内在的なパトスにもかかわらず（あるいは、正確にはそれゆえに）、この時代は最終的には服従という唯一つの態度しか許さない。それは、〝存在の歴史〟が人間に残した唯一の選択肢である。〝存在〟の絶対主義とは、実際のところ他の手段をもってする中世の果実の継続にすぎない。[54]（強調、ウォーリン）

　こうして、一九五三年度講義のテキストに戻るならば、次のような考察が見出されることになる。「何世紀にもわたって賛美されてきた理性が、思想の最も傲慢な対立者であることを知って、はじめて思索が開始されるのである」[55]――後期作品におけるハイデガーは、理性《ロゴス》忘却《フェアゲッセンハイト》の泥沼にますます深くはまりこんでいった、と我々は結論せざるをえない。この宣告には戦慄すべきものがある。

なぜならば、この哲学者が一九三三―四五年の政治的事件からまことに誤った結論を導き出したことを、それは示唆しているからである。戦後ヨーロッパの荒廃の中から新しい理性と真理の概念を鍛え上げようとする努力に参加する代わりに、ハイデガーその人は以前にもまして〝傲慢な〟反啓蒙の唱道者になっていったのである。彼の思索は、神話の再生へと避難しようとする。〝秘密へと開かれていること〟〝存在の想起〟〝方界(神々と死すべきもの、天と大地)の応答〟は、後期の彼の思索がその周囲をめぐっている神秘的なカテゴリー的図式である。[56] この反啓蒙的な姿勢と教説こそが、ドイツの破局を精神的に準備する上で鍵となる役割を演じたのではないか、などという考えが彼の胸をよぎることなどなかったことは、明らかである。[57]

　実践理性が口先だけのものに終わらないためには、人間的行為者という媒介的な概念を必要とする。そのためには、少なくとも人間の行動に一定の自律性が備わっていなければならない。行為者は、自己の行為の目的とそれを実現するための適切な手段の両者を判断できなければならない。行為者は、自己が属する社会の伝統と彼自身の個人史を基礎にして、自己の価値と動機と目標を自律的に評価できなければならない。行為者は、自己の人生の選択について反省し、そのことを通して自らの選択が、心に描いてきた〝理想的な自我〟や〝よき人生〟の観念――それ以降の彼の〝人格的同一性〟の構成要素となる指針――にかなっているかどうかを決定する能力を、有していなければならない。こういう能力に基づいてはじめて、人間的行為者としての自律性と〝自由な行為〟の可能性とによって規定される、我々の将来への展望について語ることが、意味のあることになるのである。従って、実践哲学という媒介的な概念は、〝自由な行為者〟——〝自律的に行為する主体〟——としての人間という理解を前提としている。というのも、有意味な人間行動を可能にする前提——つまり帰責可能な人間的行為者という観念の意味——に関する我々の最も根本的な理解は、〝自己措定的主体〟という我々の自己理解と必然的に結びついているからである。それは、世界の内部で自己の計画を少なくとも一定の規則性をもって実現していくことのできる人格という観念である。(58)

ここから、後期ハイデガーの哲学には重大な問題がはらまれていることが判明する。つまり、抑圧的な全体性を備える存在という教説が作り出す概念的な宇宙の中では、自由は重要性を失い、ただ消え去るしかないのである。こうした事実を踏まえるならば、ハイデガーは人間的な自由の本質を知らないというヤスパースの宣告——「ハイデガーは自由とは何かを知らない」——は容易に理解しうるであろう。なぜならば、〝存在の命運〟の理論によれば、我々が経験する世界の出来事のすべてはアプリオリで彼岸的・メタ存在論的な決定に服しているからである。隠れたる神《デウス・アブスコンディトウス》のごとくに、人間の理解を越えた不可思議な流儀で、存在は〝現成〟し、〝現前〟する。このことを、ハイデガーは断固として明言する。「存在の歴史は、あらゆる人間の状況と条件《シテュアシオン・エ・コンディシオン・ユマン》の基底に横たわっており、それを決定している」(59)——従って、人間自身の決断ではない。しかし、仮に人間の条件をこのように描くことが正しいとすれば、そのとき人間の行為は本質的に自由ではなく、自律的な行為者たりうる存在としての人格という観念もまた破綻してしまう。というのも、人間の実践とそれがめざす目的とのあいだの有意味な連関という可能性そのものが、あらかじめ妥当しえなくなるからである。我々の行為の結果（〝存在物の到来〟）に対して究極的に責任を持つのは、我々ではない。むしろそれは、〝存在の命運〟なのである。

ハイデガーが自由の観念を理解できないのも、転回以降の彼の過激な反ヒューマニズムの論理的展開の帰結にすぎない[60]。存在の歴史という、思考を節約する哲学は、人間行動の自律性を否定することを要求する。何故ならば、そうすることによってのみハイデガーは、現存在を存在の現前に仕える卑しむべき、また御しやすい仲介者として再定義できるからである。存在の歴史の目標への応答を確保するために、現存在は自由な活動能力を剝奪されなければならない。そこで一九三六年のシェリング講義では、ハイデガーは〝自由〟という媒介的な哲学的カテゴリーの廃棄を力説する――存在の歴史の〝本質的な〟観点に立てば、そうした理解に至らざるをえない。「存在の歴史の根源的な地平から眺めると、〝自由〟はその役割を失ってしまった。なぜならば、存在《ザイン》は、存在物〔である人間〕の全体性や主観性よりも根源的だからである[61]」（強調、ウォーリン）。彼の哲学的著作群《ウーヴル》の中で、それでも一応自由のカテゴリーが用いられている数少ない箇所でも、自由の意味は変質し、そう呼ぶことがはばかられるほどである。その結果、ハイデガーによれば自由はもはや〝人間の特性〟ではない。むしろ逆に、人間が〝自由の可能性〟なのである[62]。自由には、〝開かれた場所で開示するものへの自由〟として新《ネオ》‐存在論的な定義が与えられる。換言すれば、「今や自由は、存在物を存在せしめるなかで自らを現わす」のであり、自由とは本質的に〝放下〟の謂いである[63]。しかしながら、自由を存在の歴史の命運に沈黙して応答することとして新たに存在論的に定義することで、ハイデガーは西洋近代の政治思想の中心的なカテゴリーを実質的に否定してしまったのである。

〝本質的思索〟の下で一貫して低い評価が与えられているとはいえ、人間的な自由の展望は、元来以下の確信からその精神を受け取っている。すなわち、「諸事物間に想定される構造の背後に自己の選択を隠蔽するよりも、透明性の中で選択する方が、いっそう正直であり、勇気を要し、自己に偽ることなく、それゆえにいっそう高貴な生き方である」[64]（強調、ウォーリン）。自律《アウトノミア》というギリシア的な理想を基礎に今日まで受け継がれてきた自由の観念は、この点で西洋的な伝統の必須の要石である。それは、有意味な人間存在という理想に不可欠な条件である。従って、〝自由の欠如〟という条件下で生が営まれる事態は、些細な事柄どころか、そもそも人間的可能性の実現のための本質的な前提を奪われた生であると考えられる。それは、我々が自らの企図を自分自身の企図として確認しうるための唯一の基礎となる自律的な決定・選択の能力を喪失した生であろう。もちろん、同時に我々は、あらかじめ存在する価値と制度の信念体系の網の目によって規定されている。それは、所与の共同体や集団の成員によって形作られ受け継がれてきた。しかし、それでもなお、有意義な人間的生に不可欠な土台を形成するのは、その価値の中から自らの企図に方向と意味を与えるものを〝透明性の中で選択する〟我々の能力なのである。

再度ヤスパースの導きに従うならば、それゆえにこそ後期ハイデガーの哲学を〝他律性の哲学〟として特質づけることは、まったく正当であると考えられる。というのも、その主たる関心は、以下の点を証明することにあるように思われるからである。すなわち、人間存在の条件は、予測不可能な存在の力の命運に存在論的に永遠につなぎとめられていることである。にもかかわらず、存在の歴史という理論は、それが他律性の哲学である限りは、〃有意味な人間活動〃という観念そのものを解答不能《ノン・セクウイトウル》にしてしまうおそれがある。何故ならば、もしも我々の企図が〃存在の命運〃の錯綜した絡まりによって条件づけられているとすれば、我々の意図と世界の内部における我々の行為の結果とのあいだには、もはや最小限の因果関係すらないことになるからである。他律的に〃運命づけられた〃行為は、一切の首尾一貫性と理解可能性を奪われている。実際、まさにこの点においてハイデガーの反主観主義は、その自己破産的な本質をあらわにする。というのは、哲学的な治療(反ヒューマニズム、〃秘密への開示〃〃放下〃)の方が、病気(〃形而上学的思考〃〃意志への意志〃等)よりもさらに致命的であることが、明白だからである。

この意味においてこそ、後期ハイデガーの哲学は、西洋の伝統を通じて継承されてきた倫理的政治という基礎を掘り崩す危険をはらんでいる。秩序の外にある名づけようのない運命を無批判に称揚する点で、それは、人間の可謬性と選択可能性のジレンマを、不変と称される〃諸事物の構造〃に避難所を求めることで逃れようとしている。それは、人間の意志の能力を――そして単純に実践理性の能力も――〃形而上学〃の咎で断罪するが、その論理的派生物として、実際には同程度に形而上学的な〃命運〃が意味もなく賞賛される。ハイデガーが『シュピーゲル』誌とのインタヴューで主張するように、哲学が、そして人間の努力一般が実践的な生に指針を与えようとしても無力である。「哲学は、世界の現状に直接的な変化を及ぼすことはできないでしょう。このことは、哲学についてのみならず、すべての純粋に人間的な省察と努力について妥当するのです。神のごときものだけが我々を救いうるのです(65)」。だが、哲学は無力であるというこの宣言は、〝賢者の知恵〟という古典的な教訓の一例にすぎないのであろうか。それは、実践哲学は現代世界で如何なる役割を演じるべきかという、誰でもその困難を認める問題を考え抜くことを忌避する、後期ハイデガーの理論的な立場にはらまれた思想的貧困に由来する態度表明なのである。

我々が論じてきたように、ハイデガーの後期哲学は〝実践理性の腐蝕〟を積極的に促しているとすれば、彼の哲学的な遺産を再評価しようとするフランスのハイデガー主義者たちの試みもまた、無効とされねばならない。ハイデガーがナチズムを哲学的に支持したという事実の重大さを軽減するために、彼らはまず初期ハイデガー――『存在と時間』の著者――を犠牲にして、転回以降のハイデガー――『ヒューマニズム書簡』と『形而上学の克服』の著者――を救出しようと企てる。戦略的にこうした解釈を施すことによって(それがハイデガー自身の哲学的な自己理解と極めて類似していることは、指摘しておくべきである)、ハイデガーの政治的な〝過ち〟は、初期の著作が過、度、の、形、而、上、学、的、思考の餌食になっているという事実から説明されてしまう。換言すれば、『存在と時間』で採用された哲学的アプローチが依然として過度に西洋ヒューマニズムの理論的パラダイムに依拠しているために、〝人間〟〝主観性〟〝意志〟といった要素が賞賛される結果になっているのである。この〝本質主義的な〟カテゴリー的図式に余りに理論的に依存していたからこそ、ハイデガーは、〝ニヒリズムの克服〟は現存する集合的・歴史的〝主体〟――国家社会主義ドイツ――によって実現されると信じる羽目に陥ったのである。それゆえに、彼が現実にナチズムに加担したことに責任を負うべきは、〝形而上学的主観主義〟――転回以降のハイデガーが決定的に手を切ることになる哲学的パラダイム――への過剰な依存である。たとえば、デリダは、一九三〇年代初期のハイデガーが〝精神〟の概念を無批判に信頼していたことに、そうした形而上学的‐ヒューマニスティックな行き過ぎの証拠を認めている。

> ナチズムへの親近感を最も劇的に暴露している文章〔総長就任演説〕の中で……ハイデガーは〔以前は〕意図的に避けていた〝精神〟という語を再び採用している。彼は、以前には付していた引用符を取り去る。彼は、それまで取り組んできた脱構築の運動を制限する。彼は、やがて〔後期の反形而上学的な著作では〕疑いの目で眺めることになる主意主義的で形而上学的な言説を弄する。少なくともその限りでは、つまり精神の自由を声高に主張し、称揚する点で、彼の言説は、一般にナチズムと対立すると考えられている他のヨーロッパ的言説（精神主義者、宗教的思想家、ヒューマニスト）と類似している。(66)（強調、ウォーリン）

『精神について』で十二分に展開されているデリダの解釈に従えば、ナチの言説と非ナチのそれとのあいだの明白な相違は無視してもさしつかえない。国家社会主義へのハイデガーの参画の根底にあるものは、まさに〝精神〟というすぐれてヒューマニスティックな観念である。ここでデリダが示そうとしているのは、以下の点である。すなわち、『ドイツ大学の自己主張』その他でハイデガーが明らかにしたドイツの運命、自己決定等の観念を通してこの哲学者が言わんとすることは、西洋の形而上学的思考の中で繰り返されてきたお定まりの主張にすぎないのである。(67) 何故ならば、結局のところ〝自己主張〟とは、自己立法と自律への西洋的かつデカルト的 - 形而上学的な願望の、最も深い確認以外の何物だというのか。その結果、〝自己主張〟というカテゴリーに基づいてドイツ民族にハイデガーが要求するものは、例外なくヘーゲル流の〝精神の形而上学〟と完全に一致している――西洋哲学の伝統の中で常に霊感の源になってきた、あの自己措定的な精神という観念。そこでデリダの結論はこうである。なるほど、我々の多くはナチズムとナチズム以外のものを明確に区別し、そのことで形而上学的なヒューマニズム思想の遺産には根本的な不備があることを都合よく認めまいとする傾向があるが、こんな区別はまったく支持しがたい。〝ナチズム〟と〝ナチズム以外のもの〟とは、実にしばしば重なり合っており、両者の境界は極めて流動的である。

だが、ここでデリダが、ハイデガーの総長就任演説の上べを飾る哲学的な美辞麗句――〝精神〟〝ギリシア的起源〟の栄光といったものへの形だけの言及――にまんまとのせられていることには、呆気にとられるほかない。デリダは、あたかもこの美辞麗句そのものが演説の修辞的・イデオロギー的核心というよりは、この哲学者がナチズムに加担したことを〔本質的に〕説明するものであると考えているかに見える。そこで彼は、奇妙にも前者の側面を分析することを拒否する。実際、ハイデガーの演説が特異である所以は(第三章の議論を見よ)、彼の言葉に接すると、一見それが伝統的な哲学の主題と突撃と闘争というナチの言説とを融合しようという、不器用ではあるが大胆な企てに思われてくるところにある。ただし、ハイデガーの努力は報われず、聴衆は混乱したまま茫然と取り残される(学生たちは、「前ソクラテス期の哲学の講義を受けたのか、突撃隊への入隊を勧誘されたのかが判らないままに、首をひねりながら」教室を出た、というレーヴィットの指摘を参照)。それというのも、この二つの言説――一方は普遍主義的であり、他方は戦慄を覚えるほどに特殊主義的であり、また一方は理性の言説であり、他方は力の言説である――は、本質的に不調和なのである。事実、大いにありそうなことであるが(デリダ自身が、ナチの生物学理論に対するハイデガーの暗黙の批判に関連して一度実質的に認めているように[68])、ハイデガーは自らの世界観に残る形而上学的な要素のおかげで、第三帝国《ライヒ》の政策を留保なしに承認することが実際にできなかったのであり、ハイデガーが実行しえた〝精神的な抵抗〟のすべては、ギリシア人から始まる西洋的な知の物語《ナラティヴ》に対する彼の忠誠に負っているのである。早計にも、ヒューマニズムと反ヒューマニズムの相違――従って、ナチズムと反ナチズムの相違――を消去しようと企てるデリダは、〝ヒューマニズムのレトリック〟を弄するナチによってまんまと欺かれているのである。それは〝似而非ヒューマニズム〟であり、その裏には毒々しい反ヒューマニズム――目的そのものとしての男女という価値に寄せる信念のグロテスクな侵害――が隠されている。

この普遍と特殊の使い分けという常套手段は、ヒットラー独裁の初期段階で国家社会主義者が採用した政治的レトリックを端的に特徴づけているが、その恰好の例が、一九三三年一一月に行われたドイツの国際連盟脱退に関する国民投票である。ドイツの連盟脱退に賛成する議論は、これ見よがしに民族自決というウィルソン流のレトリックに依拠していた。その上、ハイデガーまでもが、一九三三年一一月一一日の投票を訴える演説でこの論法を繰り返すであろう[69]。しかし、ナチス体制の疑似普遍主義的雄弁が大概は道具として採用されているだけで、この修辞的な蔽いの背後にもっと陰険で邪悪な目的が潜んでいることを見抜くのは、さほど難しくない。ヨアヒム・フェストが注意しているように、国民投票は、「ドイツ国内で自己の権力を固める過程で〔ヒットラーによって〕打たれた最も有効な手だての一つ[70]」であった。破廉恥にもウィルソンの原則に訴えた結果、ヒットラー支持層の中で動揺していた中間派も安心し、こうして権力掌握後の不安定な最初の一年間に体制は国内の支持を取りつけ、〔対外的に〕重要な外見を整えることができたのである。しかしながら、内在的批判という方法の採用によって我々は、次の二つを確実に見分けることが可能である。つまり、自ら公言する理想に従って生きる人間と、単に利己的な目的のための手段としてそうした理想を掲げているだけの人間――一九世紀後半の西洋帝国主義が主張した疑似普遍主義も、後者を示すもう一つの例であろう。

　さらに言うならば、たとえばヘーゲルによる理論化の努力が示しているように、自己措定的精神の理想は、批判的な自己省察の観念と緊密に結びついている。ヘーゲルに即して具体的に説明するならば、〝意識の諸形態《ゲシュタルテン・デス・ベヴーストザインス》〟が本質的に適切であるか否かは、理性の法廷において測られるべきなのである。自己実現的な精神の主張には理性的自己省察の基準によって評価される余地が残っているということは、必ずしも精神のすべての主張がその名に価するわけではないということを意味している。こうして、たとえ国家社会主義（あるいはより適切には、哲学的傾向を帯びたその諸構成要素）が、敢えて〝精神の弁証法〟に基づいて自らを正当化しようとしても、この〝精神の言説〟自体が、そうした正当化の主張が虚偽であることを暴露しうる概念的道具を所有しているのである。たとえば、このイデオロギーの仮面を剝奪して、それが実際には退嬰的現象であることを明らかにする道が開かれている。西洋合理主義の伝統の独自性は、まさにこの自己批判の能力にこそ存しているのである。

デリダの考察は、以下のように続いている。「〔ドイツ以外の〕ヨーロッパ諸国民、〝民主的な〟国家、宗教的・学問的諸制度が、多種多様でありながらも決定的な共犯関係を結ぶことがなければ、ナチズムの発展もなかったであろう。このヨーロッパ全体を蔽うネットワークを通して、精神の自由に捧げられたこの賛歌――それは、まさにあの総長就任演説や同様の主旨を述べた他の文章におけるハイデガーの賛歌と最小限両立可能である――は、常に壮麗に奏でられてきた」[71]。こうした指摘（同様に、ナチと反ナチの言説の合流に関する先述した彼の主張）によってデリダは、ハイデガーその人の否定の戦略に簡単に惑わされ、その罠にはまってしまう危険を冒している。何故ならば、ハイデガーと同じく、彼は国家社会主義の起源を形而上学の成立という次元で、換言すれば、何よりもまず〝精神の自由への賛歌〟と彼が呼ぶ、西洋の大きな物語《メタナラティヴ》の次元で理解しようとしているからである。ところが、説明のための図式として提示された〝精神の形而上学〟にこのように依拠することにつきまとう主要な問題の一つは、それが特殊ドイツ的現象――極めて特殊な一群の歴史的環境・状況（ヴェルサイユ条約、経済的衰退、政治的不安定、民主主義的伝統の欠如、権威主義的社会構造等）――から国家社会主義の本質を説明する道を妨げる傾向を帯びていることである。というのは、この運動には多様な側面があり――人種主義というイデオロギーがその一例である――それは厳密に言えば〝常態下の専制〟とも言うべきファシズム――我々が慣例的にデモクラシーと呼んでいるような政治生活の形態も、この意味でファシズムの一類型として把握できるかもしれない――とは両立不可能だからである。要するに、デリダ的な〝精神の自由への賛歌〟という説明は、余りにも漠然としているために、国家社会主義の歴史的成功についても、〝他のヨーロッパ諸国民の決定的な共犯関係〟についても説得力を欠いているのである。その上、この特殊な形而上学的〝賛歌〟に焦点を絞りすぎた結果、皮肉にもデリダ自身が、ヨーロッパのファシズムの起源と原因を〝精神化する〟という弊に陥ってしまった。オットー・ペゲラーは、〝精神史〟の立場から国家社会主義を解明しようとする最近のフランス知識人の試みに対して警告を発している。「国家社会主義が権力を掌握し、ヨーロッパを破壊することに成功したという事実は、確かにハイデガーをはじめとする、洞察力の欠如した人間たちの作り出した一定のイデオロギー的前提を抜きにしては、理解しえない。しかしながら、政治や歴史をそうした「イデオロギー的な」前提からのみ理解しようとすることは、哲学を悪用することである(72)」。

デリダと同様にフィリップ・ラクー＝ラバルトにとっても、ハイデガーの政治への関わりは「絶対に彼の思想と連関している」けれども、結局のところこの主張は、ハイデガー哲学そのものの特殊性については何も語っていない。それどころか、彼の〝過ち〟は最終的に思考の〝形而上学的〟習慣に帰せられており、それはハイデガーに限らず歴史に登場する多くの思想家に共有されている。それゆえに、ハイデガーの過ちを最初の形而上学者であり、最初に〝哲人王〟の教説を提案したプラトンにまで遡らせることは、正当なのである。「一九三三年の〔ハイデガーの〕政治参加は、その正当性を政治の支配に優位する精神と哲学の支配という観念そのものから引き出す。……それは、少なくともプラトン的王制《バシレイア》にまで遡る観念である」。このようにして、ラクー＝ラバルトは、ハイデガーの〝政治参加〟を〝形而上学から十分に距離をとらなかった思考の圧力〟という側面から説明するという〝誘惑〟を正当化している[73]（強調、ウォーリン）。従って、ラクー＝ラバルトの議論の道筋もまた、〝ポスト形而上学的〟もしくは転回以降のハイデガーを免罪する方向をとるのである。

　しかしながら、二人の思想家の下した判決は、ハイデガー自身の謎めいた自己解釈に重要な点で追随している。つまり、〝形而上学〟（〝精神〟〝主意主義〟等）こそが、言ってみればこの哲学者の愚かな政治参加に最終的な責任を負っていると主張する点で、そうなのである。しかし、我々が論証しようと試みたように、こうした議論の進め方は、事態を明らかにするよりは、実際にはむしろ〝誤魔かす〟ことに等しい。さらに、いっそう重要なことに、我々の結論は以下のことを示唆している。すなわち、後期ハイデガーの思想――それが『存在と時間』に残る形而上学的‐ヒューマニスティックな痕跡を免れている点で、ラクー＝ラバルトもデリダも賞賛している――は、実践哲学を拒否する結果として、国家社会主義（そしてこの哲学者自身の犯した〝過ち〟）の悪夢を知的かつ生産的な形で〝克服する〟ために必要な概念的手段を欠いているのである。それどころか、存在の歴史という理論は、否定のための巧妙なメカニズムとして機能している。こうして、フランスのハイデガー主義者は、非形而上学的な後期ハイデガーを擁護しようとして、彼の自己弁明の術中に見事にはまってしまったのである。

後期ハイデガーの哲学における「水平化する眼差」

後期ハイデガーの著作の重要な主題であるテクノロジー批判は、ニーチェ講義の中ではじめて周到に論じられた近代批判の一部をなしている。[74] この問題を扱う上で、ハイデガーが二〇世紀の社会生活の中心的なジレンマの一つに注目していることは、ほとんど疑いない。その上、この点で彼の哲学的な関心は、二〇世紀の極めて多様な哲学者や文化批判者――フランクフルト学派やルイス・マンフォードからシュペングラー、アーノルト・ゲーレンといった保守主義的文化批判者にまで及ぶ――の哲学的関心と交錯している。[75] なるほど、この問題の理論的起源や複雑な側面を理解する上で彼が加えた貢献を過小評価することは、不誠実な行為ではある。しかし、にもかかわらず次の問題が探求されねばならない。すなわち、存在の歴史という理論的な枠組は、テクノロジーという現代世界の現実に対処する我々の能力を実際に高めるのか、それとも真に問われるべき重要な問題を曖昧にするだけなのか。

ハイデガーにとって、テクノロジーは〝応用科学〟として理解してはならないという点こそが、肝要である。それは、理論科学そのものの地平からいわば切り離しうる一連の実用的能力・手段ではない。むしろ真実は逆である。「近代自然科学は、近代的テクノロジーの本質の展開に基礎を置いている」[76]。従って、科学的方法は〝中立的〟であるのに、言ってみればその不適切で無思慮な応用によって歪められてきたのだといった具合に語ることは、当を得ていない。それどころか、近代自然科学の客観性という仮面こそが剝奪されねばならない、というのがハイデガーの考えである。そのとき、ようやく我々は科学そのものが偽りの姿をとった〝不覆蔵態〟〝現前〟に関わっており、そのために今世紀の人間を多々苦しめている技術的理性の病理現象が生じているということを悟るであろう。

それゆえに、〝本質的な〟観点から眺めるならば、テクノロジーは科学的方法の単なる〝誤った応用〟で済まされるものではなく、はるかに根の深い深刻な問題をはらんでいるのである。テクノロジーは、形而上学的な〝世界‐像〟を提示しており（一九三八年の論文『世界像の時代』を参照）、この世界‐像の下では存在物は、なるほど〝不覆蔵態〟へともたらされてはいるが、けっしてその本質を認識されることがない。世界‐像の起源は、世界を思考するもの《レス・コギタンス》と延長するもの《レス・エクステンサ》へと分割するデカルトの企てに求められるであろう。ハイデガーの見解では、この世界‐像――その本質をハイデガーは立て集め《ゲシュテル》として特徴づけることになろう——を過去に遡って定義するならば、デカルトが近代形而上学を樹立して以来理解されてきた存在の様態の総称ということになる。〝立て集め〟の過程としてのテクノロジーは、〝主観〟が自らを現存する〝対‐象《ゲーゲン・シュテンデ》〟の総体に対置することを意味しており、その目的は、それを支配と操作のための専制的論理に従属させることである。その結果、テクノロジーは、あらゆる面で近代世界の身分証明書たる資格を備えることになる。こうして、〝我々〟が〝テクノロジー〟と呼ぶもの——今世紀の歴史を特徴づけた未曾有の破局（〝存在するものすべての無条件の対象化〟から帰結する〝大地の荒廃〟）を含めて——は、デカルトによって究極的な形而上学的定式を与えられた〝意志への意志〟という観念の単なる終着点なのである。しかしながら、次のことを心に留めておくことが大切である。すなわち、この過程は、デカルトの誤れる哲学的第一歩から開始され、その後の西洋近代全体の進行方向を決定してしまったように見えるけれども、実際には存在の命運の所産なのである。

正確にこの意味において、テクノロジーは〝形而上学の完成〟として理解されねばならない。何故ならば、テクノロジーは、二〇〇〇年以上に及ぶ存在忘却の歴史の黙示録的な絶頂を示しているからである。この運命そのものが、〝存在物〟を存在の静謐な単純さの中に〝存在させる〟代わりに、〝他者に‐とっての‐存在〟——他者、すなわち〝主観〟もしくは〝大地の支配者〟としての人間にとっての存在——としてのみ理解する形而上学的な見方の結果である。概念は、存在物の本質——その存在——にけっして到達しない。何故ならば、形而上学的な習慣を前提とする我々が見るものは、すでに我々が存在物の中に措定したもの、つまり我々自身でしかないからである。ハイデガーはこう説明している。

意志への意志が、完成された形而上学的世界の非歴史的な要素の内部に自らを位置づけ測定する際の根本形式たる見せかけは、もっともらしく〝テクノロジー〟と呼ばれうる。この名前は、存在物全体を形作る存在物の全領域を含んでいる。対象化された自然、文化事業、製造業化した政治、すべてを蔽い隠す理想という虚飾。従って、〝テクノロジー〟は、ここでは［単に］機械装備された生産という特定の領域を意味してはいない。……［それは］本質的な意味で、すなわち〝完成された形而上学〟と同じ意味で理解されている。(77)

ハイデガーの評価するところでは、テクノロジーとしての形而上学の支配は、現代世界において絶対的かつ全面的である。しかし、これまで見てきたように、存在物をテクノロジーという立て集めへと普遍的に還元することは、形而上学の完成がとりもなおさずその〝克服〟の前提でもあるという事実の中に〝積極的な〟意義《ノート》を認めることも許されるのである。存在物と存在の区別の完全な忘却のみが、この忘却を重大な困窮と感じられるような展望を示唆する。(78)立て集めは、近代世界の中で存在物の蔽いが除去されるための排他的な様態であるから、現実的なものの全体は〝用象《ベシュタント》〟という性格を帯びる。物は、内在的な意味と意義を完全に喪失する。物は、その本質において、つまりその〝存在〟のままに知られることがない。逆に物が意味を有することがあるとすれば、近代的な経済によって動かされる巨大な〝秩序化の過程〟というメカニズムの部品である場合に限られる。この過程の〝主体〟である人間もまた、このメカニズムに備わるすべてを包摂する支配と操作の論理を免れているわけではない。ハイデガーが考察しているように、

森の中で伐り倒された木を測り、いつも祖父が歩んだのと同じ林の同じ小道を歩んでいる樵が、今日では本人が知っているかどうかに関わりなく、利潤を追求する材木産業に踊らされている。彼は木材の繊維の加工可能性に従属し、その可能性のゆえに繊維は紙の需要に服し、次いで紙は新聞や絵入り雑誌に供給される。さらに今度は新聞や雑誌によって世論が作られて印刷された事柄を呑みこみ、この世論の動向によって都合よく〔新たな〕需要がかきたてられるのである。(79)

近代世界における〝利潤追求〟や〝産業〟の力の本性を、このようにすべてを包摂してしまうという点に認めつつ、ハイデガーは今日の社会状況を抽象的‐形而上学的に分析しがちな自らの傾向を放棄して、具体的かつ歴史的なアプローチを見せ始める。たとえば、右の引用文などは、ヘーゲル‐マルクス的な〝物象化〟の理論の重要な萌芽を含んでいる。(80)彼がこの洞察を社会学的手法に基づく〝近代的な生活世界の現象学〟と結びつけて展開していたならば、そこで哲学的・社会史的モ

チーフと織り合わされた極めて実り豊かな成果があげられたかもしれない。ところが、やはりハイデガーならではと言うべきか、彼はこの理論にはらまれた歴史的・具体的な分析の可能性に早々と見切りをつけて、直ちに新《ネオ》‐存在論の謎めいた地平へと立ち戻ってしまう(81)。

こうして、ハイデガーは、内的一貫性の下に——そして存在の歴史という理論の反ヒューマニズム的含意を保持したままに——テクノロジーを〝人間学〟の立場から、つまり人間の行為と意図の直接的な帰結として理解するあらゆる企てに反対せねばならない。そういったわけで、テクノロジーの病理学がヘーゲル的・主観中心主義的な〝疎外〟のパラダイム(それによれば、外化《エントオイセルンク》は疎外《エントフレムドウンク》になる)によって説明されえない限りは、〝物象化〟の理論も有効性を失ってしまう。近代テクノロジーのジレンマは、集合的主体としての〝人間〟が技術装置を使いこなせないということとは、無関係である。そうではなくて、すでに見てきたように、近代的な主観性の概念に内在する自己主張という支配意志そのものが、ハイデガーにとっては重大問題なのである。その結果、仮にテクノロジーの〝危険性〟が、「すべての空け開きが秩序化において完成し、あらゆるものが用象性の不覆蔵態の中でのみ自らを開示するという可能性」に存するとしても、にもかかわらず「人間の活動は、この危険性に直接的に対抗することがけっしてできない」(82)(強調、ウォーリン)。「秩序化を伴う空け開きとしての近代テクノロジーが、断じて人間に関わる事柄ではない(83)」限りは、テクノロジーの勝利は、〝存在の命運〟そのものへと神話的に遡行されざるをえない。テクノロジーの本源的な起源は、具体的な歴史的・社会的形成物——資本主義のような——ではなく、時間の経過を越えて独自の論理の下に持続してきた〝立て集め〟である。それゆえに、〝立て集め〟の支配が〝命運〟として人間の活動や意志の力から完全に独立している限りは、そうした力はこの状況を打開する上で何の役割も演じることはできない。つまり存在の命運は、人間に受動的に耐え忍ぶべく課せられた運命なのである。あるいはハイデガー自身の言葉に即して言えば、すべてを左右するのは、「存在それ自体がその絶頂に達し《インス・レッツテ・ゲート》、存在そのものに由来する忘却が方向転換する(84)」か否か、なのである。

ハイデガーは、近代テクノロジーの社会史的な決定因子と特性を概念化しえないために、〝彼の哲学の疑似具体性〟という、しばしば議論の対象になる問題が生じる。すなわち、ハイデガー哲学は、〝実存論的な具体性〟の哲学として本来めざしていたはずの現象学的方向性を明白に踏み外してしまったのではないか、という問題である(85)。この問題は、『存在と時間』の実存論的分析を支配していた、分析の存在論的次元と存在的次元とのあいだの緊張の中にすでに姿を見せている。というのも、そこでは、存在物としての人間の生の領域は、〝ダス・マン〟に独占され、そのために非本来性の領域に堕しているという理由で、アプリオリに低い評価が与えられているからである。その結果、存在論のメタ次元から具体的な存在物からなる〝事実性〟の領域へと移行しようとする意欲も可能性も、最初から疑わしいものになっているように思われる。この問題は、歴史性のカテゴリーをめぐる議論の中でどこよりも顕著である。そのために、ハイデガーはディルタイの歴史主義の限界を的確に洞察しているにもかかわらず(86)、存在物の次元の上に存在論が硬直的に置かれていることによって、現実の歴史を思考すべき概念的空間が実質的に閉ざされるという結果に陥っている。実際、ハイデガーによる歴史の概念的な分析は、後知恵にしか思えない。つまり、実存論的存在論の諸カテゴリーによってあらかじめ獲得された結論を、具体的な対象に即して補強しているだけである。その結果、「『存在と時間』の存在論は、それが拒否する形而上学に依然として囚われている。実存《エクシステンティア》と本質《エッセンティア》のあいだの従来からの緊張が、日常的(事実的)実存と〝本来的・歴史的実存〟という区別の背後に顔をのぞかせているのである(87)」。

ハイデガーの初期作品に見られる無-歴史的な〝疑似-具体性〟は、後期作品においても再生産されているが、ただし、今度は明らかにより高次に移されている。そのために、テクノロジーに関するハイデガーの〝形而上学的〟(存在の歴史に即した《ザインスゲシヒトリッヒ》)定式化において、彼の哲学的な枠組の不備が余すところなく浮き彫りにされる。というのも、人間活動の力の全面的な貶価と対になった、立て集めとしてのテクノロジーの全体的な支配に関する彼の主張からは、最終的に存在の命運——人間に〝贈られた〟神秘的〝運命〟——を前にしたいっそうの諦念と甘受が導かれるだけだからである。

この点で〝立て集め〟というハイデガー理論に伴う最大の問題の一つは、それが結局はテクノロジーの魔力化へと帰着してしまう点にある。もちろん、彼は機会あるごとに、そんなことを公言したつもりはないと強く否定しているが(88)、彼自身の議論の力が、逆の解釈の正しさを十分に証明している。こうして、〝形而上学の完成〟としてのテクノロジーは、第一義的には存在の歴史そのものによって〝定められた〟峻厳な運命のごとくに概念化されているために、我々に残された唯一の選択肢は、存在の気まぐれな風向きに慰藉もなく屈服し、それでも希望を捨てないことだけである。あるいは、『放下』の中でハイデガーが述べているように、

> テクノロジーの進歩はいよいよ加速され、けっしてとどまることができないであろう。実存の全領域で、人間はテクノロジーの力によってますます拘束されるであろう。いたるところで、瞬時のいとまもなく、自己を主張し、連なり合い、我々を引きずりまわしているこうした力は、テクノロジーの様々な発明を通して人間を圧迫し、強制している。——人間が作り出したわけではないので、この力は、人間の意志とは関係なく長期にわたって運動し、人間の決定能力を越えて成長してきた。(89)（強調、ウォーリン）

存在の歴史という教説は、あらゆる種類の実践理性を自らの理論の境界外へと放逐してしまったために、我々には二つの互いに補い合う極端な道しか残されていない。両者は結合して、脱出不可能な完全に物象化した世界というイメージを生み出す——というのは、厳密に言って、世界の方向を定める〝社会的行為者〟は一人として残されてはいないからである。一方には、〝けっしてとどまることのできない〟テクノロジーそのものの容赦なき進歩。他方には、人間活動の可能性の全面的な貶価——それは、運命への完全な屈服を鼓舞するという実際的な帰結をもたらす。結局、ハイ

デガー理論は、テクノロジー支配の論理に反対していると主張しながらも、それを強化している。テクノロジーは、近代の人間の条件として存在論的に規定され、この運命に抵抗するか、もしくはそれを変容させようとする我々の歴史的可能性は、遍在する邪悪な〝意志への意志〟のさらなる表現にすぎないという理由で、アプリオリに一蹴される。リチャード・バーンスティンが指摘しているように、こうした立場は、

> 必ずしも完全に不適切であるというわけではないが、それ自体が極めて危険である。あらゆる人間活動(思索という活動を除いて)は、立て集め、操作、制御、意志への意志、ニヒリズムへと還元される――水平化される――という思想へと我々を誘惑するがゆえに、それは危険である。人間の連帯と共同性を促す思考や活動にとって好ましい空間を実質的に閉鎖してしまうがゆえに、それは危険である。[90]

皮肉にも、そのニーチェ批判にもかかわらず、ハイデガー自身の立場は、少なくとも決定的な点で際立って〝ニーチェ的〟である。彼は、ニーチェその人が近代の欠陥を前にして採用した〝全面的批判〟という立場を疑問視することなく受け容れている。それゆえに、両思想家は、近代の本質を〝ニヒリズム〟のカテゴリーの下に理解し、それは信仰にも等しいものになっている。伝統的に生に意味を与えてきた価値や信念の構造は、全面的に解体させられる。再評価されるべき社会形成

の契機が近代には存在しない以上、〃内在的批判〃の方法は拒絶される。

ハイデガーは、〃西洋の没落〃をいわば新《ネオ》‐存在論的に再度主張するのであるが（ある箇所で彼が指摘するように、「ニヒリズムとは、近代の権力圏内に引きずりこまれた地球上の諸民族の世界史的な運動である[91]」）、それに従うならば、歴史を刷新するために必要なあらゆる内在的展望はあらかじめ阻止されているがゆえに、〃救済する力〃が歴史的な生へともたらされる道は、ただ一つしか残されてはいない。それは超越という道である。従って、ハイデガーが心中に抱く説明図式の中では実践《プラクシス》は有効性を奪われ、技術《テクネー》が万能になる。その結果、詩《ポイエーシス》（制作）――〃詩的超越〃の形をとった――が、唯一可能な選択肢となるのである。「詩的なものは、真なるものを、プラトンが『パイドロス』の中で現われ出るもの《ト・エクファネスタトン》と呼んだもの、つまり最も純粋に輝き出るものの光輝の中へともたらす[92]」とハイデガーは述べている。「我々の手にしうる唯一の可能性は、思索し、詩作することによって神の到来に備えること、あるいは没落しつつ不在の神を待望している限りは、[我々の]没落における神の不在に備えることだけである[93]」。結局、ハイデガーの近代批判は、ドイツ・ロマン主義者によってすでに歩まれ、そして破綻した道を再びたどることで終了する。〃詩的超越〃は、技術的理性の支配を通して絶頂を迎えた近代世界の病弊に抽象的に対置されている。従って、「〃詩的に熟考する〃ことは、神々の現前の中に立つこと、そして物の本質の近さの中に包含されることを意味する[94]」。これが、（二重の）〃困窮〃の時代に対するハイデガーの解答である。二重の〃困窮〃の時代、「神々はすでに飛び去り、到来すべき神はまだ姿を見せない[95]」時代。

ハイデガーのテクノロジー批判の中に我々は、近代世界における〝合理性の強制〟から完全に解放されたいという切々たる願望を認める。近代経済の力と結びついた道具的理性が、それとセットであった実践的な側面を犠牲にして、極限まで高まりゆく過程を切り離そうと努力する代わりに、彼の理論は合理性全体の拒絶を促す方向を採用しようとする。その結果、実践的理性と技術的理性の両者は、〝形而上学的思考〟の単なる交換可能な変形物として一緒くたに無視される。近代的なテクノロジーのもたらした腫瘍は、実践的合理性と道具的合理性という両タイプの合理性のあいだの、歴史的に規定された不調和にこそ原因があり、けっして理性そのものに内在する悪に起因してはいないという展望――既述したように、ハイデガーにとって理性は〝思索の最も傲慢な敵〟である――を、彼は本気で考えようとはしない(あるいは考えることができない)。技術と実践――後者は前者の単なる変形物と誤解されている――に代わる唯一有効な選択肢として、〝詩的な沈思黙考〟(96)の道を採用するために、彼の思索は、あの不調和の本質を考察する可能性を奪われている。

ハイデガーのテクノロジー論は、自らの概念的な限界の重みに押し潰されて、最終的に瓦解してしまう。自らの理論的枠組の内在的な欠陥のゆえに、ハイデガーは、テクノロジー支配の問題が近代世界における理性の過剰ではなく、その不足に由来することを洞察できない。何故ならば、近代的な生にあっては合理性の媒介変数はあらかじめ限定されていて、形式的もしくは道具的理性が事実上のヘゲモニーを握り、実践理性――目的に関する省察――は実際には周辺に追いやられてしまったからである。ハイデガーの推奨する理性の〝克服〟に代わって求められるべきは、道具的理性の独立した論理を目的に関する合理的省察に従属させる方向へと理性の限界を拡張することである。同様にまた、〝意志への意志〟——人間の自己主張という近代的企図の全体を概観する理論的なプリズム——に対して、ハイデガーのように嘆いてばかりいたところで、問題の要点を混乱させるだけである。[97] テクノロジーや産業の力を人間理性から切り離されたままの独立した論理に従わせることは、ハイデガーが一貫して批判する人間的意志そのものの力とは比肩しえないほど大きな脅威を近代世界にもたらす。従って、責任を問われるべきは、人間活動そのものではなく、テクノロジーや産業の要請が人間の理性や意志による監視と制御から解き放たれたという事実である。その結果、テクノロジーの発達が、一見盲目的、無制限に一人歩きをし始めたのである。

ハイデガーの後期思想——その全体を統合する要とも言うべきテクノロジー批判も含めて——が破産したことを最終的に証明するものは、一九四九年の一連の講義『存在するものへの洞察』のいささか曖昧な指摘の中に見出せるかもしれない。というのは、この考察こそが、〝存在の命運〟という理論に含まれる〝水平化〟の傾向、つまり合理的な社会史的判断を彼が下しえないことや、ナチズムの犠牲者の苦悩に彼が共感しえないことを、おそらく最もよく暴露しているからである。ハイデガーに従うならば、

> 今日では農業は機械化された食品産業であり、その本質においてガス室や強制収容所における死体の製造と異ならない。それは、多くの国に見られる封鎖や飢餓と異ならない。それは、

原子爆弾の製造と異ならない。[98]

ハイデガーが十分に自覚した上で機械化された農業とナチ政治の大量虐殺とを等置していることは、単に歴史説明における記念碑的な事実誤認であるにとどまらない。それは、道徳的認識と理論的認識における根本的な能力の欠如をうかがわせる。まさにこの点において彼の思索は、彼が生涯一貫して侮蔑的に扱い続けた健全な人間悟性の水準にも達してはいないのである。[99]この判断は、けっして一時的な錯誤といったものではなく、一般的に存在の命運という理論の〝水平化する眼差〟と完全に一致している。この眼差は、比較しえないものを等置するという病的な傾向を秘めている。我々は、皮肉にもここに形而上学の最も純粋な姿を見ることができる。同時代の歴史的な生の諸現象に備わる具体的な特殊性を、理論的な枠組に規定されるあまりに感じ取ることができないのである。ハイデガーの考察のとりわけ衝撃的な点は、それが二〇世紀の道徳の常識的基準――ホロコーストという言語に絶する罪を前にしたときの態度を〝指標〟としている――をも、承知の上で敢えて満たそうとしない、という事実である。あたかもハイデガーは哲学者特有の傲慢な態度で、意図的に挑発しようという考えから〝理性的本性の所有者たち〟の共同体から身を退き、そしてそのことによって他の人間との友情の絆を敢えて断ち切ろうとしているかのようである。すでに我々は、如何に後期ハイデガーの哲学が一連の〝誤れる等置〟を行い、そのために一群の独善的な歴史的-哲学的判断を基礎づけてしまったかを見てきた。〝哲学〟＝〝形而上学〟＝〝意志への意志〟＝〝テクノロジー〟＝〝ニヒリズム〟。右に紹介した引用文の中に、同様に誤った一連の並列が姿を見せている。それは、近代的な生におけるテクノロジー支配の圧倒的なヘゲモニーを故意に際立たせようとしている。しかし、それがハイデガー哲学が必然的に赴くべき実践的結論であるとすれば、我々は彼の概念的な枠組全体が根本的に説得力を有しているかどうかを疑わないわけにはいかない。

必要とあれば、それが構造的に解放の可能性と連関しているかどうかを基準にして諸理論を区別しうる、という主張に一片の真理が宿っているとすれば、マルティン・ハイデガーの哲学は根深い欠陥を有している、と我々は判断せざるをえないのである。[100]

注

日本語版への序

（1） 本書の翻訳は、すでに日本語訳以外に、ドイツ語訳（一九九一年）、フランス語訳（一九九二年）、ポルトガル語訳（一九九七年）が出版されている。

（2） 最近出版された阿部正雄とクリストファー・アイヴズによる西田幾太郎『善の研究』の英訳 Kitaro Nishida, *An Inquiry into the Good* (New Haven: Yale University Press, 1990) は、こうした状況を改善するための手助けとなるだろう。

（3） 田辺論文の独訳は次のものに収録されている。H. Buchner ed., *Japan und Heidegger* (Sigmaringen: Jan Thorbecke Verlag, 1989), pp. 89–108.

（4） Tanabe, "Die neue Wende in der Phänomenologie: Heideggers Phänomenologie des Lebens," in ibid., pp. 107-108.（「現象学に於ける新しき轉向」『田邊元全集』第四巻、筑摩書房、一九六三年、所収）。

（5） ハイデガーと九鬼の関係について、さらに詳しくは次の序文を参照。Stephen Light, *Shuzo Kuki and Jean-Paul Sartre* (Carbondale: Southern Illinois University Press, 1987)。次も参照。Graham Parkes, "Heidegger and Japanese Thought: How Much Did He Know and When Did He Know It," in *Martin Heidegger: Critical Assessments*, vol. IV, ed. C. Macann (London and New York: Routledge, 1992), pp. 377–406; Otto Pöggeler, "West-East Dialogue: Heidegger and Lao-tzu," in

Heidegger and Asian Thought (Honolulu: University of Hawaii Press, 1987), pp. 47-78.

(6) *Walter Benjamin: An Aesthetic of Redemption* (Berkeley and Los Angeles: University of California Press, 1994); *The Terms of Cultural Criticism: The Frankfurt School, Existentialism, Poststructuralism* (New York: Columbia University Press, 1992). さらに近年のものとして、*Labyrinths: Explorations in the Critical History of Ideas* (Amherst: University of Massachusetts Press, 1995).

昔の著作に付した序論「トラシュマコスの亡霊」が、最近、日本語に翻訳され、次のものに収められている。Martin Jay ed., *Critical Theory in America*.(竹内真澄監訳『ハーバーマスとアメリカ・フランクフルト学派』青木書店、一九九七年、所収)。

(7) ここでは専ら、次の湯浅泰雄の見事な論文に負っている。Yasuo Yuasa, "The Encounter of Modern Japanese Philosophy with Heidegger," in *Martin Heidegger: Critical Assessments*, pp. 155-174.

(8) マルクーゼとハイデガーの出会いについては、すでに論じたことがある。*The Heidegger Controversy: A Critical Reader* (Cambridge, Mass.: MIT Press, 1993), pp. 152-164. 同じ文脈で、私は両者が一九四七―四八年に交わした重要な書簡を翻訳した。ハイデガー哲学と彼のナチズムとの関係を考える上で重要な書簡である。

(9) Herbert Marcuse, "The Struggle Against Liberalism in the Totalitarian Conception of the State" (Boston: Beacon Press, 1968), p. 59.

(10) Miki, "Heidegger and the Fate of Philosophy," *Serupan* 10 (November 1933), pp. 310-320.(「ハイデッガーと哲学の運命」『三木清全集』第十巻、岩波書店、一九六七年、所収)。ハイデガーのナチズ

ムに関して湯浅（注7参照）は次のように述べている。「当時の激動する政治情勢に対処するのに［ハイデガーが一九三三年の総長就任演説でやったように］、［ソクラテス以前の］古代哲学を持ち出してくることは、直接的に現実の世界を権力によって支配することを目的とする政治的人間にとっては、単に怠惰なおしゃべりにすぎなかった」。

（11）　英語版はVictor Farias, *Heidegger and Nazism* (Philadelphia: Temple University Press, 1990).（山本尤訳『ハイデガーとナチズム』名古屋大学出版会、一九九〇年）。ファリアスのアプローチに対する私の批判については次を参照。"French Heidegger Wars," in *The Heidegger Controversy: A Critical Reader*.（注8）

第一章　ハイデガーと政治

（1）　ペゲラーの「後記」は、この作品の一九八四年版に初めて付された。この作品はハイデガー哲学の発展に関する「標準的な」注釈であると広く認められており、しかもハイデガー自身のお墨つきを得たものである。この二〇年の間に「ハイデガーと政治」問題に対するペゲラー自身——彼がドイツの指導的なハイデガー研究者であることは衆目の認めるところである——の態度がどのように変化したかを辿ることは興味深い作業であろう。一九六三年に彼の最初の研究が出た段階では、この問題に関して取りあげるべきことがらは全く論及されていなかったし、この問題に関する一九七二年の彼の *Philosophie und Politik bei Heidegger* はひどく弁解がましい作品であった。しかし、一九八三年にハイデガーの一九三三年の総長就任演説が復刊されて以来、ペゲラーは幾つかの論文において、ハイデガーの政治との関連で近年発生した解釈学的な難点について、むしろ率先して、こうした難点——それは将来の全てのハイデガー解釈者にとって決定的な重要性を持つに違いない——を認めている。

(2) Victor Farias, *Heidegger et le nazisme*.(前掲『ハイデガーとナチズム』)。Hugo Ott, *Martin Heidegger: Unterwegs zu seiner Biographie*.(北川・藤澤・忽那訳『マルティン・ハイデガー——伝記への途上で』未来社、一九九五年)。彼らの労作のほかに参照すべきものとしては、*New York Review of Books* に掲載されたこの論争についての見事な整理 Thomas Sheehan, "Heidegger and the Nazis" がある。

オットが厳密な意味での伝記的研究の枠をどこまでも遵守しようとするのと違って、ファリアスの研究は、事実関係の究明と不当な哲学的一般化——それは事実上の〝非難〟である——との微妙な境界を余りにも頻繁に超えてしまっており、それは彼の研究自体にとってマイナスになっている。ファリアスの議論の相対的な長所と欠陥については、私の論文 "The French Heidegger Debate" (*New German Critique*, Fall 1988) で論じられている。また "Recherches récentes sûr la relation de Martin Heidegger au national socialisme" (*Les Temps Modernes*, October 1987) において、私は、オットの発見がハイデガーの哲学者としての全体像に関して提起することになった数多くのより大きな問題との関連で、こうした彼の発見に評価を与えることを試みた。

(3) Guido Schneeberger の *Nachlese zu Heidegger* (1962) に収録されていた証拠文書は、こうした作業の重要な第一歩を示している。

(4) Ott, *Martin Heidegger*, p. 187 (前掲『マルティン・ハイデガー』)より重引。

(5) *Philosophische Autobiographie* (重田英世訳『哲学的自伝』理想社、一九六五年)におけるカール・ヤスパースの証言。英訳は次のもので読むことができる。*The Philosophy of Karl Jaspers*, ed. P. A. Schlipp (La Salle, Ill.: Open Court, 1981), p. 75/8.

(6) Heidegger, "The University in the New Reich," in "Political Texts, 1933-1934," p. 100.

（7） Heidegger, "German Students," in ibid., p. 101.

（8） Farias, *Heidegger et le nazisme*, pp. 234ff.（前掲『ハイデガーとナチズム』）、Ott, *Martin Heidegger*, pp. 201-213（前掲『マルティン・ハイデガー』）を参照。

（9） Ott, "Martin Heidegger als Rektor der Universität Freiburg i. Br.—Die Zeit des Rektorats von M. Heidegger," p. 108 を参照。

（10） Ibid., p. 356 より重引。

（11） Toni Cassirer, *Mein Leben mit Ernst Cassirer*（Hildesheim: Gerstenberg, 1981）, p. 182.

（12） Heidegger, "Only a God Can Save Us," p. 51.（川原栄峰訳「かろうじてただ神のようなものだけがわれわれを救うことができる」『形而上学入門』平凡社ライブラリー、一九九四年、所収）。ハイデガーの否認に対して疑義を向けているものとして次のものを参照。Leopoldine Weizmann, "Heidegger, était-il Nazi ?" *Études* 368（5）（May 1988）, p. 638.「当時、ハイデガーはフッサールの大学への立ち入りを、彼がユダヤ人であるという理由で禁止した」。

（13） Ott, *Martin Heidegger*, pp. 198ff.（前掲『マルティン・ハイデガー』）、および Thomas Sheehan, "Heidegger and the Nazis," pp. 40-41 を参照。

（14） Ulrich Sieg, "Die Verjudung des deutschen Geistes: Ein unbekannter Brief Heideggers," *Die Zeit* 52, December 29, 1989, p. 19.

（15） Farias, *Heidegger et le nazisme*, p. 235.（前掲『ハイデガーとナチズム』）。次も参照。Thomas Sheehan, "Heidegger and the Nazis," p. 40.

（16） "Ein Gespräch mit Max Müller," p. 23 を参照。

（17） Leopoldine Weizmann, "Heidegger, était-il Nazi ?" p. 638.

(18) このことに関する補足的な証拠——たとえばハイデガーが都市圏、特に「西洋の主要な地域に蔓延しているユダヤ人社会の世俗的な精神」に対して不安を抱いていたという、彼の親しい知人ハインリッヒ・ペツェットの証言——が次のものに示されている。Sheehan, "Heidegger and the Nazis," p. 41.

(19) Jürgen Habermas, "Heidegger: Werk und Weltanschauung," in Victor Farias, *Heidegger und der Nationalsozialismus*, p. 23.(「ハイデガー——著作と世界観」、前掲『ハイデガーとナチズム』所収)。この論文の英訳("Work and Weltanschauung: The Heidegger Controversy from a German Perspective")は次のものに収録されている。Habermas, *The New Conservatism: Cultural Criticism and the Historians' Debate*, trans. Shierry Weber Nicholsen(Cambridge, Mass.: MIT Press, 1989), pp. 140-172.

(20) この問題に関してより詳しくは次を参照。George Mosse, *The Crisis of German Ideology: the Intellectual Origins of the Third Reich.*(植村和秀他訳『フェルキッシュ革命——ドイツ民族主義から反ユダヤ主義へ』柏書房、一九九八年)。

(21) ハイデガーがどの程度ドイツの田舎の民族《フェルキッシュ》的な心性に共感を示していたかをよく示すものとしては、彼の論文"Why Do I Stay in the Provinces?"(清水多吉・菅谷規矩雄他訳「なぜわれらは田舎に留まるか?」『三〇年代の危機と哲学』イザラ書房、一九七六年、所収)を参照。ハイデガーの政治思想と彼の哲学それ自体の両方において反近代主義的な態度が果たした本質的な機能に関するさらに詳細な議論については、本書第二章の該当個所を参照。

(22) Ott, *Martin Heidegger*, pp. 305-306 より重引。

(23) 前者の流れを代表する強烈な批判としては、François Fédier, *Heidegger: l'anatomie d'un scan-*

dale. 後者の1例としては Richard Rorty, "Taking Philosophy Seriously," *The New Republic* (April 11, 1988), pp. 31ff.（吉岡洋訳「哲学をクソ真面目にうけとること」『現代思想 臨時増刊 総特集ファシズム』一九八九年、所収）。

(24) この問題は過去に二度、公開の場で徹底的に討議されたことがあるが、意味深長なことにそれはフランスの雑誌上においてであった。

最初の論争は、一九四六年と一九四七―四八年の *Les Temps Modernes* 誌上で行われた。論争の端緒となったのはかつてハイデガーの学生で親しい間柄にあったカール・レーヴィットの論文 Karl Löwith, "Les implications politique de la philosophie de l'existence chez Heidegger" であり、レーヴィットへの反論として Alfons de Waelhens, "La philosophie de Heidegger et le nazisme" や Eric Weil, "Le cas Heidegger" が *Les Temps Modernes* 4 (1947-48): 115-138 に発表された。続いてレーヴィットがワエレンスに応答した後（"Réponse à A. de Waelhens"）、ワエレンスがこの問題についての総括となる「応答への応答」（"Réponse à cette réponse," *Les Temps Modernes* 4 (1947-48): 370-377）を発表している。

二回目の論争は、一九六〇年代中頃の *Critique* 誌上で行われた。端緒はドイツで発表された三冊のハイデガー関連書―― P. Hühnerfeld, *In Sachen Heidegger*, Shneeberger, *Nachlese zu Heidegger* および Adorno, *Jargon der Eigentlichkeit*（笠原賢介訳『本来性という隠語――ドイツ的なイデオロギーについて』未来社、一九九二年）――を論じた一九六六年のフランソワ・フェディエの展望論文 François Fédier, "Trois attaques contre Heidegger" であった。翌年、このフェディエの見解に対してロベール・マンデ、ジャン・ピエール・フェイエ、エメ・パトリが応答し（*Critique* 237 [February 1967]: 672-686）、こうした批判に対してフェディエが同誌の一九六七年六月号で反批判を行うことでこの論争は終わった。この論争における各々の基本的な立場については、ベーダ・アレマンが公平な整理を行っている。Beda Alleman, "Martin Heidegger und die Politik," in Otto Pögeller ed., *Heidegger: Perspektiven zur Deutung seines Werkes.*

(25) この事実のもっとも信頼しうる証拠は、注2に引用したトマス・シーハンの論文だけでなく、次のものにも示されている。Nicholas Tertulian, "Quand le discours heideggerien se mue en prise de position politique."

(26) ハイデガーの政治への関与の深さについての新しい知見に基づいて彼の哲学的基盤を再検討する試みとして、現段階で最もまとまった共同研究は次のものであろう。O. Pöggeler and A. Gethmann-Siefert eds., *Heidegger und die praktische Philosophie.* (特にペゲラー、フランツェン、シュヴァン、およびゲートマンの論文を参照)。また、ハイデガーと政治というテーマについての以下の三つの先駆的な研究も特筆に値する。Alexander Schwan, *Philosophie und Politik bei Heidegger*; Winfried Franzen, *Von der Existenzialontologie zur Seinsgeshichte*; Karsten Harries, "Heidegger as a Political Thinker."

(27) 注25に引用したテルトゥーリアンの論文および次を参照。Jürgen Habermas, "Heidegger: Werk und Weltanschauung," pp. 11-37. (前掲「ハイデガー——著作と世界観」)。

(28) Franzen, "Die Sehnsucht nach Härte und Schwere," in *Heidegger und die praktische Philosophie*, pp. 78-92.

(29) Ibid., p. 80.

(30) このことは近代生活において、特に美学の場合にあてはまるように思われる。美学はロマン主義時代以来、〝唯美主義〟という名の下に、完成された生の哲学という様相を呈していた。シラーからフローベール、ニーチェ、オスカー・ワイルド、そして超現実主義者に至るまでの様々な美の理論家たちを結びつけているのは、この生の哲学の完成形態としての美学という確信であった。彼らは極めて多岐にわたる複合的な理論家ではあったが、美的な領域が、決まりきった凡庸な日常性における〝単なる生活〟よりも優れた価値や意味の源泉を具現化しているという事実に関しては意見を一にしていた。この点で美学は、近代世界における道具的理性に対する批判の最も重要な貯蔵庫の一つとなった。こうした状況の中から理論的帰結を導き出すという点で極めて首尾一貫していた哲学者は、おそらくテオドール・アドルノであろう。彼は『美の理論』において、美的な基礎に基づいた社会理論の可能性を再び確立することを試みている。

(31) Karl Löwith, *Mein Leben in Deutschland vor und nach 1933*, p. 57.（秋間実訳『ナチズムと私の生活――仙台からの告発』法政大学出版局、一九九〇年）。

(32) Heidegger, *Hölderlins Hymnen "Germanien" und "Der Rhein,"* p. 134.

(33) Leo Strauss, *Studies in Platonic Political Philosophy*, p. 30.

(34) Heidegger, *Existence and Being*, p. 289.

(35) Heidegger, "Only a God Can Save Us" (the *Spiegel* interview), p. 57.（前掲「かろうじてただ神のようなものだけがわれわれを救うことができる」）。

第二章　政治思想としての『存在と時間』

(1) Hans-Georg Gadamer, *Truth and Method*, p. 228（轡田・麻生・三島他訳『真理と方法Ⅰ』法政大学出版局、一九七五年〔Ⅱ・Ⅲ未刊〕）を参照。「ハイデガーが存在の問いを喚起し、従って西洋形而上学全体と対立する側へ進み出るとき、彼の真の先駆者は……ニーチェにほかならない」。

(2) *Being and Time*, p. 32; *Sein und Zeit*, p. 12.（細谷貞雄訳『存在と時間』上・下、ちくま学芸文庫、一九九四年。辻村公一他訳『ハイデッガー全集第二巻 有と時』創文社、一九九七年）。以下、独語原文のページ数は（ ）に記す。

(3) Gadamer, *Truth and Method*, pp. 230, xviii.（前掲『真理と方法I』）。

(4) Wilhelm Dilthey, *Der Aufbau der geschichtlichen Welt in den Geisteswissenschaften*（尾形良助訳『精神科学における歴史的世界の形成』以文社、一九八一年）を参照。またハイデガーとディルタイの重要な関係については、Karl Löwith, "Diltheys und Heideggers Stellung zur Metaphysik," in *Heidegger: Denker in dürftiger Zeit*, pp. 258-275; J. Barash, "Über den geschichtlichen Ort der Wahrheit: Hermeneutische Perspektiven bei Wilhelm Dilthey und Martin Heidegger," in *Martin Heidegger: Innen- und Aussenansichten*, pp. 58-74.

(5) 人間科学の、いわゆる〝解釈学的転回〟に関する基本文献を概観するものとしては、その代表として、*Understanding and Social Inquiry*, edited by Fred Dallmayr and Thomas A. McCarthy (Notre Dame: University of Notre Dame Press, 1977).

(6) Ernst Tugendhat, *Self-Consciousness and Self-Determination*, pp. 178, 187.

(7) Theodor W. Adorno, *The Jargon of Authenticity*, pp. 8-9.（前掲『本来性という隠語』）。

(8) Alfons Söllner, "Left Students of the Conservative Revolution: Neumann, Kirchheimer, and Marcuse," *Telos* 61 (1984), p. 59.

(9) Winfried Franzen, *Von der Existenzialontologie zur Seinsgeschichte*, p. 10.

(10) Heidegger, "Political Texts, 1933-1934" を参照。このテキストについては、第三章・第四章において詳細に論じることとする。

（11） Gadamer, *Philosophical Hermeneutics*, p. 214. 戦間期におけるハイデガーの傑出した著作には、哲学的な偶像破壊のラディカルな姿勢を看取できよう。これについてはガダマーが、以下のように適切に描き出している。「ハイデガーの最初の体系的な著作に接した同時代の読者は、そこに見出される情熱的な異議申し立ての激しさに捉えられたのである。彼は古い世代の安穏とした文化的世界に抗議し、産業社会によって個々人すべての生活形式が平準化されていくことに抵抗する。産業社会は、かつてない強さで画一化を押し進め、すべてを操作するコミュニケーションや公的諸関係の技術を手にしたのである。ハイデガーは現存在の本来性という概念を、〝ダス・マン〟〝世間話〟〝好奇心〟と対照させていく。前者が自らの有限性を自覚し、覚悟を持ってそれを受け入れるのに対し、後者は現存在の頽落した非本来的な形態にすぎない。ハイデガーは実存論的な厳格さをもって、死という古くからの謎を哲学的関心の中心に据え、さらに実存の真の〝選択〟を目指す彼の挑戦は、教育的・文化的世界を覆う幻想を粉砕する力を有していた。これによって、それまで平穏に保持されてきたアカデミズムの安心立命は、激しく揺り動かされることとなったのである」(Ibid., pp. 214-215)。

（12） Friedrich Nietzsche, *The Will to Power*, no. 868.（原佑訳『権力への意志』上・下、ちくま学芸文庫、一九九三年）。

（13）『存在と時間』第八一節において、ハイデガー自身が〝通俗的時間概念〟について論じている部分を参照。

（14） このテーマについての優れた議論としては、Wolfgang Abendroth, "Das Unpolitische als Wesensmerkmal der deutschen Universität," p. 192 を挙げることができる。

（15） こうした区別の起源に関する古典的議論としては、Norbert Elias, *The Civilizing Process*, pp. 3-10.（波田・中村・吉田他訳『文明化の過程』上・下、法政大学出版局、一九七八年）。

(16) Fritz Ringer, *The Decline of the German Mandarins*, pp. 86-90(西村稔訳『読書人の没落――世紀末から第三帝国までのドイツ知識人』名古屋大学出版会、一九九一年)の議論を参照。

(17) Heidegger, *Beiträge zur Philosophie*, p. 38.

(18) 遅れてきたドイツの発展に関しては、次の文献を参照。Helmut Plessner, *Die verspätete Nation.*(松本道介訳『ドイツロマン主義とナチズム――遅れてきた国民』講談社学術文庫、一九九五年)。Ralf Dahrendorf, *Society and Democracy in Germany.*

(19) Fritz Stern, *The Politics of Cultural Despair*, pp. 18, 15.(中道寿一訳『文化的絶望の政治――ゲルマン的イデオロギーの台頭に関する研究』三嶺書房、一九八八年)。資本主義と自由主義とを同一視するドイツ的な特徴に関して、スターンは以下のような見解を示している。「彼ら[保守革命派]は自由主義こそが近代性の精神的・政治的基盤であると感じていた。そして彼らは、自由主義をマンチェスター主義と同一視し、人間の精神的な切望を無視すること、さらには、経済的な自己本位や搾取と結びつけ、結局のところ生と道徳のブルジョア化にすぎないと決めつけたのである」(Ibid., p. 10)。

(20) *The Decline of the German Mandarins*(前掲『読書人の没落』)の中でリンガーは、政治的に穏健な知識人もまた、少数派ではあるものの存在していたことを注意深く指摘している。彼らは、近代世界および西欧的価値一般の要求に対して、より確かな受容能力を示していたのである。従ってリンガーは、彼らを〝モダニスト〟あるいは〝順応派〟として言及する。そこにはフリードリッヒ・マイネッケ、エルンスト・トレルチ、マックス・ウェーバーとアルフレート・ウェーバーらが挙げられる。

(21) Stern, *The Failure of Illiberalism*, p. 17. 一九三〇年代の半ばにはハイデガー自身が、ここでまさにスターンが論じた人々と同じような言葉を用いつつ、中央ヨーロッパに関するドイツの膨張主義的観念を正当化しようと試みるであろう。これについては特に、*An Introduction to Metaphysics*, pp. 47ff.

（川原栄峰訳『形而上学入門』平凡社ライブラリー、一九九四年、所収）を参照。これについて我々は、第四章において議論するつもりである。そこもまた参照すること。

（22）Ringer, *The Decline of the German Mandarins*, p. 13.（前掲『読書人の没落』）。ドイツ知識人層の反資本主義的態度に関しては次の秀逸な研究を見よ。Michael Löwy, *Georg Lukács: From Romanticism to Bolshevism*, pp. 22-66; *Rédemption et utopie: le judaisme libertaire en Europe centrale.* 後者は類似したテーマに関する、レヴィのより最近の著作である。

（23）このような〝危機心理〟が、ハイデガー自身の思想形成において果たした決定的な役割については、次の優れた論考を参照。Allan Megill, *Prophets of Extremity*, pp. 110ff.

（24）Peter Gay, *Weimar Culture*, pp. 23ff.（亀嶋庸一訳『ワイマール文化』みすず書房、一九八七年）における議論を参照。

（25）Hauke Brunkhorst, *Der Intellektuelle im Lande der Mandarine*, p. 81.

（26）*Der Akademiker* (May 1910). Hugo Ott, *Martin Heidegger: Unterwegs zu seiner Biographie*, p. 63（前掲『マルティン・ハイデガー』）からの引用。

（27）Karl Löwith, *Mein Leben in Deutschland vor und nach 1933*, p. 28（前掲『ナチズムと私の生活』）からの引用。

（28）Gadamer, "The Phenomenological Movement," *Philosophical Hermeneutics*, p. 139.

（29）このメンタリティーにおける〝左派〟側の議論については、『小説の理論』一九六二年版に与えたジョルジュ・ルカーチの「序文」を参照すること（*The Theory of the Novel*, Cambridge, Mass.: MIT Press, 1971)（大久保・藤本・高本訳『ルカーチ著作集第二巻』白水社、一九六八年、所収）。ルカーチはこうした立場の人々を、「左翼的《レフト》倫理かつ、適切な＝右翼的《ライト》認識論」を保持する者として特徴づけ、彼の外にエルンスト・ブロッホ、ヴァルター・ベンヤミン、テオドール・アドルノの名を挙げている。またこのようなロマン主義的な反資本主義の社会的タイプに関する、より詳細な議論としては、Löwy, *Georg Lukács: From Romanticism to Bolshevism* を参照。

(30) 〝保守革命派〟という用語は、一般に一九二七年フーゴ・フォン・ホフマンスタールが、ミュンヘンの学生集団を前に演説した際用いられたのが最初であるとされている。この用語についての詳細は、以下の文献を参照。Jeffrey Herf, *Reactionary Modernism*, pp. 18ff.(中村・谷口・姫岡訳『保守革命とモダニズム』岩波書店、一九九一年)。George Mosse, *The Crisis of German Ideology*, pp. 280ff.; Klemens von Klemperer, *Germany's New Conservatism*, pp. 153ff.; Kurt Sontheimer, *Antidemokratisches Denken*, pp. 357ff.(河島幸夫・脇圭平訳『ワイマール共和国の政治思想——ドイツ・ナショナリズムの反民主主義思想』ミネルヴァ書房、一九七六年)。Armin Mohler, *Die Konservative Revolution, passim.*(高田珠樹訳『決断——ユンガー、シュミット、ハイデガー』柏書房、一九九九年)。

保守革命派と国家社会主義との実際上の関係は複雑なものであった。彼らの多くは、国家社会主義こそが自らの社会的・政治的目標を実現させる唯一可能な手段と考え、その列に加わっていったのである。だがシュペングラーとユンガー、つまりは保守革命運動の二人の主要な人物は、ともにナチ党への参加を拒んでいる。その主たる理由は、ナチ党の指導者を卑俗で大衆的なものと見なしていたからである。ヒットラーは一九三四年、個人的にシュペングラーを勧誘するが、この目論見も失敗に終わっている。また強い影響力を持っていたミュンヘン紳士クラブの一員であり、第一級の保守革命家であったエドガー・ユングも、一九三二年六月にある評論(*Deutsche Rundschau*, pp. 153ff.)の中で誇らしげに次のように主張している。「ドイツ革命の精神的前提」を創り上げたのは、保守革命派であってナチではない、と。しかしながらナチスの側の見解は異なっていた。一九三四年六月三〇日、〝長いナイフの夜〟に、フリッツ・フォン・パーペンが首相であった当時個人秘書を務めていたユングは、その他多数の者たち――その政治的忠誠が疑わしいとされた者たち――とともに殺害されることとなるのである。

(31) Nietzsche, *The Will to Power*, no. 5.(前掲『権力への意志』)。Spengler, *The Decline of the West*, vol. 2, p. 440.(村松正俊訳『西洋の没落』五月書房、一九七一年)。Jünger, *Der Kampf als inneres Erlebnis*, p. 57; Schmitt, *Der Begriff des Politischen*, p. 49.(田中浩・原田武雄訳『政治的なものの概念』未来社、一九七〇年)。

(32) Heidegger, *Die Selbstbehauptung der deutschen Universität*, p. 18.(矢代梓訳「ドイツ的大学の自己主張」『現代思想』一九八九年七月号、青土社、所収)。ブルデューの著作は、ドイツの保守革命派との関連のうちにハイデガーの哲学を位置づけようとする、これまでのところ最も忍耐強い試みとなっている。これに対しハンス＝ゲオルク・ガダマーは、ブルデューへの書評(*Philosophische Rundschau* 1-2[1979]: 143ff.)の中で、ハイデガー哲学を知識社会学的アプローチで理解しようとする際の、その還元主義的な含意に対して強く異を唱えている。ガダマーによれば、そうした手法においてはハイデガーの思想の哲学的な自律性が失われてしまうだろうからである。なお、保守革命派と国家社会主義との関係について、より詳細には、Kurt Sontheimer, "Anti-democratic Thought in the Weimar Republic," in *The Road to Dictatorship*, Lawrence Wilson ed.(London: Oswald Wolff, 1964), pp. 42ff. ゾントハイマーが指摘しているように、「ドイツ思想全般における、だが特にワイマール共和国の知的・政治的風潮における、あるイデオロギー上の性向が、当時大多数のドイツの有権者たちを次のような認識へと、つまり国家社会主義の運動もそれほど問題の多いものではないという認識へと向かわせたのである。従って、後にこの運動があらわにした問題性が、これにより隠されてしまうこととなった。こうした点に関しては、今日ほとんど議論の余地はあるまい」。ゾントハイマーによれば、このような「イデオロギー上の性向」について吟味することで、「国家社会主義が台頭した際に、それが何かしら承認可能な教養と見なされていった、当時の知的雰囲気に対して光が当てられることとなるのである」。さらにゾントハイマーは続けていく。「ヴィルヘルム・シュターペル、オズワルト・シュペングラー、アルトゥーア・メーラー・ファン・デン・ブルック、エルンスト・ユンガーとフリードリッヒ・ゲオルク・ユンガー、エルンスト・ニーキッシュ、アウグスト・ヴィニッヒ、その他大勢のこうした著作家たちによって形作られた、青年右翼国家主義者たちの思想が、国家社会主義強大化のための知的土壌を準備したことについては疑うことができない。彼らが成し遂げようとした〈保守革命〉は、国家社会主義の大衆運動に利用されてしまうのである。……確かに保守革命派のうちには、そのあと体制〔第三帝国〕の公然たる敵対者となり、死をもって自らの抵抗を贖った者もいる。だがしかし、国家社会主義は政治的大衆運動として、反民主主義の知識人によって形作られた共和国への敵意から多大な利益を引出し、またそこから強大な力を得ることとなったのである。たとえ認めにくい事実であったにしても」。

(33) Pierre Bourdieu, *L'ontologie politique de Martin Heidegger*, p. 24. この本のタイトルには二重の含意が認められよう。それはいわば、ブルデューの主題がどこにあるのかを説明する。つまりハイデガーの政治は〝存在論的な〟ものであり、またその存在論は〝政治的な〟ものにほかならない。

(34) Heidegger, "German Men and Women," in "Political Texts: 1933–1934," p. 103.

(35) Karl Löwith, "Der okkasionelle Dezisionismus von Carl Schmitt," in *Heidegger: Denker in dürftiger Zeit*, p. 32(「C・シュミットの機会原因論的決断主義」、田中浩・原田武雄訳『政治神学』未来社、一九七一年、所収)に引用されている。

(36) Carl Schmitt, *Political Theology*, pp. 66–67.(同右)。

(37) Cf. Max Weber, "Science as a Vocation," p. 148.(尾高邦雄訳『職業としての学問』岩波文庫、一

九八〇年)。「あるものは善ではないが美しくありうるというだけでなく、むしろそれが善でないというまさにその点で美しくありうる。このことはニーチェ以来知られており、またすでにボードレールが『悪の華』と名づけた詩集のうちにも示されている」。

(38) こうした影響力についてはKarl Heinz Bohrer, *Ästhetik des Schreckens, passim* に詳述されている。

(39) 英語で書かれたユンガーについての最良の議論は、Herf, *Reactionary Modernism*, pp. 70ff.(前掲『保守革命とモダニズム』)。また、Gerhard Loose, *Ernst Jünger*.

(40) Nietzsche, *The Will to Power*, nos. 796, 822.(前掲『権力への意志』)。ニーチェの著作における審美主義を論じたものとしては、Allan Megill, *Prophets of Extremity*, pp. 29ff. が優れている。

(41) Bohrer, *Ästhetik des Schreckens*, pp. 334-335. ボーラーはまた保守革命派の〝戦慄の美学〟とハイデガーとの類縁性をより詳しく説明するために、その例証として『存在と時間』の第三〇節(「情態性の一つの様態としての怖れ」)における見事な〝恐怖の現象学〟を引用している。ボーラーはさらに続けて、ユンガーの作品における〝戦慄〟や〝怖れ〟についての同種の議論と、この〝恐怖の現象学〟とを比較検討していくのである。第三〇節においてハイデガーは次のように書いている。「怖れという現象を構成する諸契機は、総体として見た場合、さまざまなものがありえる。従って怖れることにおいて、諸々の存在の可能性が生じることとなる。我々の周囲にある脅かすもの《デス・ベドレーリヒエン》の近さの程度は、怖れの出会いの構造に属している。ある脅かすものが、(〝いまのところそれはまだだが、いつ来るかもしれない〟と考えられていたのに)突然、配慮的な世界内存在へ侵入してくると、怖れは驚愕《エアシュレッケン》になる。従って脅かすものにおいて、我々は脅かすものの切迫した接近と、この接近そのものとの出会い方——突発性《プレッツリヒカイト》——とを区別しなければならない。我々がそれを前にして恐怖を抱くものは、さしあたっては何かよく知られた馴染み深いものである。これに対して、脅かすものがまったく見も知らぬものという性格を持っているときには、怖れは慄然たる恐怖《グラオエン》となる。さらに、ある脅かすものが慄然とさせる性格を伴うものであり、また同時に我々に驚愕を引き起こす突発性においてそれと出会うとき、恐怖は恐慌《エントゼッツェン》となる」。同じく『哲学への寄与』(*Beiträge zur Philosophie*, p. 46)においてハイデガーは、Erschrecken(〝驚愕〟あるいは〝恐怖〟)を「新しい始まりという根底的な気分」と、すなわち、我々のただ今の〝存在からの棄却《ザインスフェアラッセンハイト》〟を乗り越えさせるような〝気分〟と同一視していくであろう。それゆえボーラーによれば、彼らの対照的な知的職業にもかかわらず(ハイデガーが〝基礎的存在論の哲学者〟であったのに対し、ユンガーは〝文学者〟であった)、両者のテキストには「〝戦慄《シュレッケン》〟の諸様態に対する儀礼的強化という観点」が共通する。そこでは「〝恐怖〟が現われてくるその在り方は、〝突発性〟という〝出会いの構造〟に結びつけられているのである」。

(42) Bohrer, *Ästhetik des Schreckens*, p. 332.

(43) Schmitt, *Political Theology*, p. 36.(前掲『政治神学』)。

(44) Bohrer, *Ästhetik des Schreckens*, p. 341. ハイデガーとユンガーとを比較する中で、ボーラーは何よりもユンガーの描写——つまりは戦闘の中で体験された衝撃の美化された描写——というものについて考察している。ユンガーは〝弾丸の雨〟を生き生きと描き出し、また兵士が示す〝死‐忘我〟の〝突発性〟について記述した。これら双方について、ボーラーは言及するのである。だが彼はまた賢明にも、ハイデガーとユンガーの共通性を拡大しすぎて、彼らのあいだにある重大な差異を消し去る難をも免れている。結局のところユンガーによる〝戦争体験〟の賞賛というのは、直接的体験あるいは存在的生の次元に完全に属するのに対し、ハイデガーにおける〝怖れ〟〝恐慌〟等々の現象学というのは、実存論的存在論という抽象的・メタ理論的なレベルに限定されるものなのである。

『美的国家』においてジョゼフ・キトリーは、ボーラーの議論と同様に、ユンガーの著作を満たす〝時間の記号論〟とハイデガーのそれとのあいだに見うけられる、より決定的かつ具体的な関係について示唆している。「ハイデガーは存在論における突破口を切り開いていった。そしてそれは、ユンガー的な直観との注目すべき類似性を示すものなのである。後者は、脱自の実存論的な第一義性を直観するものであり、最前線という地平における脱自こそ、存在者の新たな英雄的秩序を構築するために共有されるべき紐帯の、その儀礼的な基盤にほかならないのである」。このようにしてキトリーは、次のことを論証しようと努めている。「存在が時間性であるとするハイデガーの存在論的発見、それは塹壕における虚無化といういまだ不完全なマスの経験、マスの戦争の〝美学〟を、フォーマルな哲学上の議論へと転換させたことによる。そしてこの哲学的議論は、存在の住み家としての脱自の第一義性のために、さらには〔存在の〕牧者という人間の特別な職務を証明するためになされるのである」(Josef Chytry, *The Aesthetic State*, p. 376)。

(45)　こうした主張は、以下ハイデガーの〝覚悟性《エントシュロッセンハイト》〟という概念について検討することで、十分に説明され妥当なものとなるであろう。

(46)　レーヴィットによる次の適切な考察を参照。"The Political Implications of Heidegger's Existentialism," p. 122.

(47)　Löwith, *Mein Leben in Deutschland vor und nach 1933*, p. 30.（前掲『ナチズムと私の生活』）。

(48)　『存在と時間』における本来性のカテゴリーが、その著作の存在論的次元と存在的次元の必然的な相互関係を要請するという点については、次の優れた読解を参照。Karsten Harries, "Heidegger as a Political Thinker."

(49)　*Being and Time*, p. 312 (267).（前掲『存在と時間』）。

(50)　Cf. Aristotle, *Nichomachean Ethics*, 1099 a.(高田三郎訳『ニコマコス倫理学』上・下、岩波文庫、一九七一・七三年)。ここでアリストテレスは、オリンピック競技におけるメダルの授与について述べている。そこではどの競技者が最も美しいか、あるいは最も見事な体格の持ち主であるかが問題となるのではない。メダルは、最もすばらしい競技を行った者に授けられるのである。

(51)　*Being and Time*, p. 312(267).(前掲『存在と時間』)。

(52)　不安《アングスト》の実存論的な意味、および、すべての人間的現存在に直面する無性・空虚と不安との関係について論じた見事な議論としては、Heidegger, "What is Metaphysics," in *Basic Writings*, pp. 102ff.(「形而上学とは何であるか」、辻村公一、H・ブフナー訳『ハイデッガー全集第九巻　道標』創文社、一九八五年、所収)を参照。

(53)　*Being and Time*, p. 164(126).(前掲『存在と時間』)。

(54)　Ibid., p. 166(128).(同右)。

(55)　Ibid., p. 313(268).(同右)。

(56)　この概念の背景としては *Historisches Wörterbuch der Philosophie*, vol. 2(Basel: Schwab, 1971), pp. 477ff.

(57)　*Being and Time*, p. 365(317-318).(前掲『存在と時間』)。

(58)　ハイデガーによるシュミットへの書簡の英訳は、*Telos* 72(1987), p. 132で読むことができる。また〝決断主義〟という用語をシュミットが最初に用いたのは、『独裁』(一九二八年版)の序文においてである。なおこの著作の初版は一九二一年である。

(59)　Schmitt, *Political Theology*, p. 5.(前掲『政治神学』)。

(60)　Leo Strauss, *Studies in Platonic Political Philosophy*, p. 30.

（61） Schmitt, *Political Theology*, p. 12.（前掲『政治神学』）。

（62） Nietzsche, *The Will to Power*, no. 382.（前掲『権力への意志』）。

（63） Schmitt, *Political Theology*, pp. 55-56.（前掲『政治神学』）。また、シュミットの決断主義についての見事な議論としては、Karl Löwith, "Der okkasionelle Dezisionismus von Carl Schmitt," in *Heidegger: Denker in dürftiger Zeit*, pp. 232ff.（前掲「C・シュミットの機会原因論的決断主義」）。

（64） Schmitt, *Political Theology*, p. 14.（前掲『政治神学』）。

（65） Ibid., p. 15. 私はすでにシュミットの著作における実存主義と決断主義との関係について詳細に論じている。"Carl Schmitt, l'existentialisme politique, et l'état total," *Les Temps Modernes* 523 (1990): 50-88 を参照。またクリスチャン・フォン・クロコウはハイデガー、シュミット、ユンガーによって共有された決断主義の諸相を、以下のように適切に要約している。

「[ハイデガーによる]決意性とは、従ってすべてのありうべき内実から、さらにはすべての具体的方向《ヴォーッー》づけから引き離されている。だが確かに、このように引き離されてあることこそが、その目標であり、その達成であり、またその価値の証ともなるのである。こうして我々はユンガーにおいて〝闘争《カムプフ》〟が、またシュミットにおいて〝決断〟が表現されていくときと同じプロセスの動きを、ハイデガーの場合においても目の当たりにすることとなるのである。規範的観点から見るとき、シュミットにおいて、決断が無から生じるものであるとするならば、ハイデガーもまた、〝無性〟に基づいて決意性が生起する様を示しているのである。そこでは〝規範〟が一様に、〝ダス・マン〟の頽落した世界に由来するものであると暴露され、ゆえにそれらはもはや、考慮されるべき対象となることはない。さらにまたシュミットは、政治の領域を分析しつつ、議会があらゆる現実的決断を回避するシステムにすぎぬことを看破した。これと同様にハイデガーも、〝世間話〟や〝公共性〟の曖昧さ——覚悟した本来的な現存在の〝沈黙〟がこれと対照される——の中で〝ダス・マン〟は、すべての決断から〝こっそりと逃避する〟にすぎぬという事実を証言しているのである」(Christian von Krockow, *Die Entscheidung*, p. 76)(前掲『決断』)。

(66) *Being and Time*, pp. 319, 318 (274, 273).(前掲『存在と時間』)。

(67) Ibid., p. 319 (274), p. 320 (275).(同右)。

(68) Ibid., p. 320 (275).(同右)。

(69) Ibid., p. 316 (271)(同右)の議論を参照。そこでハイデガーは次のように述べている。「対話には、したがってまた呼び声には、発声的な表現が本質的な条件とはならない」。

(70) Ibid., p. 319 (274-275).(同右)。

(71) Ibid., p. 319 (274).(同右)。

(72) コモンセンスという観念に対するハイデガーの中傷は、彼の最も有名な弟子ハンス＝ゲオルク・ガダマーの見解と鋭く対立する。この問題は深い関心を呼び起こすものであり、見過ごすことはできない。Cf. *Truth and Method*, pp. 15ff.(前掲『真理と方法』)。

(73) あるいは、後の著作の中で次のように嘆いている。「哲学は理性の光について語るものである。だが、それは存在の明け開きについては留意しない」。"The End of Philosophy and the Task of Thinking," *Basic Writings*, p. 386.(辻村公一、H・ブフナー訳『思索の事柄へ』筑摩書房、一九七三年、所収)。

(74) *Being and Time*, p. 204 (161).(前掲『存在と時間』)。

(75) Ibid., p. 322 (277).(同右)。

(76) マルクーゼは、ハイデガーの社会的存在論における〝喜びの欠如〟について論じているが、それはまたギュンター・スターンによる特に辛辣な批判の主題でもあった。

「[ハイデガーの]哲学は〃生に敵対する生の哲学〃という種における、第一のそして類稀なサンプルである。彼の言う〃現存在〃は、いまだキリスト教の疚しき良心に苦しめられ、なおかつまた罪というキリスト教的な概念を捨て去ったことで、さらなる良心の疚しさに悩まされることとなった。この二重の悪しき良心によってハイデガーの〃現存在〃は卑しいものとなり、ついにはあらゆる喜びを妬み始める……。ハイデガーの現存在が自らに与える仕打ち。誰であれ、それ以上にひどいことを仲間に行えるものではなかろう。この仕打ちはサディスティックなものであるか、あるいはマゾヒスティックなものであるか。社会的パートナーはシャム双生児であるから、この問いは決定し難い。〃現存在〃が眠り込むとき、それは自らを叩き起こす。〃現存在〃が新聞を読みたいと思うならば、それはこの〃凡庸かつ平均的な生の道具〃を自らの手から引き離す。〃現存在〃はレジャーや友情や好意から、要するに文化から、おのれを排除するのである。現存在の試練は一日二四時間を限なく覆い、死へと行進するその卑しい仕事は、一生涯絶えることがない」(Guenther Stern, "The Pseudo-Concreteness of Heidegger's Philosophy," p. 362)。

(77) プラトン以前には、奴隷に対する主人の支配を正当化するために、こうした議論が用いられていた。プラトンによって初めて、同じ市民に対する支配を正当化するものとして説かれるのである。『国家』における守護者階級の全理論は、このような論理の上に成り立っている。

(78) Marx, "Theses on Feuerbach," in the *Marx-Engels Reader*, p. 144.(古在由重訳『ドイツ・イデオロギー』岩波文庫、一九七八年)。ただしここで私は、(この一節に関してはしばしば行われることではあるが)マルクスの言葉を言い換えている。マルクスの実際の言葉は次のようなものである。「教育者を教育すること、それが不可欠なのである」。

(79) *Being and Time*, p. 329(284).(前掲『存在と時間』)。

(80) Ibid., p. 321(276).(同右)。

(81) この点を明らかにするために、ハイデガーは「〝負債《シュルデン》〟(これはまたドイツ語で〝罪〟の意味を持つ)の弁償の試み」という例を挙げている。それは、ダス・マンが根底的に〝実存論的な〟問題を、どのようにして〝通俗的〟かつ〝実存的な〟問題へと置き換えてしまうかを示すためである。

(82) *Being and Time*, pp. 330, 331(284, 285).(前掲『存在と時間』)。

(83) Ibid., p. 334(288).(同右)。

(84) Ibid., pp. 325, 326(280).(同右)。

(85) Michael Teunissen, *The Other : Studies in the Social Ontology of Husserl, Heidegger, Sartre, and Buber*, pp. 175, 184, 186.

(86) *Being and Time*, p. 220(175).(前掲『存在と時間』)。

(87) ハイデガーの初期の仕事における本来的な他者との共同存在の可能性という問題は、これまで二次研究の中で論争の主題となり続けてきた。この点についての私の批判的評価は、Karl Löwith, *Das Individuum in der Rolle des Mitmenschen*(1928)(佐々木一義訳『人間存在の倫理』理想社、一九六七年)、および Teunissen, *The Other* に依拠している。またハイデガー流の共同存在《ミットザイン》を巡るこの論争の、様々な立場を見事に要約するものとしては、Fred Dallmayr, *Twilight of Subjectivity*, pp. 56-71. そこでダールマイヤーは、ハイデガーの初期の著作における、共同存在のよりポジティヴな概念についてもっともらしい議論を展開している。このテーマについては、さらにまた、簡単に振り返ることとなろう。なるほど我々は、『存在と時間』の中にそうした概念の兆しが、いまだ不完全ではあるが見受けられることを認めなければならない。しかしながらそれは、如何にすれば、ハイデガー自身が世界性や日常性のカテゴリーに与えた厳しい評決と和解可能なのであろうか。確かにハイデガーは、本来的な共同存在の可能性という観念を完全に断念したことはない。しかしながら生活世界に対する彼の全般的な批判があまりに徹底しているがゆえに、我々は、そのような本来的な共同存在がどこで、またいかにして現実に成り立ちうるのかと問わざるをえないのである。

(88) *Being and Time*, p. 325 (280). (前掲『存在と時間』)。

(89) Ibid., p. 343 (297). (同右)。

(90) Ibid., p. 345 (298). (同右)。

(91) Ibid., p. 345 (299). (同右)。

(92) Heidegger, "The Origin of the Work of Art," *Poetry, Language, Thought*, p. 55. (「芸術作品の起源」、茅野良男、H・ブフナー訳『ハイデッガー全集第五巻 杣径』創文社、一九八八年、所収)。

(93) Schürmann, "Political Thinking in Heidegger," pp. 191-221 からの引用。また同じく彼の *Heidegger on Being and Acting: From Principles to Anarchy* を参照すること。この著作の中でシュールマンは、「ハイデガーを遡行的に読解する」という解釈的な戦略を提唱している。すなわち、まず後期の著作にあたり、その後に前期の著作へ向かっていこうとするのである。もちろんこうした実践が、ハイデガーと政治という問題に対して与える解答群は、ハイデガーの膨大な仕事をそれが書かれた順に読んでいく場合とは、非常に異なったものとなるであろう。だがいずれにせよそれは、ハイデガーが一九三三年に国家社会主義へと〝転向〟していったことの哲学的な基盤という問題を、都合よく回避することとなる。この問いに対する解答は、ただその時期の著作を踏査することによってのみ得られるのである。さらに言えば、多くの解釈者たちが指摘しているように、国家社会主義に対する後の幻滅は、この政治運動と類似性を持つ側面の排除を促すと同時に、しかしながら彼の初期哲学の再検討をも引き起こすものなのである。

また自由の哲学としてのハイデガー主義にとって、後期の著作が持つ政治的重要性を強調する論文としては、このほか、Fred Dallmayr, "Ontology of Freedom: Heidegger and Political Philosophy."

(94) Cf. Harry Frankfurt, "Freedom of the Will and the Concept of a Person," *Journal of Philosophy* 67: 1(Jan. 1971): 5-20.

(95) ハイデガーの後期の仕事における反権威主義的含意について論じ、多くの点でシュールマンと一致するものとしては、O. Pöggeler, *Philosophie und Politik bei Heidegger* がある。だが同時にペゲラーは、シュールマンとは異なり、ハイデガーの初期の仕事において公言されている民族的《フェルキッシュ》次元について言い逃れようとはしていない。

(96) こう言えば十分であろう。ハイデガーの思想を語源学的な意味において〝アナーキスト〟と特徴づけることは、歴史的なアナーキズムとはいかなる関係をも持たない。後者の場合、毒気を帯びた反国家主義者であっても〝無原則である〟こととはほど遠いのである。むしろ歴史的アナーキズムは、しばしば人間の相互援助や協同のメカニズムを強調する(たとえばクロポトキンの〝相互主義〟など)。彼らにとってそれは、社会的権力の伝統的モデル、つまり垂直的・階層的モデルに取って代わるべき、社会組織のもう一つ別の在り方を示すものだったのである。この点に関する優れた記述としては、James A. Joll, *The Anarchists*.(萩原延寿・野水瑞穂訳『アナキスト』岩波書店、一九七五年)。

(97) Habermas, *Philosophisch-politiche Profilen*, pp. 67-75.(小牧治・村上隆夫訳『哲学的・政治的プロフィール』上・下、未来社、一九八四年)。ハーバーマスのこの見解は、ハイデガーに対する一九五三年の書評による。それは、当時公刊されて間もないハイデガーの一九三五年の講義『形而上学入門』に対してなされたものであった。

（98） *Being and Time*, pp. 344, 345-346 (298, 299).（前掲『存在と時間』）。

（99） Ibid., p. 344 (298).（同右）。

（100） Karsten Harries, "Heidegger as a Political Thinker," p. 312.

（101） *Being and Time*, p. 32 (12).（前掲『存在と時間』）。あるいは別の一節の中で、ハイデガーが現存在の実存論的な特性を気遣いとして記述したように、「現存在は実存しつつ、おのれを了解するものなのである。しかもこの了解とは、たんにものごとを把握するだけではなく、事実的な存在可能性の実存的な存在を形づくるものなのである」〔p. 372 (325)〕。

（102） Ibid., p. 374 (326).（同右）。

（103） Ibid., p. 376 (327).（同右）。

（104） Ibid., pp. 378, 379 (329, 330).（同右）。

（105） Ibid., p. 376 (328).（同右）。ここでハイデガーが手許存在物〔道具〕へと落ち込む非本来的時間性の頽落を、〝現在化《メーキング-プレゼント》〟として規定していることが興味を引く。というのも伝統的哲学に対して彼は、〝現前《プレゼンス》の形而上学〟というその地位にこそ、批判を集中させていたからである。〝現前の形而上学〟、それはすなわち、存在を何かしら手許にある事物的存在物として解釈していく探究にほかならない。これについては、たとえばハイデガーの重要な論文 "Plato's Doctrine of Truth," pp. 251-270（「真理についてのプラトンの教説」、前掲『ハイデッガー全集第九巻』所収）を参照。

（106） *Being and Time*, p. 373 (326).（前掲『存在と時間』）。同時に、ハイデガーは急いで次のようにつけ加えている。「現存在は将来的である限りにおいてのみ、本来的に既往的に存在しうるのである。既往性は、ある種の仕方で、将来から発現する」。すなわち本来的な時間性において、過去と未来は、相互に内的に形成し合うのである。将来はただ、現存在の〝既往性〟に基づいてのみ先駆されうる。だが同時に、過去の了解それ自体が、将来へ向けての現存在の自己投企に基礎づけられざるをえない。何故ならそうした投企に基づいてのみ、現存在は自らの過去の再検討を可能とするものだからである。

(107) Ibid., p. 435(383).(同右)。この引用の最後の一節は非常に興味深い。というのもそれは、歴史性を巡る議論全体の中に、いまだ決断主義の残滓が深く存在していることを示すもののように思われるからである。この一節は次のように読める。すなわち、歴史的に継承され続けてきた諸々の可能性を引き継ぐことは、決して変更不可能な何ものかを単に受け入れるということではない。そうではなく結局のところそれは、現存在自身の自律的決断によって相互に決定される何ものかなのである。

(108) Ibid., p. 435(383-384).(同右)。

(109) Ibid., p. 436(384).(同右)。

(110) Ibid., p. 438(386).(同右)。

(111) 〝行為主体〟と〝構造〟とが相互に従属することによって生じる社会の相互作用——これを捉える必要性について強調する最近の社会学の試みとしては、Anthony Giddens, *The Constitution of Society*.

(112) J・P・スターンは、国家社会主義のイデオロギーにおけるこのような様相について以下のように述べている。

「〝意志〟が〝絶対的〟なものとなり、すべての具体的な手段から遠く離れるにつれ、〝意志〟はその効力を失い、やがてその主張は、子供っぽい怒りの爆発に似てくる。……だがしかし、自己があまりに高圧的に肯定されていくとき、ある奇妙な逆転が生じてしまうように思われる。すなわち、完全な主観性や恣意性が、その反対のもの〔つまり〝客観性〟〕へと転化しているように見えてくるのである。〝意志〟を絶対的なものであると宣言することで、煽動家は主観的な自己が客観的な原理に置き換えられたかのように装う。〝意志〟は今や宇宙の〝法則〟と見なされ、そして宗教的信仰の一要素と化す」。*Hitler: The Führer and the People*, p. 76.（山本尤訳『ヒトラー神話の誕生——第三帝国と民衆』社会思想社、一九八三年）。

(113) *Being and Time*, p. 436 (384-385).（前掲『存在と時間』）。

(114) Ibid., p. 437 (385).（同右）。

(115) Ibid.（同右）。

(116) この文脈において、ヴェルナー・ゾムバルトが一九一五年に書いた軍国主義的な小論が並々ならぬ関心を引く。そこでは〝商人〟と〝英雄〟という二つのタイプが対比されているのである。ゾムバルトによれば商人の側は、「この世の人間の全存在を商取引の総計として考える」。そこで肝心なことは、常に〝利益〟なのである。これに対し英雄は「無償の譲渡を潔しとし、犠牲を払いつつ自らを消尽してもなお、見返りを求めることがない」。無論ここで〝英雄〟として、また〝商人〟として語られているのは、それぞれドイツ人とイギリス人の国民気質を暗示する。Cf. Ringer, *Decline of the German Mandarins*, p. 183.（前掲『読書人の没落』）。ゆえに、初期トーマス・マンにとって芸術家が反ブルジョアの典型であったのと同じく、保守革命家（たとえばユンガーのような）の思想において、戦士は、これと類似した栄誉ある役割を与えられることとなるのである。

(117) *Being and Time*, p. 437 (385).（前掲『存在と時間』）。

(118) 〝決断主義〟と〝ニヒリズム〟との相互関係を論証したものとしては、Christian von Krockow, *Die Entscheidung*.（前掲『決断』）。

(119) 一九三三年におけるハイデガーの政治的決断を引き起こした〝覚悟性〟と〝歴史性〟の弁証法については、かつてハイデガーの学生であった哲学者ハンス・ヨーナスが、鋭敏にも以下のように特徴づけている。

「本来性の指標は覚悟性《エントシュロッセンハイト》にある。人は自ら何ものかについて決断しなければならない。それ自体としての覚悟性が――すなわち何を目指して、あるいは何に反対して決断しているかではなく、まさに決断しているということこそが――本来的現存在の証となる。しかしながら、おのれ自身において決断するという機会を与えるのは〝歴史性〟である。……時が一九三三年一月を告げたとき、歴史は覚悟性のためにその機会を提供した。……その時である。これまでハイデガー主義の外観を覆っていた異様なまでの曖昧さが晴れ、私は理解した。ハイデガーは[ドイツの]理想主義的な哲学をある種の観念論のゆえに告発する(観念論は、世界を秩序づける諸カテゴリー、思考の諸形式について研究しているのだと主張する。従ってそれは、すべてを[世界から]ある隔たりにおくのである)。だが我々は彼を、より甚だしい咎ゆえに告発することができよう。それは彼の決断主義における絶対的な形式主義である。そこではそれ自体としての決断が、至高の徳と化してしまうのである」。Cf. Hans Jonas, "Heideggers Entschlossenheit und Entschluss," pp. 226–227.

第三章　総統を指導すること――国家社会主義に奉仕する哲学

(1)　ハイデガーが学問的な哲学を拒絶することになった決定的な分岐点は、一九二九年にスイスのダヴォスで行われた新カント派の遺産に関するエルンスト・カッシーラーとの討論であった。新カント派が専ら〝学問的知識〟のみを考慮に入れ、存在についての知に対して無関心である以上、新カント主義を認めるわけにはいかない――というのがハイデガーの立場であった。この討論でのやりとりは次のものに収録されている。Guido Schneeberger, *Ergänzungen zu einer Heidegger Bibliographie*, pp. 17–27. ハイデガーとカッシーラーの対話の英訳("A Discussion Between Ernst Cassirer and Martin Heidegger"）は次のもので読むことができる。*The Existentialist Tradition*, ed. N. Lagiulli.

（2） Heidegger, *Basic Writings*, pp. 111-112. 注目すべきことにハイデガーは、この時期の他の著作と同様に、この論文（一九二九年七月二四日のフライブルク大学就任講義）においても、形而上学という概念を依然として肯定的な意味で用いている（他にもこの問題に関するよい例として、彼の一九三五年の講義『形而上学入門』がある。この講義においても形而上学の概念は是認的に用いられている）。事情が変わってくるのは一九三六年頃、つまり彼がニーチェ批判に着手し、彼の〝存在の歴史〟の概念におけるさらに根本的な〝転回《ケーレ》〟が始まってからのことである。

（3） *Being and Time*, p. 310（265）.（前掲『存在と時間』）。

（4） Heidegger, "Plato's Doctrine of Truth," p. 265.（前掲「真理についてのプラトンの教説」）。注目すべきことに、『道標』においてハイデガーはこの論文の執筆時期を一九三一／三二／一九四〇年と記している。

（5） Heidegger, *Being and Time*, p. 269（226）. さらにハイデガーは次のように述べている。「真理にとって本質的な存在様式は現存在の特徴を持っているので、全ての真理は現存在の存在に相関的である」。Ibid., p. 270（227）.（前掲『存在と時間』）。

（6） Pöggeler, *Martin Heidegger's Path of Thinking*, p. 48. ハイデガーが、基礎的存在論について不安を抱いていたにもかかわらず、『存在と時間』と後期の著作とのあいだの断絶を過度に強調することに対しては絶えず非常に慎重であり、わざわざその連続性を強調することさえ頻繁に行った、という点は確認しておくべきであろう。この点に関しては、リチャードソンの『ハイデガー』に付されたハイデガー自身による「序文」を参照。William J. Richardson, *Heidegger: Through Phenomenology to Thought*, pp. viii-xxiii. また次のものにおける彼自身による転回《ケーレ》についての説明（「『存在と時間』から

『性起』へ」"Von 'Sein und Zeit' zum 'Ereignis,'" *Beiträge zur Philosophie*, pp. 84ff.)も参照。『存在と時間』に関するハイデガーの回顧的な自己理解についてさらに詳しくは次を参照。F. W. von Hermann, *Die Selbstinterpretation Martin Heideggers*, pp. 265ff.

(7) ペゲラーの論文「ハイデガーの政治的自己理解」、特に次のように始まる議論を参照。「一九二九―三〇年冬における世界経済の危機の兆候と、それが国内政治に与えた影響は、ハイデガー自身の宗教的・形而上学的な信念の危機と、完全に一致していた」。Pöggeler, "Heideggers politisches Selbstverständnis," pp. 22ff.

(8) ハイデガーの著作のこうした次元については次を参照。N. Tertulian, "Quand le discours Heideggerien se mue en prise de position politique."

(9) ペゲラーの指摘によれば、一般的な理解とは異なり、ハイデガーがヒットラー支持を決意したのは一九三三年よりも前に遡る。「一九三三年以前、たとえば一九三二年春の大統領選挙において、ハイデガーはすでにヒットラーを支持していた」。Pöggeler, "Den Führer führen? Heidegger und kein Ende," p. 62.

(10)「すでに初期のフライブルクでの講義において、ハイデガーは繰り返しシュペングラーの『西洋の没落』に言及していた」。ハイデガーのシュペングラー賛美をもとに、ペゲラーは分析を次のように続けている。「ハイデガーはすでに『存在と時間』において、個人や彼の運命を〝民族《フォルク》〟の運命と結びつけることを正当化するような政治的な概念を手にしていたのだろうか?」Ibid., p. 26.

(11) 生命論的な近代批判については、ニーチェ的な近代批判と同じく、『形而上学の根本諸概念』において論じられている。*Die Grundbegriffe der Metaphysik*, pp. 103-111.(川原栄峰、H・ミュラー訳『ハイデッガー全集第二九/三〇巻 形而上学の根本諸概念』創文社、一九九八年)。

(12) 一九二八年五月の帝国議会選挙の結果ではナチ党は議席一二の最小勢力であったが、一九二九年九月の選挙で一〇七議席を獲得し、第二党となった。次を参照。Franzen, "Die Sehnsucht nach Härte und Schwere," p. 91.
(13) Heidegger, *Die Grundbegriffe der Metaphysik*, p. 243.（前掲『ハイデッガー全集第二九／三〇巻』）。
(14) Ibid.
(15) Ibid., p. 244. 注目すべきことに、この文脈における〝怖れ〟をめぐる議論は、『存在と時間』における〝不安《アングスト》〟の機能、およびこれと同じ講義においてすでに示されていたニーチェのディオニュソス的態度についての描写の両方と類似している。「ディオニュソス、すなわち感覚的快楽と冷酷。はかなさとは、創造的かつ破壊的な権力の享受、絶えざる創造と解釈され得る」(Ibid., p. 109)。ハイデガーと〝怖れの美学〟についてさらに詳しくは次を参照。Karl Heinz Bohrer, *Die Ästhtik des Schreckens*, pp. 142ff.
(16) *Die Grundbegriffe der Metaphysik*, p. 245.（前掲『ハイデッガー全集第二九／三〇巻』）。
(17) Ibid., p. 110.（同右）。
(18) Franzen, "Die Sehnsucht nach Härte und Schwere," p. 85.
(19) Löwith, *Mein Leben in Deutschland vor und nach 1933*, p. 56.（前掲『ナチズムと私の生活』）。ハイデガーとレーヴィットとのやりとりの英訳("My Last Meeting with Heidegger in Rome, 1936")は、次で読むことができる。*New German Critique* 45 (1988): 115ff.
(20) この点に関して、似ていながらも全く逆のハイデガーとジョルジュ・ルカーチの政治的経歴を比較することは極めて興味深い。ルカーチもまた、初期（特に一九一一年の『魂と形式』）において生《レーベンス》の哲学《フィロソフィー》の影響を強く受けていた。そして彼自身がボルシェヴィズムの道徳的正当化と位置づけている

「道徳的問題としてのボルシェヴィズム」(*Social Research* 44/3[1977]: 416-424)において、ルカーチは『存在と時間』の倫理的常態に対する批判を想起させるような言い方で、自分自身のボルシェヴィズム政治への従事がある種のキルケゴール的な〝倫理的なものの目的論的停止〟であったと述べている。この二人を哲学的に比較する試みとして、Lucien Goldmann *Lukács and Heidegger*(川俣晃自訳『ルカーチとハイデガー——新しい哲学のために』法政大学出版局、一九七六年)がある。

(21) Pöggeler, "Heideggers politisches Selbstverständnis," p. 28.

(22) Heidegger, *Die Selbstbehauptung der deutschen Universität*, p. 24.(前掲「ドイツ的大学の自己主張」)。

(23) Pöggeler, *Martin Heidegger's Path of Thinking*, p. 83.

(24) Nietzsche, *The Will to Power*, nos. 119, 124, 55.(前掲『権力への意志』)。

(25) Pöggeler, *Philosophie und Politik bei Heidegger*, p. 25.

(26) Heidegger, *Die Selbstbehauptung der deutschen Universität*, p. 25.(前掲「ドイツ的大学の自己主張」)。

(27) Ibid., p. 13.

(28) 実際、ユンガーの六〇歳の誕生日を記念する論文集への寄稿で、ハイデガーはまさにユンガーの作品のこの次元を強調している。ハイデガーによれば「あなたの作品『労働者』(一九三二年)は、第一次世界大戦以後におけるヨーロッパ的ニヒリズムの在り方を描ききっています。同作品はあなたの論文『総動員』(一九三〇年)から発展的に生まれたものです。『労働者』は〝能動的ニヒリズム〟(ニーチェ)の時代の作品です。労働の作用は……次の事実に在ります。すなわち労働は、あらゆる現実の〝全体的な労働的性格〟を、労働者としての人間にとって可視的なものにするのです」(強調、ウォーリン)。

Heidegger, *The Question of Being*, p. 41.（「有の問へ」、前掲『ハイデッガー全集第九巻』所収）。

(29) これはジェフリー・ハーフが次の著作において述べている見解である。Jeffrey Herf, *Reactionary Modernism: Thechmology, Culture and Politics in Weimar and the Third Reich.*（前掲『保守革命とモダニズム』）。

(30) Jünger, "Die totale Mobilmachung," p. 130. 一九二〇年代後半から三〇年代前半にかけての一連の論文において、法学者にして政治哲学者であったカール・シュミットは、ユンガーのアプローチと非常によく似たやり方で、ドイツの〝全体国家〟化に対する同じような正当化を行っている。とりわけ次を参照。"Das Zeitalter der Neutralisierungen und Entpolitisierungen" (1929)（長尾龍一訳「中立化と脱政治化の時代」『危機の政治理論』ダイヤモンド社、一九七三年、所収）、"Wesen und Werden des faschistischen Staates" (1929), "Die Wendung zum totalen Staat" (1931) および "Weiterentwicklung des totalen Staats in Deutschland" (1933). これらは全て次のものに収録されている。Schmitt, *Positionen und Begriffe: im Kampf mit Weimar-Genf-Versailles, 1923-1939.*

(31) 「ロシアの〝五カ年計画〟は、巨大な体制の全体的な努力を、一つの河床に統一する試みを、初めて世界に提示した」(Jünger, "Die totale Mobilmachung," p. 131)。こうした文章においてユンガーは、エルンスト・ニーキッシュ——彼はソヴィエト・モデルの右翼版こそがドイツにとって理想的であると信じていた——の周囲のいわゆる〝ナショナル・ボルシェヴィスト〟の立場との思想的つながりをちらつかせている。

(32) Jünger, *Der Arbeiter*, p. 236.

(33) この点に関しては、次の文献の至る所で論じられている。Karl Heintz Bohrer, *Die Ästhetik des Schreckens.*

（34） Cf. Gerhard Loose, *Ernst Jünger*, p. 32.「『労働者』は、好戦的な全体主義の急進的で明確な宣言文であった」。

（35） 同様のテーマは一九三一年に発表された次の作品で発展的に論じられている。Jünger, "Über die Gefahr," in *Widerstand* (1931). 日常生活のインフラに適用されたテクノロジーの進歩(たとえば交通機関)は、ブルジョア的な自己満足の終焉をもたらし、日常生活の核心部分に〝危険〟や興奮という新たな要素を注ぎ込む。Cf. Herf, *Reactionary Modernism*, p. 98.(前掲『保守革命とモダニズム』)。「もはや恐怖を経験するために戦争に出かける必要はなかった。危険とは、気晴らしであり、すなわちそれは安全や退屈や理性にとっての反対物であった」。

（36） Nietzsche, *The Will to Power*, nos. 763-764.(前掲『権力への意志』)。

（37） 確かに、哲学的な理念を経験的な歴史的文脈の中で実現しようとする試みは、どちらかといえば恣意性や驚愕を伴うことが多い。このことに関して、歴史学の研究年報には、予期に反する残酷な結末の事例が数多く記されている。こうした現象について最も深い洞察を示したのは社会学者マックス・ウェーバーであった。彼の〝意図せざる結果〟という概念は、まさに人間の最も高貴な意図とその実行がもたらす現実の歴史的な帰結との隔たりを説明するために作られたものであった。たとえば、若き日のカール・マルクスは鋭い洞察力でもって官僚制に対する批判を見事に展開していた。だがどういうわけか、その彼の理論が、歴史的に前例のないほどひどく硬化した官僚制を正当化するのに用いられることになった。またウェーバー自身の研究に見られる古典的な例としては、宗教的エートスが徹底して世俗的な経済システムの基礎へと変容する過程についての研究がある。プロテスタントの指導者たちによれば「外的財産への関心は、軽いマントのように聖人の肩の上に乗っているものにすぎないはずであった。だが運命はこのマントを鉄の檻へと変えてしまったのである」(*The Protestant Ethic and the Spirit of*

Capitalism [New York: Scribner's, 1958], p. 181. 大塚久雄訳『プロテスタンティズムの倫理と資本主義の精神』岩波文庫、一九八九年）。国家社会主義によって広められたニーチェの思想——当初からニーチェは歴史を正義と同一視するヘーゲル主義をほとんど信じてはいなかった——が同じような運命を辿ったことも、さして驚くべきことではないのかもしれない。

（38） Heidegger, "Plato's Doctrine of Truth," p. 257.（前掲「真理についてのプラトンの教説」）。

（39） Ibid., p. 265.（同右）。

（40） Ibid., p. 266.（同右）。

（41） とりわけ次を参照。E. Tugendhat, *Der Wahrheitsbegriff bei Husserl und Heidegger*.

（42） Löwith, "The Political Implications of Heidegger's Existentialism," p. 125.

（43） 約一二年の後、ハイデガーの審査を任されたフライブルク大学の非ナチ化委員会は次のような所見を提示している。「彼〔ハイデガー〕ほどの知的な影響力を持つ学者が〔ナチ〕党に参加し、その勝利を公開の場で祝福したという赤裸々な事実を、党は極めて歓迎すべき宣伝手段として利用した」。次のものから重引。Hugo Ott, *Martin Heidegger*, p. 306.（前掲『マルティン・ハイデガー』）。

（44） ハイデガーの総長就任に関してレーヴィットは次のように述べている。「ハイデガーのフライブルク大学総長就任は一つの事件であった。〝ドイツ革命〟の最中、他の大学にはこの危機的な状況下で彼のような役割——ナチ党員であるというだけでなく、彼ほどの知的な名声の持ち主という意味で——を果たしうる指導者が皆無であっただけに、それは決定的なタイミングで訪れた。その結果、彼の決断は単なる一地方に限定されない、もっと広範な影響を及ぼした。それは至る所で感じ取ることができた。というのも、当時ハイデガーの名声は絶頂期にあったからである」（Löwith, "The Political Implications of Heidegger's Existentialism," p. 124）。

強制的同質化《グライヒシャルトウング》（直訳すると〝一致させること〟）とは、国家全体と個々の地域とを国家社会主義の画一的な支配の下に再編成することだけでなく、政治的な反体制勢力を一掃することをも意味する公式のナチ用語であった。

（45） ハイデガーのヒットラー支持の決断について、ペゲラーは次のような説明を試みている。「ハイデガーにとって総統《フューラー》は、絶望的な状況からの救世主のように思われた。彼がこの選択肢に飛びついたのは、第一次世界大戦の衝撃だけでなく、ハイデガー自身が、問題としての学問や哲学を形而上学と安易に関連づけてしまったこと、そして宗教的な信仰の危機の結果として彼が新しい神話を求めていたことにも起因している」。つまり、ペゲラーの見解によれば、ハイデガーはあらゆる既存の〝学問〟や〝哲学〟を無差別に〝形而上学〟という項目（蔑称）の下に一括りにし、伝統的な知的枠組を失墜させてしまったがゆえに、結果として彼に残された選択肢は一つしかなかった。すなわち、新しい神話である。
Pöggeler, "Den Führer führen? Heidegger und kein Ende," p. 62.

（46） "The Political Implications of Heidegger's Existentialism," p. 124.

（47） Heidegger, *Die Selbstbehauptung der deutschen Universität*, p. 19.（前掲「ドイツ的大学の自己主張」）。

（48） Ibid., p. 19.（同右）。

（49） Sternberger, "Die grossen Worte des Rektors Heidegger," p. 25.

（50） Oswald Spengler, *Preussentum und Sozialismus*, p. 8.

（51） Heidegger, *Die Selbstbehauptung der deutschen Universität*, p. 11.（前掲「ドイツ的大学の自己主張」）。注目すべきことに国民的覚醒《ナツィオナーラー・アウフブルッフ》という言葉は、ナチスやその支持者が国家社会主義革命そのものを言い表わすのによく用いていた表現である。

(52) Ibid., p. 12.(同右)。

(53) 人は次のような疑問を抱くかもしれない。——こうした命運の行方があらかじめ〝運命〟づけられているのならば、何故、この時期のハイデガーの演説は、かくも繰り返し〝意志〟や〝困難〟、それに〝覚悟性《エントシュロッセンハイト》〟などということの価値を強調しているのか、と。これに対する説明は次の事実に存する。すなわち、〝命運〟は民族に大いなる要請を課しているが、民族がこの要請に応えることができるとは必ずしもいえないのである。従って、意志と覚悟性を極限的に示さなければ、こうした大いなる要請に応えることは不可能だということになる。この点でハイデガーの運命に対する考え方は、〝運命〟と〝意志〟とが相関関係にあるという認識を同時代の数多くの演説や文書の中で表明していたナチスの運命観と一致する。

ハイデガーが紀元前五世紀のアテネと同時代のドイツとのあいだに見出そうとした類似関係を辿るならば、アテネはすなわちベルリンであり、ヘラクレイトスはハイデガー、そしてペリクレスは……まさにヒットラーその人であった。

実際、ハイデガーの同僚の経済学者ヴァルター・オイケンは一九三三年の五月、ハイデガーが就任する以前の総長だったヨーゼフ・ザウアー(当時、前総長)に次のような苦言を呈している。すなわち、ハイデガーは自分がヘラクレイトス以来の偉大な哲学者だと考えており、新しい運動の〝精神的指導者《フューラー》〟になりたがっている、と。Cf. Hugo Ott, "Martin Heidegger als Rector der Universität Freiburg i. Br. 1933/34," p. 349.

(54) 次を参照。W. Hochkeppel, "Heidegger, die Nazis und kein Ende," *Die Zeit*, May 6, 1983. 次のものも参照。Pöggeler, "Den Führer führen? Heidegger und kein Ende," p. 27. ハイデガーの同僚の一人は、総長職の辞表を提出した直後のハイデガーに出会った際に、次のように言ったと伝えられてい

る。「ハイデガー先生、シラクサからお帰りの途中ですか」。〔六〇歳を越えたプラトンは、政治改革のためにシチリア島のシラクサへと赴いたが、結局は挫折して帰国した。〕

(55) 実際、存在からの棄却《ザインスフェアラッセンハイト》との関係が否定的な意味で〝特権化〟されてしまったのは、まさに〝技術〟と〝立て集め〟というデーモンの支配する近代になってからのことのように思われる。

ハイデガーの近視眼的な政治的判断の原因が、おそらく歴史的事象を均質化する存在の歴史《ザインスゲシヒテ》の観点にあったのではないか。――これはファリアス『ハイデガーとナチズム』のドイツ語版に付された序文「ハイデガー――著作と世界観」におけるユルゲン・ハーバーマスの指摘である。この序文においてハーバーマスは、ハイデガーが行った一連の〝本質化による抽象《アブストラクツィオーン・ドゥルヒ・フェアヴェーゼントリッヒウング》〟――その結果、彼は極めて多様な歴史的事象を全く均質的なものとして理解してしまった――に対して批判を展開している。

(56) 次を参照。Petzet, *Auf einen Stern zugehen*, p. 232. 同書八二頁でペツェットは、一九七四年にハイデガーが同時代の諸制度における〝民主的な荒廃《デモクラティジールター・フェアファール》〟に対して呈した苦言を引用している。

(57) Heidegger, *Was heisst Denken?* p. 65.(四日谷敬子、H・ブフナー訳『思惟とは何の謂いか』創文社、一九八六年)。

(58) ギリシアのポリスにおいてデモクラシーが果たしていた実際の機能については次を参照。M. I. Finley, *Democracy: Ancient and Modern* (New Brunswick, N. J.: Rutgers University Press, 1985). (柴田平三郎訳『民主主義――古代と近代』刀水書房、一九九一年)。

(59) Heidegger, *Die Selbstbehauptung der deutschen Universität*, p. 14.(前掲「ドイツ的大学の自己主張」)。「大学の教授陣は、絶えざる世界の不確定性という危険きわまる最前線の部署に現実に進出しなければならない」("Die Lehrerschaft der Universität [muss] wirklich vorrücken in den äussersten Posten der Gefahr der ständigen Weltungewissheit")。英訳ではぼんやりとしか再現できないが、ド

イツ語原文は軍事的な隠喩で満たされている。

(60) Ibid.(同右)。

(61) 民族共同体《フォルクスゲマインシャフト》とは、国家社会主義の初期段階におけるヒットラーの演説に頻繁に用いられた重要な宣伝文句であり、この言葉が指し示しているのは、新しい帝国においては階級や地位の格差を消失させて、同質的な民族共同体の実現への道を切り開きたいというナチの願望である。総統《フューラー》やその宣伝部隊は、通常、一般市民全体のことを、民族のために働いている〝労働者〟あるいは〝兵士〟と呼んでいたが、それはこの目的のためであった。ヒットラー自身がこうした思想を一九三四年のインタヴューで次のように述べている。「民族共同体という言葉が意味しているのは、実効性のある労働の共同体、すべての利害関心の統一体のことであり、私的な権利を廃止して大衆を機械の如く一つにまとめ上げることを意味します」(*Frankfurter Volksblatt*, January 27, 1934)。無論、民族共同体という言葉で提唱された平等主義が、第三帝国の統治下で依然として残っている社会的立場の格差を蔽い隠すためのイデオロギー的な隠蔽工作という性格を強く持っていたことは言うまでもない。David Schoenbaum, *Hitler's Social Revolution*, pp. 59ff. における民族共同体についての議論も参照されたい。

(62) Heidegger, *Die Selbstbehauptung der deutschen Universität*, p. 16.(前掲「ドイツ的大学の自己主張」)。独特のドイツ語からの造語で知られるハイデガーだが、この文章では日常的なドイツ語——〝疑問にすべき状態〟を意味するFragwürdigkeit——を用いながら、全く新しい、にもかかわらず文脈上は文字通りの意味をこの語に付与している。つまりここでFrag-würdigkeitは、〝問題とされる価値のある(worthy-of-being-questioned)〟という意味で用いられている。

(63) Ibid.(同右)。

(64) 彼のこうした主張は次のもので展開されている。"Das Rektorat: 1933-34," in ibid., pp. 28-29.

(65)　闘争《カムプフ》という語をヘラクレイトス的に読むべき根拠は、指導者に対する服従者の側からの〝抵抗〟もまた必要であるというハイデガーの主張に存する。ここにおいてハイデガーは、両陣営の間での一定の〝闘争〟が基本的には善いものであると主張している。続けて彼は同じような調子で次のように述べる。すなわち、学生と教員との「対立を開かれた状態に保つのは闘争だけである」。*Die Selbstbehauptung der deutschen Universität*, p. 19.（前掲「ドイツ的大学の自己主張」）。しかし、このように読んだところで、『我が闘争《マイン・カムプフ》』の著者が権力を掌握してからわずか四カ月後のナチス・ドイツにおいてこの語が持っていた、あまりにも明白な政治的含意が和らぐわけでは決してない。

(66)　Ibid., p. 18.（同右）。

(67)　Ibid.（同右）。

(68)　ハイデガーの見解によれば、ナチ革命は〝ギリシアにおける起源〟を取り戻すことであった。しかし、このことは同時に、彼の"ta . . . megala panta episphalā,"の翻訳から伺われるように、ギリシア人自身が実は国家社会主義者の原型であったということをも意味していたのだろうか（一九四〇年代の講義においてハイデガーは、こうした無責任な思弁とはきっぱりと縁を切っている）。

(69)　Heidegger, "Only a God Can Save Us," p. 48.（前掲「かろうじてただ神のようなものだけがわれわれを救うことができる」）。

(70)　Heidegger, "Political Texts, 1933–1934," p. 130. この論文でハイデガーは、さらに次のような観察を示している。

「現在にいたるまで、大学における研究と教育は、何十年間も同じやり方で行われてきた。教育は研究から発展して出てくるものと考えられていたし、人々は両者のあいだで適切なバランスをとろうと努力してきた。こうした考え方が、専ら教師の立場からのみ、口にされていた。誰一人、共同体としての大学に関心を向けることはなかったのである。研究は人の手には統御できなくなり、その不確かさを国際的な学術研究の進歩という観念の背後に隠蔽してしまった。教育は無目的になり、試験の課題の背後に隠遁してしまった。

国家社会主義の精神において、この状況に対しては、断固として戦う必要がある。そして、この国家社会主義の精神の限りない可能性を圧殺する御親切なキリスト教の思想が、この国家社会主義の精神を宥めてしまうことを断じて許してはならない」。

(71) Ibid., p. 102.

(72) Marcuse, "Heidegger's Politics: an Interview," in *Marcuse: Critical Theory and the Promise of Utopia*, pp. 95-104. *Pflasterstrand* 279-280 (January 23-March 5, 1988) に掲載された一九四八年五月一三日付けの彼のハイデガーへの書簡も参照。マルクーゼの初期哲学がいかにハイデガーの思想の影響下にあったかについての興味深い説明として次を参照。Alfred Schmidt, "Existential Ontology and Historical Materialism in the Work of Herbert Marcuse."

(73) Heidegger, "The Call to Labor Service," in "Political Texts, 1933-1934," p. 109.「国家社会主義の教育」という演説においてハイデガーは〝学ある者《ゲシュトゥーディアテン》〟を嘲笑し、「〝肉体〟労働者と〝頭脳〟労働者とのあいだに生きた橋を架けること」の必要性を強調している。彼は続けて次のように述べている。「今日、この隔たりを架橋しようという意志は、もはや見込みのない企図ではない。何故か。それは、ナチ国家によって、我らがドイツの現実全体が変革されてしまっており、その結果、従来の我々の理解や思考の仕方もまた、別のものに変わってしまったからである」(Ibid., p. 112)。

(74) Heidegger, "National Socialist Education," in "Political Texts, 1933-1934," pp. 113-114.

(75) Heidegger, "Labor Service and the University," in ibid., p. 98.

(76) こうした企てへのハイデガーの熱狂的な参加については次を参照。Ott, *Martin Heidegger*, pp. 214ff.(前掲『マルティン・ハイデガー』)。

(77) ナチの労働奉仕のプログラムについて、より詳しくは次を参照。Martin Broszat, *The Hitler State*, pp. 155, 268. ブロスザットによれば、当初は失業者問題に対する緩衝材と位置づけられていた帝国勤労奉仕隊《ライヒスアルバイツディーンスト》制度であったが、一九三五年六月二六日の段階で十代の青少年に義務づけられ、「国家社会主義の教育と国家的な労働や予備的な軍事訓練の指導とを緊密に結びつけた新しい国家的組織へと発展していった。……そこに表現されているのは、国家社会主義政策の基本的な綱領、すなわち肉体労働に対する考え抜かれたイデオロギー的な宣伝的評価(〝仕事は人を高尚にする〟)であり、それは一方で労働者の自覚に訴え、これを刺激するが、主としては労働者の生産意志、勤労意志に訴え、これを刺激し、労働力の動員を促進するだけでなく、社会的な静寂主義を強化するものでもあったのである」。

(78) 実際、ハイデガーは「国家社会主義の教育」という演説の中でマルクス主義の労働者像と正面から対決している。マルクス主義の労働者像の問題点は、そこで労働者が〝単なる搾取の対象〟としてしか扱われていない点に存する。確かに、国家社会主義の下では労働者階級は道具化され(労働組合はヒットラーが最初に解体した——それは権力掌握後わずか三カ月のことであった——市民社会の制度の一つであった)、彼らに対する搾取は新しい極限にまで達するだろう。

標準的な国家社会主義者の知識人批判は、ヒットラーが『我が闘争』の中で定式化している通りである。「現代の知識人、それも特にドイツの知識人は、あまりにも自分たちだけの内に閉じこもって硬化しているため、下層の人々との生き生きとした関係を持つことができない。このことは二つの点において弊害を生む。まず第一に、結果として彼らには、いたるところに存在する大衆に対する理解と感受性が欠落してしまう。彼らはあまりにも長いあいだ、大衆との関わりから切り離されてきたので、民族に対する心理的理解という必要不可欠なものを持つことができない。彼らは民族とは無縁《フォルクスフレムト》である。第二に、こうした上層階級には、必要不可欠な意志の力《ヴィレンスクラフト》が欠けている。というのは民族という大衆に比べると、保身的な知識人たちは、必ずといっていいほど意志の力が弱いからである」（平野一郎・将積茂訳『わが闘争』上・下、角川文庫、一九七三年）。

(79) Franzen, *Von der Existenzialontologie zur Seinsgeschichte*, pp. 89-90.

第四章「国家社会主義の内的真理と偉大さ」

(1) Heidegger, *Die Selbstbehauptung der deutschen Universität*, pp. 34-38.（前掲「ドイツ的大学の自己主張」）。Heidegger, "Only a God Can Save Us," p. 52.（前掲「かろうじてただ神のようなものだけがわれわれを救うことができる」）。

(2) 私は、ハイデガーの辞職をめぐる経緯について、"Recherches récentes sûr la relation de Martin Heidegger au National Socialisme," pp. 77-78 において記述した。Hugo Ott, *Martin Heidegger*, pp. 224ff.（前掲『マルティン・ハイデガー』）も見よ。

(3) Arendt, *The Origins of Totalitarianism*, pp. 331-332.（大久保和郎・大島かおり訳『全体主義の起源3　全体主義』みすず書房、一九七四年）。アレントの政治哲学が、いかにハイデガーの諸カテゴリーによって基礎づけられているかに関する包括的理解を、我々はまだ持っていない。たとえば、『人間の条件』の中心的主題——活動という〝演劇的〟モデルによって言葉と行為を通して公的空間の中で自らを現われさせることは、実践的生の最高の様態となる——は、不覆蔵態の場としての〝明け透き《リヒトゥング》〟というハイデガー的な観念を参照しなければ、理解できないままである。従って、アレントにとって〝公共性〟の徳は〝開かれた場所の開性〟あるいは〝明け透き〟というハイデガーの概念の政治的-哲学的コロラリーを意味している。さらに強調すべきは、〝世界性〟というアレントの観念は、『存在と時間』や『芸術作品の起源』においてハイデガー自身が詳細に論じている〝世界〟というカテゴリーから引き出されている点である。

しかしながら、アレントがこうしたハイデガー的な概念を採用する際には、多くの場合、根源的に練り直されているために、結局そのハイデガー的基礎はまったく変容してしまっているように見える。そこで、例を挙げるならば、ハイデガーにとって〝公共性〟は単純に非本来性の領域へと格下げされているのに対して、アレントにとっては人間の〝活動〟の場としての公共性は人間の行為の最高の形式になっているのである。

同時に、アレントの政治哲学の様々な欠陥がどの程度までハイデガーに起源を持つことに由来しているかを探求することは、有意義な仕事である。この理由から、アレントによって押し出された活動の演劇的モデルはそれ自体決断主義的ではないかと問うことは、正当であろう。つまり、彼女のように政治の本質を〝公的空間の中で自らをあらわにすること、あるいは自らを示すこと〟という形で理解することは、自己開示の正当な様態と不当な様態を区別することができるのであろうか、あるいはそうした区別を行うための規範的な基礎は一体何なのか。

（4） Löwith, *Mein Leben in Deutschland vor und nach 1933*, p. 57.（前掲『ナチズムと私の生活』）。

（5） Heidegger, *Beiträge zur Philosophie*, pp. 36ff. 関連する批判として次の論文も見よ。"The Age of the World-Picture"（「世界像の時代」、前掲『ハイデッガー全集第五巻』所収）, *The Question Concerning Technology*, pp. 115ff. マーティン・ジェイが"The Rise of Hermeneutics and the Crisis of Ocularcentrism"において論証しようとしたように、一九三〇年代中葉のハイデガーの視覚的な比喩（たとえば、上記著作における〝世界観〟や〝世界像〟といった概念）に対する批判は、二〇世紀解釈学の感受性を特徴づける、西洋に伝統的な表象理論に向けられたはるかに広汎な攻撃の一部をなしている。

（6） Heidegger, *Beiträge zur Philosophie*, pp. 138ff. を見よ。国家社会主義のニヒリスティックな本質に関する批判的な研究（最終的にヒットラーと袂を別った元党員の手で書かれた）として、Hermann Rauschning, *The Revolution of Nihilism*（菊盛英夫・三島憲一訳『ニヒリズムの革命』筑摩書房、一九七二年）を見よ。

（7） Heidegger, *Beiträge zur Philosophie*, pp. 42-43.

（8） Cf. ibid., p. 43.「民族《フォルク》の哲学とは、民族をして哲学の民族たらしめるものである。民族の担う哲学は、民族をその現存在の中に樹立し、民族を存在の真理の守護者として規定する」。

（9） ハイデガーは以下のように指摘している。「国家社会主義の哲学として今日喧伝されている作品は、この運動の内的真理と偉大さ（すなわち、地球的テクノロジーと現代人との出会い）とは一切関係ない。それはすべて、〝価値〟と〝全体性〟の混乱した水の中で魚を採っている輩の手で書かれてきた」。"An Introduction to Metaphysics," p. 199.（前掲『形而上学入門』）。上記引用文に挿入された文章は、長年にわたって深刻な論争の的になってきた。多くの論者は以下のように主張し、それが正しいことは明らかになっている。すなわち、この文章は講義録が一九五三年に初めて公刊される際に、ハイデガーによって付加されたものである――ハイデガー自身はこの事実を一貫して否定しているが。ようやく最近になってハイデガーの助手であった人物の一人ライナー・マルテンが、以下の点を確証した。すなわち、ハイデガーは実際に一九五三年に講義録を頁毎に目を通しながら、問題の文章に手を加え、さらに〝国家社会主義〟の語を〝この運動〟の語に書き変えたのである。Cf. Marten, "Ein rassistisches Konzept von Humanität," *Badische Zeitung*, December 19-20, 1987. さらに Jürgen Habermas, "Heidegger : Werk und Weltanschauung," in Victor Farias, *Heidegger und der Nationalsozialismus*, pp. 30-31

（前掲「ハイデガー――著作と世界観」）も見よ。

（10）　この指摘は、Pöggeler, "Den Führer führen? Heidegger und kein Ende," p. 56 に引用されているハイデガーの、一九三六年のシェリング講義の一節である。さらに、カール・ウルマー博士からの書簡（*Der Spiegel*, May 2, 1977, p. 10）も見よ。ハイデガーがこの文章を公刊された講義録から削除したという事実は、悲しいことに原則として自分は過去の講義録を公刊する際に手を加えないという彼の主張と食い違っている。

（11）　Heidegger, *Die Selbstbehauptung der deutschen Universität*, p. 23.（前掲「ドイツ的大学の自己主張」）。

（12）　Heidegger, "Only a God Can Save Us," p. 48.（前掲「かろうじてただ神のようなものだけがわれわれを救うことができる」）。見方を変えれば、こうした発言におけるハイデガーの誠実さを賞賛しないわけにはいかない。他の多くの者のようにヒットラー時代に抱いていた確信の真の性質を包み隠すことを、彼は拒否しているのである。しかしながら、コインにはまた暗い裏面がある。ハイデガーは、一九三〇年代に自らがナチに関与したことを公的に認めるつもりはないであろう。

（13）　Pöggeler, *Martin Heidegger's Path of Thinking*, p. 278.

（14）　Heidegger, *Basic Writings*, p. 135.

（15）　Heidegger, *Poetry, Language, Thought*, p. 42. 同様に *An Introduction to Metaphysics*, pp. 14-15（前掲『形而上学入門』）における "physis" についての重要な議論も参照せよ。

（16）　*Sein und Zeit*, Division I, Part III.（前掲『存在と時間』第一部第三章）。

（17）　Heidegger, *Poetry, Language, Thought*, p. 49.

（18）　Ibid., p. 44.

(19) Heidegger, *Existence and Being*, pp. 283, 287.

(20) Ibid., pp. 48 and 42.

(21) Cf. Heidegger, *Erläuterungen zu Hölderlins Dichtung*, p. 29.（濱田恂子、T・ブㇷハイム訳『ハイデッガー全集第四巻 ヘルダーリンの詩作の解明』創文社、一九九七年）。ここでハイデガーが宣言しているところに従うならば、詩人たちによって解釈された帰郷とは、「ドイツ人の歴史的本質の未来である。ドイツ人は詩作《ディヒテン》と思索《デンケン》の民族《フォルク》である」。

(22) Heidegger, *An Introduction to Metaphysics*, p. 43.（前掲『形而上学入門』）。以下の文章においてハイデガーは、形而上学と歴史の必然的関係という彼の考えについてもう一つの重要な説明を与えている。「我々が形而上学の根本問題を問うことは、歴史的である。なぜならば、この問いは、人間という現存在の過程をその本質的関係へと、すなわち存在物そのものと存在物の全体へと開くからである——それは、人間という現存在を、問われてはいない可能性へと、未来へと開き、同時に人間という現存在をその過去の始まりへと、それを鋭いものにし、現在における重みを与えることによって、結びつける。この問いかけの中で我々現存在は、完全な意味でその歴史へと召喚され、歴史へと、そして歴史における決断へと、すなわち本来的な取り戻しへの決断へと、呼びかけられるのである」(Ibid., p. 44)。

(23) Ibid.

(24) Ibid., p. 38.

(25) Ibid., p. 37.

(26) ハイデガーは、ことあるごとにこの指摘を引用している。たとえば、“The Turning,” in *The Question Concerning Technology and Other Essays*, p. 42. 引用文の出典は、ヘルダーリンの詩「パトモス」である。Friedrich Hölderlin, *Poems and Fragments*, trans. M. Hamburger (Ann Arbor : Uni-

versity of Michigan Press), pp. 462-463 を見よ。

(27) Heidegger, *An Introduction to Metaphysics*, p. 38.(前掲『形而上学入門』)。ハイデガーは、この講義の中で繰り返しこの主題に言及している。たとえば、p. 42 には次のように述べられている。「それゆえに我々は、存在への問いとヨーロッパの運命を結びつけてきたのである。地球の運命はヨーロッパで決定されつつある――他方、我々自身の歴史的現存在がヨーロッパそのものの中心であることは、明白である」。

(28) Cf. Heidegger, "Only a God Can Save Us," p. 48.(前掲「かろうじてただ神のようなものだけがわれわれを救うことができる」)。

(29) K. von Klemperer, *Germany's New Conservatism*, p. 56.

(30) Neumann, *Behemoth*, p. 141(岡本・小野・加藤訳『ビヒモス――ナチズムの構造と実際』みすず書房、一九六三年)を見よ。「ラガルドはまた中欧という概念の先駆者でもある。彼は、ドイツの将来はポーランドと西ロシアへの膨張に存すると考えて、エムズ河口からドナウ河口まで、メーメルからトリエステまで、メッツからブーク川にまで及ぶ中欧という圏域を唱道した。ユダヤ人をマダガスカルに送りこもうという[アルフレート・]ローゼンベルクの着想さえも、ラガルドに由来している」。ノイマンの著作の pp. 136-147 には、この用語の歴史的起源とそれを受けて国家社会主義がそれを採用した点に関するすぐれた一般的議論が含まれている。Fritz Stern, *The Politics of Cultural Despair*, pp. 25ff. も見よ。

(31) Cf. Paul Hühnerfeld, *In Sachen Heidegger*, p. 98.

(32) *Der Spiegel*, November 23, 1987, p. 212 より引用。

(33) Heidegger, "German Students!" in "Political Texts: 1933-1934," p. 102.

(34) Schmitt, *Staat, Bewegung, Volk*, p. 32. 一九三三年一月三〇日は、もちろんヒットラーが権力を掌握した日である。シュミットは、この日のヘーゲルの比喩的な死を歓迎すべき出来事とみなしている。

(35) ハイデガーがヒットラーをいかに正当化したかという問題は、本章の後半でハイデガーの〝偉大な創造者〟という理論を論じる際に考察されるであろう。

(36) "Ein Gespräch mit Max Müller," p. 19. さらに続けてミュラーが指摘しているように、ハイデガーは早くも一九三四年には国家社会主義が誤った進路をたどりつつあることに気づいてはいたが、「後に彼が認めたように、なお長いこと総統の追随者たちはとるに足らないとしても〝総統《フューラー》〟その人には積極的な展望を認めうるという信念に固執していた」。

(37) J. P. Stern, *Hitler : the Führer and the People*, p. 24.

(38) Heidegger, *Die Selbstbehauptung der deutschen Universität*, p. 19.（前掲「ドイツ的大学の自己主張」）。

(39) Heidegger, "German Men and Women," in "Political Texts : 1933-1934," p. 103.

(40) この議論における対立的見解の主要なものを渉猟したすぐれた研究として、Herf, *Reactionary Modernism*, p. 238（前掲『保守革命とモダニズム』）を見よ。

(41) Neumann, *Behemoth*, pp. 135-136.（前掲『ビヒモス』）。

(42) Heidegger, *Poetry, Language, Thought*, p. 39.

(43) Heidegger, *Hölderlins Hymnen "Germanien" und "Der Rhein,"* p. 144.（木下康光、H・トレチアック訳『ハイデッガー全集第三九巻　ヘルダーリンの讃歌「ゲルマーニエン」と「ライン」』創文社、一九八六年）。

(44) Cf. Heidegger, "Only a God Can Save Us," p. 57.（前掲「かろうじてただ神のようなものだけがわ

れわれを救うことができる」)。「我々人間の経験と歴史に従えば、人間は故郷を持ち、伝統に根ざしているという事実からのみ、あらゆる本質的で偉大なものが生じてきました。〔それゆえにこそ〕たとえば今日の文学は概して破壊的なのです」。この指摘は、その本質において現代文化の〝コスモポリタニズム〟に対するソフトな批判である。この批判が辛辣な政治的含蓄も秘めている点については、改めて指摘するまでもないであろう。

(45) Heidegger, *An Introduction to Metaphysics*, p. 47.(前掲『形而上学入門』)。

(46) Heidegger, *Discourse on Thinking*, p. 47.

(47) Nietzsche, *The Will to Power*, no. 808.(前掲『権力への意志』)。このような絢爛たる文章表現に接すれば、ニーチェの判断は的外れであると思っていても、おそらく彼に同意したくなるであろう。〔ウォーリンは no. 809 を指示しているが、誤りなので改めてある〕。

(48) Weber, "Science as a Vocation," in *From Max Weber*, eds. H. Gerth and C. W. Mills, p. 155.(前掲『職業としての学問』)。

(49) Heidegger, *Hölderlins Hymnen "Germanien" und "Der Rhein,"* p. 134.(前掲『ハイデッガー全集第三九巻』)。ハイデガーの言葉の全体は以下の通りである。ヘラクレイトスの名前は、「西洋的‐ゲルマン的な歴史的現存在の根源的力、そして実際にアジア的なものと闘争する力」の謂である。

(50) Heidegger, *Poetry, Language, Thought*, p. 42.

(51) Ibid., p. 49. 〝世界〟と〝大地〟の関係をめぐるハイデガーの思想は、当該文脈の下に我々が示しえたものよりもはるかに複雑である。この問題に関するより詳細な分析としては F.-W. von Herrmann, *Heideggers Philosophie der Kunst* を見よ。後期ハイデガーの著作全般の中で『芸術作品の起源』が有する重要性についての卓抜な論考として、Gadamer, "Heidegger's Later Philosophy," *Philosophi-*

cal Hermeneutics, pp. 213-228.

（52） この点で注目すべきは、ハイデガーの見解に基づいてポストモダーン的な近代建築批判を根拠づけようとする近年の試みである。H. Foster ed., *The Anti-Aesthetic : Essays on Post-Modern Culture* (San Francisco : Bay Press, 1983) に収録されている Kenneth Frampton の論文を見よ。こうした企てに反対する立場を表明したものとして、Jürgen Habermas, "Modern and Postmodern Architecture," *The New Conservatism* (Cambridge, Mass. : MIT Press, 1989).

（53） Heidegger, *An Introduction to Metaphysics*, p. 203.（前掲『形而上学入門』）。

（54） それゆえに、一九二九年頃にこの点に関してハイデガーがとった立場は、『存在と時間』の立場の重大な変更を意味している。後者にあっては、本来性と非本来性の構造は、前者のように存在の問いを措定する上での決定的な障害であるとは考えられてはおらず、並存しうるものであった。しかしながら、『存在と時間』の公刊後数年のうちにハイデガーは、現代世界の窮境は形而上学的な問いを措定する上でとりわけ不都合な状況を生み出すと確信するに至ったように思われる。

（55） Heidegger, *Poetry, Language, Thought*, p. 53. 明け透きには、それが開示と隠蔽の両者に関わるというもう一つの重要な側面がある。すぐ後に〝真理〟と〝非真理〟の関係についてのハイデガーの思想を論じる際に、この側面に触れることになろう。

（56） Ibid., pp. 61-62.

（57） もちろん、こうした用語は後期の著作においてハイデガーが〝方界《ダス・ゲフィールト》〟として語るものである。たとえば、"Building, Dwelling, Thinking," *Basic Writings*, p. 328.

（58） Aristotle, *The Politics*, Book I.（山本光雄訳『政治学』第一巻、岩波文庫、一九六一年）。

（59） Aristotle, *Nichomachean Ethics*, Book VI.（前掲『ニコマコス倫理学』上・下、第四巻）。ハイデ

ガーにおける〝作品〟〝真理〟〝政治〟のカテゴリーのあいだの関係についてのもっとも包括的な議論は、Alexander Schwan, *Politische Philosophie im Denken Heideggers*, とりわけ第一・五章を見よ。

(60) Heidegger, *An Introduction to Metaphysics*, p. 191.（前掲『形而上学入門』）。

(61) ただし、他の箇所では同様に本質的な詩や哲学の〝作品〟にも、ハイデガーは〝等本源的な〟地位を認めているように見えることを指摘しておくことが、公平であろう。

(62) 〝芸術作品〟としての国家に関する重要な議論として、Josef Chytry, *The Aesthetic State*, pp. 371 ff. も見よ。キトリーが正確に見ているように、ハイデガーはポリスを〝思考、詩、彫刻、神殿といったあらゆる低次の芸術作品を包摂する具体的な芸術作品〟として特徴づけている。それは、現実の国家社会主義国家の低劣な部分に対して平衡を保つための一種の新《ネオ》存在論的な（もしくは存在史的な）重りなのである。「存在への明け透きを可能ならしめる例外的な人間たちを山ほどつめこんだ存在論的場という〔ポリスの〕概念を、ハイデガーは国家社会主義に対する〝政治的〟対抗物として提示している。超国家主義的な熱狂を伴う人種的‐民族的《フェルキッシュ》第三帝国ではなく、究極的な芸術作品としての、美的国家としてのポリスこそが、ハイデガーの本来的〝政治〟を完成させるのである」(p. 391)。

(63) Heidegger, *An Introduction to Metaphysics*, p. 152.（前掲『形而上学入門』）。

(64) 専制が公的生活を破壊するやり方についての古典的議論として、Leo Strauss, *On Tyranny* (Ithaca : Cornell University Press, 1968).

(65) Harries, "Heidegger as a Political Thinker," p. 327.

(66) Heidegger, *Poetry, Language, Thought*, p. 37. ハイデガーは以下のように続けている。「芸術作品はそれぞれのやり方で存在物の存在を開示する。この開示、この不覆蔵態、換言すれば存在物の真理は、作品において生起する。芸術作品において、存在するものの真理は自らを作品に据える。芸術とは自らを作品へと据えた真理である」(Ibid., p. 39)。

(67) Heidegger, *Basic Writings*, p. 127.

(68) Ibid., p. 132.

(69) Ibid., p. 134.

(70) Ibid., pp. 130, 137.

(71) Heidegger, "The Origin of the Work of Art," p. 54.(前掲「芸術作品の起源」)。

(72) Ernst Tugendhat, "Heideggers Idee von Wahrheit," in Pöggeler ed., *Heidegger : Perspektiven zur Deutung seines Werkes*, p. 293を見よ。この論文は、トゥーゲントハットの記念碑的研究 *Der Wahrheitsbegriff bei Husserl und Heidegger* の結論を簡潔に述べたものである。

(73) W. Marx, *Heidegger and the Tradition*, pp. 250–251.

(74) Ibid., p. 251.

(75) Löwith, "Diltheys und Heideggers Stellung zur Metaphysik," in *Heidegger : Denker in dürftiger Zeit*, pp. 273–274.

(76) Nietzsche, *The Will to Power*, no. 866.(前掲『権力への意志』)。

(77) Heidegger, *An Introduction to Metaphysics*, p. 62.(前掲『形而上学入門』)。

(78) Ibid., p. 133.

(79) Ibid. ハイデガーは続けている。「仮に存在が自らを開示するとしても、そこには守られるべき序列があるに違いない。それゆえにヘラクレイトスは、多数者を犬や猿として語ったのである。……最上位にあるものは、最強のものである」。

(80) Ibid., p. 153.

(81) Ibid., p. 157.

(82) Heidegger, *Hölderlins Hymnen "Germanien" und "Der Rhein,"* p. 166.（前掲『ハイデッガー全集第三九巻』）。

(83) Ibid., p. 210.（同右）。

(84) Chytry, *The Aesthetic State*, p. 393.

(85) Heidegger, *An Introduction to Metaphysics*, pp. 162-163.（前掲『形而上学入門』）。

(86) Heidegger, *Hölderlins Hymnen "Germanien" und "Der Rhein,"* pp. 51-52, 144.（前掲『ハイデッガー全集第三九巻』）。

(87) Heidegger, *Hölderlins Hymne der "Ister,"* pp. 98 and 106.（三木正之、E・ヴァインマイヤー訳『ハイデッガー全集第五三巻　ヘルダーリンの讃歌「イスター」』創文社、一九八四年）。この指摘は、ギリシア人たちは「すでに国家社会主義者であった」と主張したがっているような、通俗的古典主義者たちを批判する文脈の中で現われている。この事実は、一九四二年の時点でもなおハイデガーが、（哲学者のみが洞察しうる）〝国家社会主義の内的真理と偉大さ〟とそれと対立しつつこの運動の歴史的方向を知的に左右する立場にある俗流エピゴーネンたるナチ党員との区別に固執していたことを示している点で、重要である。

(88) Heidegger, *Parmenides*, p. 114.

(89) Heidegger, *Heraklit*, pp. 108, 123.（辻村・岡田・グッツォーニ訳『ハイデッガー全集第五五巻　ヘラクレイトス』創文社、一九九〇年）。

(90) Marcuse, "Der Kampf gegen Liberalismus im totalitären Staat," in *Kultur und Gesellschaft* I, pp. 53-54; *Negations* (Boston: Beacon, 1968), p. 40.

第五章　テクノロジー、反ヒューマニズム、そして実践理性の腐蝕

（1）　第四章の注59を見よ。〝作品〟というカテゴリーがハイデガーの著作の中で最初に現われるのは、総長就任演説のようである。そこで彼は、作品であること(am-Werke-Sein)という表現の下で作品をアリストテレスの現実態《エネルゲイア》概念の等価物として用いている。Cf. *Die Selbstbehauptung der deutschen Universität*, p. 12.（前掲「ドイツ的大学の自己主張」）。

（2）　Heidegger, *Poetry, Language, Thought*, p. 40.

（3）　一九三〇年頃にハイデガーの思想に〝転回〟があったことを示す有力な証拠は、一九六一年にドイツで最初にニーチェ講義が公刊された際に付した序文の中で、この哲学者自身によって提供されている。「全体として考えれば、本書の出版は、一九三〇年から『ヒューマニズム書簡』（一九四七年）まで私がたどった思索の道筋の見通しを与えることを目的にしている。『書簡』の直前に二つの小さな講演『真理についてのプラトンの教説』（一九四二年）、『真理の本質について』（一九四三年）は、そもそも一九三〇—三一年にまで遡るのである」(*Nietzsche*, vol. 1, p. xvi. 細谷貞雄監訳『ニーチェⅠ・Ⅱ』平凡社ライブラリー、一九九七年)。このようにハイデガーは、一九三〇年から一九四七年までの彼の〝思索の道筋〟をひとまとまりとして扱うことに意味がある、と確言している。William Richardson, *Heidegger: Through Phenomenology to Thought*, pp. xiii–xxiii に付したハイデガーの序文も見よ。そこでの彼の自己解釈では、『存在と時間』以来の哲学的展開における一貫した継続性が強調されている。

一九六一年にハイデガーが〝思索の道筋〟に言及した際に〝作品〟の理論（もちろん、〝偉大な創造者〟の理論も）が詳細に論じられた作品にまったく触れてはいないという事実は、彼の哲学的展開の中のもっとも政治的に重要な局面を不当に隠蔽しようとする意図を示すものかもしれない。

(4) Heidegger, *Nietzsche*, vol. 4, p. 14.

(5) Heidegger, *The End of Philosophy*, p. 92.「プラトン主義の転倒――そのおかげで、ニーチェにとっては感性的世界が真の世界となり、超感性的世界が真ならざる世界となる――は、徹底的に形而上学に囚われている。ニーチェが一九世紀の実証主義の精神の下に心に描いたこの種の形而上学の克服は、より高次の形態ではあっても、結局形而上学の罠に陥るだけである。それは、〝メタ的〟思考、つまり超感性的なものへの超越が感性的なものの始元的世界への固執にとって代わったようなものである。実際には存在忘却が完成されるだけであり、力への意志によって超感性的なものが解放され促進されるのである」。

(6) Ibid., p. 6.

(7) Cf. Pöggeler, *Martin Heidegger's Path of Thinking*, p. 108.「こうして、形而上学は恒常的に現前する存在物への要求を特殊なやり方で充たすような存在物を求める。……従って、形而上学は、存在に存在物を根拠づけようとする存在論であるのみならず、至高の存在物に存在を根拠づけようとする神学でもある。……それは存在‐神学なのである」。

(8) Heidegger, *Nietzsche*, vol. 3, p. 7.(前掲『ニーチェⅠ・Ⅱ』)。

(9) ハイデガーのニーチェ批判には多くの重要な側面があり、それをここで考察することは不可能である。議論の的になっている重要な主題を概観したすぐれた研究として、Pöggeler, *Martin Heidegger's Path of Thinking*, pp. 82-106; Karl Löwith, "Heideggers Vorlesungen über Nietzsche," in *Heidegger: Denker in dürftiger Zeit*, pp. 242-247 も見よ。

(10) Heidegger, *Nietzsche*, vol. 4, p. 147.(前掲『ニーチェⅠ・Ⅱ』)。「我々はニーチェの哲学を主観性の形而上学として把握しなければならない。……ニーチェの形而上学、そしてそれとともに〝古典的ニヒリズム〃の本質的基礎は、今や力への意志の絶対的主観性の形而上学として一層明瞭に示されるであろう」。

(11) Ibid., p. 86.

(12) Heidegger, *The Question Concerning Technology*, p. 115.

(13) 第一と第三の概念については、*Gelassenheit* (1955) (辻村公一訳『ハイデッガー選集第一五巻 放下』理想社、一九六三年) において展開されているが、この作品の英訳の標題は *Discourse on Thinking* となっている。

(14) ハイデガー自身、『形而上学の克服』をニーチェ講義のドイツ語版から選択された三つのテキストからなるセットの中に含まれるように求めた。*The End of Philosophy*, p. 84 の編者注を参照。

(15) "Wozu Dichter," *Holzwege* を見よ。"Mitternacht einer Weltnacht" (review of A. Schwan, *Politische Philosophie im Denken Heideggers*), *Der Spiegel*, February 7, 1966, pp. 110-112 も見よ。

(16) *Die Selbstbehauptung der deutschen Universität*, p. 24. (前掲「ドイツ的大学の自己主張」)。この演習は、第二次世界大戦の勃発のわずか数週間後の一九三九年九月一日に始められることになる。

(17) Heidegger, *The End of Philosophy*, p. 85.

(18) Ibid.

(19) 世界を〝無条件的対象化〃(unbedingte Vergegendständlichung) として特徴づける後期ハイデガーの記述は、一見したところルカーチの物象化 (Verdinglichung) の概念との類似を思わせる。*History and Class Consciousness* (Cambridge, Mass.: MIT Press, 1971) (城塚登・古田光訳『歴史と階級意識』白水社、一九九一年) 参照。物象化のカテゴリーを主導動機として用いながら両思想家の理論的類似性を比較するという実り豊かな探求は、Lucien Goldmann, *Lukács and Heidegger* (前掲『ルカーチとハイデガー』)においてなされている。

同時に、この二人の偉大な同時代人のあいだに横たわる重要な相違を指摘することも大切であろう。ルカーチは、ドイツ古典哲学とマルクスに由来する主観性の哲学の圏内にとどまっている。この哲学的パラダイムに従えば、疎外(もしくは物象化)の原因は、人間はもはや自分自身を自らの努力の生産物に認めようとしても、その形態が他律的に規定されている限り不可能であるということに求められる。その古典的な例が、資本主義下の労働者の運命である。彼らは、自己の生産物を資本家へと〝譲渡〔疎外〕〟することを強制されている。その結果、ルカーチにとって疎外の克服は、自らの労働生産物に対する労働者の制御を保持すること、つまり生産手段の社会化を意味している。

他方、近代の〝主観性の形而上学〟を批判するハイデガーの立場から見れば、誰が労働過程を制御するかという問題(従って、マルクス主義的な意味で労働が〝疎外〟されているか否かという問題)は、無視してもほとんどさしつかえない。彼が攻撃しているのは、自己措定的な主観性というパラダイムそのものなのであるから、〝生産手段の社会化〟は結局他の手段(〝資本〟ではなく〝労働〟)によるこのパラダイムの継続にすぎないであろう。実際、ルカーチ的・マルクス主義的なヒューマニズムの立場――労働の神格化――は、ハイデガーにとっては単に〝意志への意志〟の歴史における一段進んだ段階を意味するだけである。それは、人間の労働する人間《ホモ・ラボランス》としての自己理解の廃棄ではなく、その完成に等しい。

(20) Heidegger, *The End of Philosophy*, pp. 86–87.

(21) Heidegger, *The Question Concerning Technology*, p. 137.

(22) アドルノの次の指摘と比較せよ。「完全な社会化は、客観的に見ればその反対物を生み出す。そして、にもかかわらずそれが破滅と解放のいずれであるかを言うことは、不可能である」。*Negative Dialectics*, p. 346.(木田・徳永他訳『否定弁証法』作品社、一九九六年)。

（23） M. Heidegger, E. Kästner, *Briefwechsel* (Frankfurt : Insel, 1986), p. 10.

（24） "Only a God Can Save Us," p. 53.（前掲「かろうじてただ神のようなものだけがわれわれを救うことができる」）。

（25） Pöggeler, "Besinnung oder Ausflucht? Heideggers ursprünglicheres Denken," pp. 240-241 より引用。

（26） 一連のニーチェ講義を締めくくる講義（一九四〇年）の中で〝英雄的ニヒリズム〟というニーチェ的展望を敢えてハイデガーが持ち出してきた背後には、一時的であれ彼がニーチェに夢中になったという事実があることは、以下の指摘からも明らかである。

「近代テクノロジーの根本的本質および形而上学的真理と完全に一致する人間が要請されている。そうした人間は、個々の技術的過程と可能性を指導し利用するために、自らを全面的にテクノロジーの本質によって支配されるがままにする。

超人のみが無制限な〝機械 - 経済〟にふさわしいし、その逆も然り。前者は、大地に対する無条件な支配を樹立しようとする後者の要求に応えるものである」

この引用はハイデガー著作集第四八巻（前掲『ニーチェⅠ・Ⅱ』所収の講義「ヨーロッパのニヒリズム」の元となった草稿――cf. "Nachwort der Herausgeberin," pp. 337-339）の二〇五頁から採られている。一九六一年に公刊された同じ講義のネスケ版単行本では、最後の引用文の頭に〝ニーチェの形而上学の意味での〟の語をハイデガーは付加している。その意図は、この講義の原草稿の文章が明白に裏書きしている内容（ニーチェへの親近感）に対して今や彼が距離をとり始めたことを示す点にあると思われる（この食い違いに私の注意を向けさせてくれたニコラス・テルトゥーリアンに感謝する）。著作集四八巻の刊行に四年先立って刊行されたニーチェ講義の英訳は、ネスケ版に依っている（cf. vol. 4, p. 117）。

(27) Habermas, "Heidegger : Werk und Weltanschauung," p. 25.(前掲「ハイデガー――著作と世界観」)。
(28) Franzen, *Von der Existenzialontologie zur Seinsgeschichte*, p. 130.
(29) *Die Selbstbehauptung der deutschen Universität*, p. 25.(前掲「ドイツ的大学の自己主張」)。
(30) Thomas Sheehan, "Heidegger and the Nazis," p. 45.
(31) Heidegger, *Was heisst Denken*, p. 65.(前掲『思惟とは何の謂いか』)。
(32) こうした疑問は、ブルデューによって支持されている。Pierre Bourdieu, "Ich glaube, ich wäre sein bester Verteidiger," *Das Argument* 131(1988) : 724.「あらゆる事柄について他の誰よりもよく思索することのできたこの絶対的思想家は、自分自身について考えることがまるでできなかった。自己批判することは、この絶対的思想家が絶対的に誤っていたことを、そして彼の誤りとその哲学とのあいだに関係があったことを意味したであろう」。
(33) Habermas, "Heidegger : Werk und Weltanschauung," p. 33(前掲「ハイデガー――著作と世界観」)を見よ。
(34) Heidegger, *Poetry, Language, and Thought*, p. 9を見よ。
(35) Löwith, *Heidegger : Denker in dürftiger Zeit*, p. 171.(杉田泰一・岡崎英輔訳『ハイデッガー――乏しき時代の思索者』未来社、一九六八年)。
(36) 彼らの指摘は、"Heidegger et la pensée Nazie," *Le Nouvel Observateur*, January 22-28, 1988 : 41ff. に見られる。
(37) ホロコーストの問題に対するハイデガーの著しい感受性の欠如を示すもう一つの例として、一九四七年のヘルベルト・マルクーゼからの手紙への一九四八年一月二〇日付の返事を挙げることができる。

ナチによるユダヤ人大量虐殺について沈黙するハイデガーに不満をもらすマルクーゼに、ハイデガーはこう答えている。「私はただこう付け加えることができるだけです。［あなたの手紙に見える］〝ユダヤ人〟という語の代わりに〝東独国民〟という語をもってきてもよいし、その時にはまさに同じこと［テロル］が連合軍にもあてはまるのです。ただ、違うのは、一九四五年以降起こったことは世界中に知られた事実であるのに対して、ナチの血ぬられたテロルは実際にはドイツ国民には隠されていました」。この手紙のフランス語訳は *Les Temps Modernes* 510 (1989) : 1-4 に掲載された。その英訳は近く *New German Critique* に掲載されることになっている。

その思いやりのなさ（ドイツからの亡命ユダヤ人仲間の助言にもかかわらず、戦後ドイツの生活状況が悲惨であった時期に、マルクーゼはかつての師に援助物資を送り続けた）に加えて、ハイデガーの言葉の驚くべき部分は、それが戦争犯罪の問題をめぐって戦後のドイツ人が案出した典型的な正当化の論理と似ている点である。とりわけ次のような主張である。軍人以外のドイツ国民は、ナチの戦争犯罪について〝何も知らなかった〟、またドイツ人は他の国民と同じぐらいに苦難を味わったのであるから何ら特別な罪や責任を負う必要はない。戦後のドイツ人における、いわゆる〝過去の封殺（Verdrängung der Vergangenheit）〟については、Theodor Adorno, “What Does Coming to Terms with the Past Mean?” in *Bitburg in Moral and Political Perspective*, ed. G. Hartman (Indianapolis : Indiana University Press, 1986), pp. 114-129 を見よ。

（38） Löwith, *Heidegger : Denker in dürftiger Zeit*, p. 128.（前掲『ハイデッガー――乏しき時代の思索者』）。

（39） Hugo Ott, *Martin Heidegger*, p. 316.（前掲『マルティン・ハイデガー』）。

（40） Heidegger, *Wegmarken*, p. 304.（前掲『ハイデッガー全集第九巻』）。この文章はハイデガー研究者のあいだで深刻な論争の的となってきた。というのも、『形而上学とは何か』第五版(一九四九年)の中でハイデガーは、この定式を次のように逆転しているからである。「存在は存在物なくしては現成しない。存在物は存在なくしては存在しない」。この文章をめぐる議論については、たとえば、Franzen, *Von der Existenzialontologie zur Seinsgeschichte*, p. 105を参照。

(41) Heidegger, *Nietzsche*, vol. 4, p. 221.(前掲『ニーチェⅠ・Ⅱ』)。

(42) Ibid., p. 215.

(43) Heidegger, *The End of Philosophy*, p. 82.

(44) Ibid., p. 110.

(45) Heidegger, *Basic Writings*, p. 210.

(46) Cf. Franzen, *Von der Existenzialontologie zur Seinsgeschichte*, p. 125.「『存在と時間』においては原理的に見て歴史の主体は存在しなかった。……今や[後期ハイデガーの哲学にあっては]存在そのものが歴史の絶対的主体の地位にまで高められ、人間は存在とその命運の贈与《シックンゲン》に完全に従属していることが宣告される」。

(47) Habermas, "Heidegger : Werk und Weltanschauung," p. 29.(前掲「ハイデガー――著作と世界観」)。ハーバーマスは続けて次のように指摘している。すなわち、一九四六年の『ヒューマニズム書簡』におけるハイデガーのヒューマニズムの徹底的な拒絶は、ヒットラーの強制収容所に関する真実が明るみに出た時期とグロテスクなまでに一致している。

(48) Levinas, *Totality and Infinity*.(合田正人訳『全体性と無限――外部性についての試論』国文社、一九八九年)。存在論を〝真の〟第一哲学としての倫理学に移植することによってハイデガーに由来する諸理論軸を逆転しようとしているにすぎないという理由で、多くの注釈家たちがレヴィナスを強く非難してきた。しかし、この主張は誤っている。何故ならば、レヴィナスにとって倫理学と存在論は、通底する器として互いに連関し合う〝等本源的な〟現象であって、いずれも他方なしには考えられないからである。両思想家のあいだの根本的な哲学的相違のいくつかに関する説明として、A. Peperzak, “Einige Thesen zur Heidegger-Kritik Emmanuel Levinas”を見よ。デリダは、『形而上学と暴力』においてハイデガーに対するレヴィナスの位置に関する重要で多くの議論を呼んだ見解を披瀝している。

(49) Heidegger, *Basic Writings*, p. 199.

(50) Ott, *Martin Heidegger*, pp. 316-317（前掲『マルティン・ハイデガー』）より引用。

(51) Löwith, *Heidegger : Denker in dürftiger Zeit*, pp. 145-146.（前掲『ハイデッガー——乏しき時代の思索者』）。

(52) Karl-Heinz Haag, *Kritik der neueren Ontologie*, p. 8.

(53) Habermas, *The Philosophical Discourse of Modernity*, p. 140.（三島・轡田・木前・大貫訳『近代の哲学的ディスクルスⅠ・Ⅱ』岩波書店、一九九〇年）。

(54) Hans Blumenberg, *The Legitimacy of the Modern Age*, p. 192.

(55) Heidegger, *The Question Concerning Technology*, p. 112.

(56) 後期ハイデガーのこれらの範疇の内在的欠陥に関するすぐれた議論として、A. Schwan, “Martin Heidegger, Politik und praktische Philosophie,” とりわけ pp. 166ff. を見よ。

(57) ハイデガーを〝反ヒューマニズムの思想家〟と考えることに反対する最近の二つの企てとして、F. Dallmayr, “Ontology of Freedom : Heidegger and Political Philosophy,” と J. Caputo, *Radical Hermeneutics*, とりわけ pp. 209ff. を見よ。ハイデガーにおける〝メタヒューマニズム的〟次元を再評価しようとするこうした企てに対する洗練された応答として、Richard Bernstein, “Heidegger on Human-

ism,"とりわけ pp. 104ff. を見よ。ハイデガーの反ヒューマニズムに対するもう一つの重要な批判として、Luc Ferry and Alain Renaut, *Heidegger et Les Modernes* を見よ。

(58) 自由、実践哲学、人格的同一性といった主題をめぐる文献は、もちろん厖大である。いくつかの代表的なものとして、A. Melden, *Free Action*; Charles Taylor, *The Explanation of Behavior* および "What is Human Agency?"; Harry Frankfurter, "Freedom of the Will and the Concept of the Person," *Journal of Philosophy*, 67: 1 (Jan. 1971): 5-20 を見よ。

もちろん、私の描いてきた〝自我〟の概念と同様に〝自由な行為者〟という観念は、近年多くの作品の中で攻撃にさらされている。たとえば、Alisdair MacIntyre, *After Virtue* (Notre Dame: Notre Dame University Press, 1981)(篠崎榮訳『美徳なき時代』みすず書房、一九九三年)、Michael Sandel, *Liberalism and the Limits of Justice* (Cambridge: Cambridge University Press, 1982)(菊池理夫訳『自由主義と正義の限界』三嶺書房、一九九三年)。なお、この論争の中でリベラリズムの自己立法的主観性というカント的な概念に対するコミュニタリアンの批判を支持する目的で、ハイデガーの哲学が援用されることが少なくない。この文脈でハイデガーの哲学が重要な意味を有していることは確かであるとしても、十分な深さと理解をもってこの論争に参加しようとすれば、ここで問題となっている(ハイデガー哲学の)文脈からは大きく外れてしまうことになろう。ただ、次の点だけは指摘しておきたいし、その留保は重要であると私は考える。すなわち、これまで述べてきた〝自由な行為者〟というカント的に描かれた理想を、私は自明で無条件に妥当するものであるとは考えてはいない。むしろ私がそれを採用した第一の理由は、それと対照することによって主観性という従来の概念の自明性を余りにも徹底的に無視してしまうハイデガーのような哲学の陥る危険性が浮き彫りになる、と考えたからである。このことを確認した上でなおかつ付け加えられるべきは、この〝自我〟というカント的な理想がいかに改変、補足、修正を必要としているとしても（この点で私は〝コミュニタリアン〟に譲歩するであろう）、ハイデガーによる主観性の貶価に対して向けられた議論の多くは、必要な変更を施せばコミュニタリアンの〔リベラリズムへの〕批判そのものに対しても妥当するであろうということである。

(59) Heidegger, *Basic Writings*, p. 194.

(60) Cf. Bernstein, "Heidegger on Humanism," p. 102.「もしヒューマニズムをそれ自体存在忘却の表現である立て集め《ゲシュテル》や形而上学と同一視するならば、そのときハイデガーは全力をもってそうしたヒューマニズムに反対するであろう」。

(61) Heidegger, *Schellings Abhandlung über des Wesen der menschlichen Freiheit*, p. 232.

(62) *Gesamtausgabe* 31, p. 135.

(63) Heidegger, *Basic Writings*, p. 127.

(64) Charles Taylor, "What is Human Agency?" p. 33.

(65) Heidegger, "Only a God Can Save Us," p. 57.（前掲「かろうじてただ神のようなものだけがわれわれを救うことができる」）。

(66) Derrida, "Heidegger : l'enfer des philosophes," p. 172.

(67) Derrida, *De l'esprit*, p. 55（港道隆訳『精神について――ハイデガーと問い』人文書院、一九九〇年）を見よ。「『ドイツ大学の自己主張』という標題の一語一語が、精神によって横断され、浸され、光を当てられ、規定され――つまり定義されるとともに運命づけられていると私は言いたいのだが――そして呼び求められている」。

(68) Ibid., pp. 64-65.（同右）。「もしもハイデガーがナチズムを敢えて精神化しようと欲していたならば、こうした主張（精神性、学問、問いかけ等）をもって特徴づけることによってナチズムを赦免するなり、救済するなりしていたことであろう。この理由をもってハイデガーのナチへの加担は別次元の問題となり、両者の連関は断ち切られる。この[総長]就任演説は、もはや暗黒の力に訴えた〝イデオロギー的〟勢力に単純に属しているわけではないらしい――暗黒の力は精神的なものではなく、断じて精神的には解釈しえない〝大地と血〟に基づく自然的・生物学的・人種的なものだからである」。

(69) Heidegger, "Declaration of Support for Adolf Hitler and the National Socialist State," in "Political Texts: 1933-1934," pp. 104ff.

(70) Fest, *Hitler*, p. 439 を見よ。

(71) Derrida, "Heidegger: l'enfer des philosophes," p. 173.

(72) Pöggeler, "Heidegger und die politische Philosophie" (unpublished MS), p. 21. その上、ペゲラーが同じ論文の中で示すように、デリダは、ハイデガーが一貫して精神《ガイスト》の概念を愛好したという事実も、ドイツ哲学の伝統の中で単なる計算と実用の能力にすぎない悟性《インテリゲンツ》に常に対置されてきたこの概念の持続的影響力も、過小評価しがちである。それゆえに一九三三―三五年のハイデガーの著作の中で明らかに精神の概念が復活しているという事実は、彼のナチズムへの傾斜を説明する不当な〝形而上学〟への退却というよりは、むしろ全体主義批判という意味をこめられていたと解されるべきであろう。何故ならば、全体主義は、それが〝技術〟の絶対視である限りはハイデガーの目には単なる普遍化された悟性の形式と映るからである。従って、精神への訴えは、ナチズムの俗悪でニヒリスティックな傾向、つまり〝惑星的支配〟の完成へと強制する諸力に対する彼なりの抗議――〝精神的〟抵抗の呼びかけ――であったろう。

(73) Lacoue-Labarthe, *La fiction du politique*, pp. 22, 18, 23. (浅利誠・大谷尚文訳『政治という虚構――ハイデガー、芸術そして政治』藤原書店、一九九二年)。Ibid., pp. 24-25 ではラクー＝ラバルトは、

ハイデガーのために以下のような愚劣な弁護を試みている。「今世紀の未曾有の世界史的変容に直面した者は…… 〝右翼〟であれ〝左翼〟であれ、誰がだまされなかったであろうか。そして何の名においてだまされることを回避しえたであろうか。〝デモクラシー〟の名においてであろうか。そんなものはレーモン・アロンに、つまり（完成したニヒリズムとしての）資本の公認思想にまかせよう。彼にとっては実際あらゆるものが有効なのである」。ここでラクー＝ラバルトは、ハイデガーの犯した誤れる行為をそれを相対化するという疑わしい戦略をもって単に卑小化しようとしているだけではない（右翼も左翼もあれだけ多くの者が全体主義のイデオロギーにのめりこんでしまったのだから、ハイデガーの誤りも赦されると、彼は言っているかの如くである。だが、そうしたイデオロギーの〝知的シンパ〟であることと、ハイデガーの場合に妥当するように現実の運動の中で公職に就き政治的犯罪に加担することとのあいだには、重要な相違がある。それゆえにこそハイデガーは一九四五年に教職活動を禁じられたのである）。それに加えて彼は、デリダと同じ誤りに陥っている——しかもそれは、そもそもハイデガーに起源を持つきわめつけの誤りである。彼は、デモクラシーと全体主義のあいだに存在する根本的な規範的構造の決定的相違（権力分立、市民的自由、デュープロセス等）を理解していないのである。結局、レーモン・アロンを嘲弄することなどは、どう見ても言語道断な仕儀と言わざるをえない。

ラクー＝ラバルトは、ホロコーストに関しても同様に事態を曖昧にするという危険を犯している。彼は、ホロコーストを西洋の〝精神の論理〟の自然な帰結として説明しようとしている。「アウシュヴィッツの黙示録の中に啓示されたものは、西洋の本質そのものにほかならない。そしてそれ以来、この本質は自らを露呈することを止めない」（Ibid., p. 36）。ここでも彼は、ハイデガーによって実践された〝形而上学的抽象による説明〟という同じ誤りを犯している。確かに、西洋にとってアウシュヴィッツが有している哲学的含蓄について議論することは可能である。しかし、それは、何よりもまず歴史的現象として説明されねばならない。その上で最終的に言うならば、歴史的因果性という包括的な論理の中でそれでもなお〝形而上学的思考〟が幾何かの寄与をなしうるかどうかは、いささか疑問である。

(74) 私は、Technik というハイデガーのカテゴリーの訳として通常の例に倣って technology という語を選んだが、このドイツ語は、それに対応する英語よりもはるかに広範な意味を持っていることを承知しておくことが、大切である。我々は、テクノロジーを専ら望ましい実践的結果を獲得するための手段の効率的な組み合せと考えがちであるが、ハイデガーがこの語を用いるときには、近代世界のあらゆる事物がそれを背景にして考えられるべき形而上学的な引照枠組を指している。この点で、ハイデガーが Technik という語で意味しているものは、以下で論じられる〝立て集め《ダス・ゲシュテル》〟というカテゴリーによっておそらくもっともよく捉えられている。

(75) たとえば Oswald Spengler, *Man and Technics : A Contribution to a Philosophy of Life* を見よ。もちろん、ゲーレンの哲学的解釈学はハイデガーの教説から直接に影響を受けている。Cf. *Man in the Age of Technology*, trans. P. Berger (New York : Columbia University Press, 1980).

(76) Heidegger, *Identität und Differenz*, p. 72 (大江精一郎訳『ハイデッガー選集第一〇巻 同一性と差異性』理想社、一九六〇年)を見よ。

(77) Heidegger, *The End of Philosophy*, p. 93.

(78) Ibid., p. 91 においてハイデガーは、この問題を以下のように論じている。「独特の〝西洋の運命〟として考えられた〝形而上学〟、存在の歴史という形で考えられた〝形而上学〟は、しかしながら、必然的なものである。何故ならば、存在そのものは、本来秘匿されている存在と存在物の相違を、存在の真理の中で、つまりこの相違が明らかに生起するときにのみ開示するからである。しかし、もしも存在物がはじめに存在のもっとも極端な忘却をもたらしていなければ、そして同時にもしも存在がその無条件の支配——それは形而上学をもってしては理解しえない——を存在に対する存在物(客観的に存在するもの)の優位の下にまず、そして専ら自己を主張する意志への意志に譲り渡していなければ、このことはいかにして可能となるであろうか」(強調、ウォーリン)。

(79) Heidegger, *The Question Concerning Technology*, p. 18.

(80) この理論をハイデガーの思想と連関させて議論したものについては、前掲注19を参照せよ。

(81) 『一次元的人間』におけるヘルベルト・マルクーゼは、ハイデガーのテクノロジー批判の側面が社会批判の目的にとって依然として役立つと信じているようである。そこで彼はある箇所で次のように指摘している。「自然科学は、自然を道具としての可能性の下に制御と組織化の素材とみなす技術的アプリオリを前提に発展する。つまり、自然を(仮説的な)道具性として理解することが、すべての個別的な技術組織に先行しているのである」。こうしたマルクーゼの指摘には、テクノロジーは科学の応用ではなく、逆に近代科学自体がテクノロジーを前提にしているというハイデガーの確信がこだましている。実際、マルクーゼは、この主張を補強するために続けてハイデガーの『技術論』の文章を引用している。

(82) Heidegger, *The Question Concerning Technology*, p. 33.

(83) Ibid., p. 19.

(84) Heidegger, *Holzwege*, p. 343.(前掲『ハイデッガー全集第五巻』)。

(85) ハイデガーの思想におけるこの問題をもっとも徹底的に吟味したものとして、Guenther Stern (Anders), "On the Pseudo-Concreteness of Heidegger's Philosophy" を見よ。

(86) Heidegger, *Being and Time*, pp. 449ff. (397ff.) (前掲『存在と時間』)を見よ。

(87) Alfred Schmidt, "Existential Ontology and Historical Materialism in the Work of Herbert Marcuse," p. 54.(ただし、訳は若干変えた)。

(88) R・ヴィサーによるインタヴュー(*Antwort*, pp. 21ff.)を見よ。同様に、*The Question Concerning Technology*, p. 26も見よ。そこでは、ハイデガーは「[テクノロジーに]対して無謀な反逆を試み、テクノロジーを悪魔の作品として呪詛する」傾向のある人間に警告を発している。彼は続けて言う。「まったく逆に、テクノロジーの本質に自らを開くとき、我々は思いもかけず自らを解放する主張を手に入れるのである」。

(89) Heidegger, *Discourse on Thinking*, p. 51.

(90) Bernstein, "Heidegger on Humanism," p. 102.

(91) Heidegger, *The Question Concerning Technology*, pp. 62-63.

(92) Ibid., pp. 34-35.

(93) Heidegger, "Only a God Can Save Us," p. 57.(前掲「かろうじてただ神のようなものだけがわれわれを救うことができる」)。

(94) Heidegger, *Existence and Being*, p. 282.

(95) Ibid., p. 289.

(96) Heidegger, "Poetically Man Dwells," in *Poetry, Language, Thought*, pp. 211-229.

(97) アレクサンダー・シュヴァンは、ハイデガーの思考に対して、このカテゴリーが歪められた影響を及ぼした点について、次のように指摘している。「ハイデガー自身が、意志への意志の陰謀における多様で異質な傾向を等し並かつ一緒くたに扱っている。そのために意志への意志は強固で強力なものとなる。相違が一切考慮されない結果、あらゆる決定の道徳的・政治的責任は形骸化してしまった」。Schwan, "Zeitkritik und Politik in Heideggers Spätphilosophie," p. 96.

(98) Wolfgang Schirmacher, *Technik und Gelassenheit*, p. 25より引用。

（99）　Löwith, *Heidegger : Denker in dürftiger Zeit*, p. 126.（前掲『ハイデッガー——乏しき時代の思索者』）。「ハイデガーがヘーゲルを引き合いに出しながら事あるごとに攻撃するのは、常識という方法である」。だが、レーヴィットが続けて示すように、〝常識〟はヘーゲルにとっては単なる哲学的嘲笑の対象ではない。むしろそれは、しばしば——アリストテレスにとってと同様に——哲学的思弁の発見する真理を外的に検証する上で有益なのである。

（100）　Habermas, *Theory and Practice*（Boston : Beacon, 1973）, p. 32.（細谷貞雄訳『理論と実践——社会哲学論集』未来社、一九七五年）。

訳者あとがき

本書は、Richard Wolin, The Politics of Being : The Political Thought of Martin Heidegger (Columbia University Press, 1990) の翻訳である。著者のウォーリンは、近代ヨーロッパ精神史および古典学の教授でありながら、多くの大学で歴史や政治学を講じてもいる。著者のこのような幅広い学識のゆえに、本書はハイデガーの政治思想の最良の概説書となっている。我が国ではハイデガー哲学の研究に比してその政治思想の研究はほとんど見当らないのが現状であるが、欧米では著者も触れているように、ファリアスの『ハイデガーとナチズム』以降ハイデガーの政治思想史的研究がとみに盛んになりつつある。しかし、一見政治に対して無関心を装い始めた四〇年代からの彼の政治的態度の解釈も含めて、ハイデガーの政治思想の全体像をこれだけの紙数にまとめた研究は、まず求めえない。類書のなかで本書がとりわけ秀れている点は、彼の哲学体系との連関に十分に目配りしつつ、しかしあくまでも彼の政治思想を時代の文脈の下に読み解こうとする姿勢にある。業績から明らかなように(「日本語版への序文」注6、注8)、ベンヤミン研究から出発してワイマール期ドイツの文化史や社会史のみならず、フランスの実存主義から最近のポストモダニズムまで縦横に論じ、またハイデガーをめぐる時代の証言集の編者でもある著者の手になる本書は、二〇世紀最大の思想家の難解な哲学の背後にあるパトスを、時代状況との格闘を通して見事に描き出した卓抜な精神史的研究になっている。ときに批判的になる論調は、著者自身が認めているフランクフルト学派からの影響を考えれば当然であろう。しかし、その批判に与するか否かに関わりなく、読者は現実政治と思想との関係について多くの事柄を本書から汲み取ることができるはずである。

精神史もしくは政治思想史研究の上で本書が有している価値とは別に、今日の政治理論から見ても本書は重要である。現代政治理論においてもハイデガーが問題をはらんだ思想家であり、何かと言及されることが多いのも、相互に連関する以下の三つの問題関心から発していると考えられる。第一に、功利主義的自由主義を再検討しようとする動きは、六〇年代から始まる実践哲学復権の潮流と結びついて、改めて政治における他者の問題に目を向けさせている。その結果、一方では他者との間の実践の営みとその場としての生活世界的領域を重視する立場を生み出すとともに、他方ではそこに権力性を認めてむしろその解体を目論むポストモダーン的政治理論の流れが起きていることは、周知の通りである。第二に、実践の問題は、真理と政治の関係、あるいは哲学者対政治家という問題とつながっている。真理を独占する者の設計主義的な政治というプラトン以来の理念に対して、その観想的・独我論的態度を批判して、政治を臆見をめぐる複数の人間相互のアド・ホックな交渉と考えるべきであるという立場が、一定の勢力を占めつつあるように見える。第三に、政治的主体の問題、換言すれば自我と権力性の問題が提起され、同一性と差異という古くからの哲学的主題と結びつきながら、政治理論においても大きな議論を巻き起こしている。この問題は、権力概念のパラダイム転換を促し、従来の政治理論全体の見直しを迫っていると言える。ハーバーマス、アーレント、フーコーといった今日の政治理論における最も重要な論者を経由して、これらの問題はすべてハイデガーにまで遡りうると言っても過言ではない。しかしながら、それらのいずれにおいてもハイデガーの占める位置は微妙である。彼の思想は独我論的なのか。それは伝統的形而上学の圏内にとどまっているのか。それは主意主義的なのか。それは暴力肯定的なのか。そして、そもそもそれは政治的なものの介在する余地を残しているのか。ハイデガーは、いずれの問いに対しても明確な答えを与えることを拒絶しているように見える。しかし、読者は、本書を通して何らかの示唆を受け取るに違いない。

著者は、晦渋なハイデガー哲学を可能な限り判り易く説明しようと努力しており、その意味で本書は初心者にも恰好なハイデガー入門書となっている。とはいえ、本書はあくまでも彼の政治思想の概説書であり、読者が彼の哲学そのものについての一定の理解を獲得することが望ましいことは、言うまでもない。本書が契機となって我が国でもハイデガーの政治思想への関心が昂まることを、期待するものである。

＊

翻訳にあたっては、日本語として読み易いことに最も意を注いだ。英文テキスト中、イタリック等、強調の箇所には傍点を付し、また英語以外のドイツ語等で表示された語はルビで示したが、煩わしさを避けるためにルビを省略してある場合もある。本文中、著者による補足は［　］で、訳者による補足は〔　〕で示してある。あくまでも英文テキストを翻訳することを原則としたため、引用文が原文と若干異なる場合も英文テキストに従っている。引用文で邦訳のあるものについては適宜参照したが、原則として訳者の文章になっている。国家社会主義という訳語の当否について現在専門家のあいだで議論のあることは承知しているが、本書では従来通りの訳語を採用した。一般に national の訳には頭を痛めたが、文脈に応じて、「国民(的)」「国家(的)」「民族(的)」と訳し分けてある。なお、ハイデガーの著作の翻訳については網羅的に参照してはいないこと、またハイデガー哲学独特の用語については依然として定訳がない状況に鑑みて訳者が選択の上で統一していること、いずれもいささか恣意的になっていることをお断りしておきたい。訳者一同が哲学の専門家ではないために思わぬ間違いを犯しているかもしれない。大方の叱正を賜りたい。

翻訳の分担は以下の通りであるが、小野を中心に全員で訳稿を検討し、編集担当の坂本氏にも表現等をチェックしていただいた。

日本語版への序・序文・第一章・第三章――小田川

第二章――堀田

第四章・第五章――小野

本書の刊行に際して、岩波書店編集部の坂本政謙氏には訳業に行き詰った時に適切な助言をいただくなど、終始大変なお世話になった。本書は坂本氏も含めた四人の共同作業の所産である。感謝申し上げる。

一九九九年五月

訳者一同を代表して　小野紀明

■岩波オンデマンドブックス■

存在の政治　　リチャード・ウォーリン著
――マルティン・ハイデガーの政治思想

1999年6月24日　第1刷発行
2017年10月11日　オンデマンド版発行

訳　者　小野紀明《おののりあき》　堀田新五郎《ほったしんごろう》　小田川大典《おだがわだいすけ》

発行者　岡本　厚

発行所　株式会社　岩波書店
〒101-8002　東京都千代田区一ツ橋2-5-5
電話案内　03-5210-4000
http://www.iwanami.co.jp/

印刷／製本・法令印刷

ISBN 978-4-00-730671-6　　Printed in Japan